Uwe Diercks

Die Unschuldsvermutung

Ihre rechtlichen Grundlagen, Grenzen und Defizite in Rechtstheorie sowie erlebter polizeilicher Praxis

Copyright: © 2021 Uwe Diercks
Satz: Erik Kinting – www.buchlektorat.net
Titelbild: © Burkhard Mohr

Verlag und Druck:
tredition GmbH
Halenreie 40-44
22359 Hamburg

ISBN: 978-3-347-36143-0

Bibliografische Information der Deutschen Nationalbibliothek: Die Deutsche Nationalbibliothek verzeichnet diese Publikation in der Deutschen Nationalbibliografie; detaillierte bibliografische Daten sind im Internet über http://dnb.d-nb.de abrufbar.

Inhalt

**Fünf Beiträge zur Unschuldsvermutung
zwischen 1999 und 2020**

A
Der verfassungsrechtlich anstößige Begriff „Täter" im Ermittlungsverfahren

B
Das verfassungsrechtlich befremdliche Verhältnis des Gesetzgebers
zur Unschuldsvermutung

C
Staatliche Schuldvermutung statt verfassungsrechtlicher Unschuldsvermutung. Wer überwacht die Wächter?

D
Die Sprache der Juristen, die Sprache des Rechts

E
Darf der Gesetzgeber die Unschuldsvermutung vernachlässigen?

Abkürzungsverzeichnis

a. A.	anderer Auffassung
abl.	ablehnend
Abs.	Absatz
Abw. M.	Abweichende Meinung
AE	Alternativ-Entwurf
AE-ASR	Alternativ-Entwurf Abgekürzte Strafverfahren im Rechtsstaat
AE-EV	Alternativ-Entwurf Reform des Ermittlungsverfahrens
AE-StuM	Alternativ-Entwurf Strafjustiz und Medien
AfP	Archiv für Presserecht
AG Strafrecht	Arbeitsgemeinschaft Strafrecht des DAV
AK-StPO	Alternativkommentar zur Strafprozessordnung
Anm.	Anmerkung
AnwBl	Anwaltsblatt
AöR	Archiv für öffentliches Recht
Art.	Artikel
Aufl.	Auflage
AVR	Archiv des Völkerrechts
Az.	Aktenzeichen
BayVBl	Bayerische Verwaltungsblätter
BB	Der Betriebs-Berater
BG	Bundesgericht (Schweiz)
Beschl.	Beschluss
BGB	Bürgerliches Gesetzbuch
BGBl.	Bundesgesetzblatt
BGH	Bundesgerichtshof
BGHSt	Entscheidungen des Bundesgerichtshofs in Strafsachen

BGHZ	Entscheidungen des Bundesgerichtshofs in Zivilsachen
BKA	Bundeskriminalamt
BKA-Gesetz	Gesetz über das Bundeskriminalamt
BK-Blatt	Bundeskriminalblatt
BMI	Bundesministerium des Innern
BMJ	Bundesjustizministerium
BRJ	Bonner Rechtsjournal
BT-Drucks.	Drucksachen des Deutschen Bundestages
BtM-Gesetz	Betäubungsmittelgesetz
BVerfG	Bundesverfassungsgericht
BVerfGE	Entscheidungen des Bundesverfassungsgerichts
BVerwG	Bundesverwaltungsgericht
BVerwGE	Entscheidungen des Bundesverwaltungsgerichts
DAV	Deutscher Anwaltverein
DB	Der Betrieb
ders.	Derselbe
Die Feder	Halbmonatsschrift für die deutschen Schriftsteller und Journalisten
Die Justiz	Amtsblatt des Justizministeriums Baden-Württemberg
Die Polizei	Fachzeitschrift für die öffentliche Sicherheit mit Beiträgen aus der Deutschen Hochschule der Polizei
dies.	dieselbe(n)
Diss.	Dissertation
DJT	Deutscher Juristentag
DJZ	Deutsche Juristenzeitung

DÖV	Die öffentliche Verwaltung
DR	European Commission of Human Rights: Decisions and Reports
DRiZ	Deutsche Richterzeitung
DVBl	Deutsches Verwaltungsblatt
EGMR	Europäischer Gerichtshof für Menschenrechte
EKMR	Europäische Kommission für Menschenrechte
EMRK	Europäische Konvention zum Schutze der Menschenrechte und Grundfreiheiten
EuGRZ	Europäische Grundrechte-Zeitschrift
f.	folgende
ff.	fortfolgende
FAZ	Frankfurter Allgemeine Zeitung
FS	Festschrift
Fn.	Fußnote
GA	Goltdammer`s Archiv für Strafrecht
GG	Grundgesetz der Bundesrepublik Deutschland
GRUR	Gewerblicher Rechtsschutz und Urheberrecht
GRUR Int.	Gewerblicher Rechtsschutz und Urheberrecht International
GS	Gedächtnisschrift
GVG	Gerichtsverfassungsgesetz
Habil.-Schrift	Habilitationsschrift
HK	Heidelberger Kommentar Strafprozessordnung
Hrsg.	Herausgeber
HRRS	Online-Zeitschrift für Höchstrichterliche Rechtsprechung im Strafrecht

IGVP	Integrationsverfahren-Polizei
IPBPR	Internationaler Pakt über bürgerliche und politische Rechte
i. V. m.	in Verbindung mit
JA	Juristische Arbeitsblätter
Journalist	Das Medienmagazin
JR	Juristische Rundschau
Jura	Juristische Ausbildung
JuS	Juristische Schulung
JZ	Juristenzeitung
KG	Kammergericht
KJ	Kritische Justiz
KK	Karlsruher Kommentar zur Strafprozessordnung
Kriminalistik	Unabhängige Zeitschrift für kriminalistische Wissenschaft und Praxis
KrimJ	Kriminologisches Journal
KritV	Kritische Vierteljahresschrift für Gesetzgebung und Rechtswissenschaft
KronzGesetz	Kronzeugengesetz
KUG	Kunsturhebergesetz
LG	Landgericht
LKA	Landeskriminalamt
LRE	Lebensmittelrechtliche Entscheidungen
LR-StPO	Löwe-Rosenberg, Die Strafprozessordnung und das Gerichtsverfassungsgesetz, Großkommentar
LZ	Leipziger Zeitschrift für Deutsche Recht

MDR	Monatsschrift für Deutsches Recht
Medium	Zeitschrift für Hörfunk, Fernsehen, Film, Presse
MMR	MultiMedia und Recht
MR	Medien und Recht (Österreich)
MRK	siehe EMRK
MschrKrim.	Monatsschrift für Kriminologie und Strafrechtsreform
m. w. N.	mit weiteren Nachweisen
myops	Berichte aus der Welt des Rechts
NArchCrim	Neues Archiv des Criminalrechts
NJ	Neue Justiz
NJW	Neue Juristische Wochenschrift
NJW-RR	NJW-Rechtsprechungs-Report
NK	Neue Kriminalpolitik
NRW	Nordrhein-Westfalen
NStZ	Neue Zeitschrift für Strafrecht
NStZ-RR	Neue Zeitschrift für Strafrecht Rechtsprechungs-Report
NVwZ	Neue Zeitschrift für Verwaltungsrecht
NZA	Neue Zeitschrift für Arbeitsrecht
ÖJZ	Österreichische Juristenzeitung
OLG	Oberlandesgericht
OrgKG	Gesetz zur Bekämpfung des illegalen Rauchgifthandels und anderer Erscheinungsformen der Organisierten Kriminalität
OVG	Oberverwaltungsgericht

PKS	Polizeiliche Kriminalstatistik
PVP	Polizei-Vorgangs-Programm
PVT	Polizei Verkehr + Technik-Fachzeitschrift. Fach- und Führungszeitschrift für Polizei- und Verkehrsmanagement
Rdnr. / Rn.	Randnummer
recht	Zeitschrift für juristische Ausbildung und Praxis
RG	Reichsgericht
RGSt	Entscheidungen des Reichsgerichts in Strafsachen
ROW	Recht in Ost und West
RuP	Recht und Politik
RzU	Rechtsprechung zum Urheberrecht
S.	Seite
SchlHA	Schleswig-Holsteinische Anzeigen
SJZ	Schweizerische Juristenzeitung
SK-StGB	Systematischer Kommentar zum Strafgesetzbuch
SK-StPO	Systematischer Kommentar zur Strafprozessordnung
Sp.	Spalte
SpuRt	Zeitschrift für Sport und Recht
StGB	Strafgesetzbuch
StPO	Strafprozessordnung
StraFo	Strafverteidiger-Forum
StuR	Staat und Recht
StV	Strafverteidiger

UFITA	Archiv für Urheber-, Film- und Theaterrecht
Urt.	Urteil
VBlBW	Verwaltungsblätter für Baden-Württemberg
Verf.	Verfügung
Verh. DJT	Verhandlungen des deutschen Juristentages
Vorb.	Vorbemerkung
vorgänge	Zeitschrift für Bürgerrechte und Gesellschaftspolitik
Vorwärts	Zeitung der deutschen Sozialdemokratie
VVDStRL	Veröffentlichungen der Vereinigung der Deutschen Staatsrechtslehrer
wistra	Zeitschrift für Wirtschaft • Steuer • Strafrecht
ZaöRV	Zeitschrift für ausländisches öffentliches Recht und Völkerrecht
ZBl	Schweizerisches Zentralblatt für Staats- und Gemeindeverwaltung
ZBR	Zeitschrift für Beamtenrecht
ZfStrVo	Zeitschrift für Strafvollzug und Straffälligenhilfe
Ziff.	Ziffer
ZIS	Zeitschrift für Internationale Strafrechtsdogmatik
ZJS	Zeitschrift für das Juristische Studium
ZRP	Zeitschrift für Rechtspolitik
ZSchwR	Zeitschrift für Schweizer Recht
ZStR / ZStrR	Schweizerische Zeitschrift für Strafrecht
ZStW	Zeitschrift für die gesamte Strafrechtswissenschaft
ZUM	Zeitschrift für Urheber- und Medienrecht

Einleitung

„Auch in einer stabilen Demokratie bedarf es treuer Wächter, die der Politik Paroli bieten, wenn diese in Zeiten der Krise versucht ist, den liberalen Rechtsstaat in seinem Kernbestand einzuengen."

Professorin Dr. *Jutta Limbach*
Präsidentin des Bundesverfassungsgerichts a. D.
Präsidentin des Goethe-Instituts Inter Nationes a. D.
(AnwBl 2002, 458)

Wie *Jutta Limbach* habe auch ich ein unerschütterliches Vertrauen in die Grundrechte unserer Verfassung.

Die mir besonders am Herzen liegende Achtung der Menschenwürde und Beachtung der Unschuldsvermutung motivierten mich, die fünf Beiträge in den Jahren 1999 bis 2020 zu verfassen und das vorliegende Buch zu schreiben, um auf die legislatorischen Unzulänglichkeiten, die das Fehlverhalten in der Praxis begünstigen, hinzuweisen:

Der vom Bundesgesetzgeber – in der Phase des fehleranfälligen Ermittlungsverfahrens – verwendete und verfassungsrechtlich anstößige Begriff „Täter" verleitet auch andere dazu, die Unschuldsvermutung zu verletzen. Das hat zur Folge, dass sogar angeklagte Personen in den Augen der Öffentlichkeit häufig gerichtet oder schon zugrundegerichtet sind, ehe die Hauptverhandlung und das richterliche Richten überhaupt angefangen haben (s. E.). Dies ist eines Rechtsstaats unwürdig!

Dass der Gesetzgeber gewichtige verfassungsrechtliche und rechts-politische Bedenken aus Wissenschaft und Praxis ignoriert und seiner legislatorischen Verantwortung nicht nachkommt, deutet darauf hin, dass er den Grundsatz der Unschuldsvermutung als Konventionsgarantie auch 68 Jahre (!) nach dessen Inkrafttreten nicht ernst (genug) nimmt. Deshalb sah sich der EGMR mehrmals veranlasst, die Bundesrepublik Deutschland wegen der Verstöße gegen die Unschuldsvermutung zu verurteilen. Um weitere Völker-rechtsverstöße zu vermeiden, sollte der Gesetzgeber den Gewähr-leistungen der EMRK und den Entscheidungen des EGMR endlich gerecht werden.

Denn niemand ist berechtigt, einen (lediglich) Tatverdächtigen als (bereits überführten und schuldig gesprochenen Straf-) „Täter" zu bezeichnen.

Die unverfügbare und abwägungsfeste Unschuldsvermutung wird jedoch weiterhin in der Praxis häufig nicht konventions-, verfas-sungs- und grundrechtskonform beachtet. Um die erhebliche Ge-fahr der Vorverurteilung zu vermeiden, sollte sich der Bundesge-setzgeber gegenüber seinen Grundrechts- und Hoheitsträgern klar und eindeutig ausdrücken. Da dies jedoch bisher nicht ausreichend geschehen ist, ist es mein besonderes Anliegen, das durch legislato-rische Unzulänglichkeiten begünstigte Fehlverhalten in der Praxis zu beanstanden, Lösungswege aufzuzeigen und die Initiative des Gesetzgebers einzufordern. Denn seine Aufgabe ist es, Gesetz, Recht und Gerechtigkeit weitestgehend in Übereinstimmung zu bringen (s. E.).

Eine von rechtsstaatlicher Präzision geprägte und an der Un-schuldsvermutung orientierte einheitliche Gesetzes- und Rechts-

sprache – von unschätzbarem Wert für unsere europäische Rechts-
und Sprachkultur – würde zur Verwirklichung der Menschenrechte,
des Rechtsfriedens und der Atmosphäre der Anständigkeit wesentlich beitragen.

Um es mit *Jutta Limbach* treffend zu erläutern, werden im liberalen
Rechtsstaat auch die Rechte des Beschuldigten – wie das Gebot des
fairen Verfahrens, die Unschuldsvermutung, das strenge Beweis-
recht sowie die Intim- und Privatsphäre – garantiert. Diese rechts-
staatlichen Garantien verfolgen eine Doppelfunktion: den Schuldi-
gen zu bestrafen und den Unschuldigen gegen ungerechtfertigte
Maßnahmen der staatlichen Gewalt zu schützen. Der gewissenhafte
Respekt dieser Freiheitsrechte schützt nicht nur den unschuldig in
Verdacht Geratenen, sondern letztlich uns alle vor den Vor- und
Fehlurteilen der Selbstgerechten, der Sicherheitsbehörden und der
Gerichte. Wenn couragierte Bürgerinnen und Bürger eine demokra-
tische Wächterfunktion einnehmen und beharrlich an den Bundes-
gesetzgeber und die Rechtspolitik appellieren, die rechtsstaatlichen
Garantien nicht zu vernachlässigen, dann stärkt das – an der
Schnittstelle zwischen Straf- und Strafprozessrecht, Verfassungs-
und Völkerrecht sowie Zivilrecht – unsere demokratische Kultur!

Danksagung

Bedanken möchte ich mich bei denjenigen, die mich im gemeinsamen Bestreben um eine wirksame (legislatorische) Verankerung und Verwirklichung der Unschuldsvermutung mit Anregungen, Zustimmung und Ermunterung unterstützten, so dass die fünf Beiträge und dieses Buch erscheinen konnten.

Mein herzlicher Dank gilt den erwähnten Rechtswissenschaftlern und Praktikern (**-Zusatz B, C), insbesondere den Professoren Dres. *Friedrich-Christian Schroeder, Hans-Ullrich Paeffgen* und Vizepräsident des BVerfG a. D. *Winfried Hassemer*, die die Unschuldsvermutung (wieder-) belebten, mich in meinem Bemühen um eine auf äußerste Rechtsstaatlichkeit bedachte einheitliche Gesetzes- und Rechtssprache unterstützten und mir stets Orientierung und Sicherheit vermittelten. Sie haben auch mich geprägt und wurden meine wissenschaftlichen Vorbilder.

Dem Karikaturisten *Burkhard Mohr* gebührt mein besonderer Dank dafür, dass er mit der Titelzeichnung einen sehr hilfreichen Beitrag zur Beachtung der Unschuldsvermutung geleistet hat. Wenn das mahnende gesprochene oder geschriebene Wort nicht mehr weiterhilft, dann kann eine entlarvende Karikatur treffender aufklären und überzeugen sowie gesellschaftliche und politische Wirkung erzielen. Seit Jahrzehnten nimmt der Künstler mit seinem engagierten, couragierten und beharrlichen Einsatz eine Wächterfunktion für Frieden und Demokratie, Recht und Gerechtigkeit sowie Zivilcourage wahr. Zu politisch äußerst brisanten globalen Themen bezieht er eindeutig Stellung. Seine Gabe, mit spitzer Feder unbestechlich andere zum Nachdenken zu bewegen, bewundere ich immer wieder.

Danken möchte ich auch dem Deutschen Anwaltverlag, der Nomos Verlagsgesellschaft und dem Verlag C.H. Beck für ihre freundliche Zustimmung zum Nachdruck der bei ihnen erschienen Erstveröffentlichungsbeiträge.

Außerdem möchte ich mich bei dem Team der Autorenbetreuung des tredition-Verlages für den großartigen Einsatz bedanken. Das Erscheinen dieses Buches wurde dadurch erst ermöglicht.

Dem *Lektoratsservice Erik Kinting* danke ich für sein außergewöhnliches Engagement bei der Satz- und Umschlaggestaltung.

Fünf Beiträge
zur Unschuldsvermutung
zwischen 1999 und 2020

A

Der verfassungsrechtlich anstößige Begriff „Täter" im Ermittlungsverfahren

Uwe Diercks*, Polizeipräsidium Bonn

I. Einleitung

Jüngst verwendet der Gesetzgeber in seiner Gesetzessprache – in der Phase des Ermittlungsverfahrens (!)[1] – den Begriff „Täter", und zwar in den strafprozessualen Eingriffsermächtigungen der §§ 98 a, 100 c, 163 d, e StPO.[2]

---

* Der Beitrag gibt die persönliche Meinung des Verf. wieder.

[1] Paeffgen, DRiZ 1998, 317 (320). Allgem. dazu: Dahs, Handbuch des Strafverteidigers, 6. Aufl. (erscheint 1999), Rn 1; ders., NJW 1985, 1113 (1114 ff.); Diercks, AnwBl 1987, 154 (155 f.) m. w. N. Das Vorverfahren hat eine das Urteil vorprägende Bedeutung; denn bereits im Ermittlungsverfahren werden die Weichen für das richtige oder falsche Urteil gestellt (Müller, AnwBl 1986, 50 (51); ders., NJW 1976, 1063 (1067); ähnlich: Richter II, StV 1985, 382 (385); Hassemer, NJW 1985, 1921 (1927); Strate/Ventzke, StV 1986, 30; Jung, JuS 1998, 1136).

[2] Die §§ 98 a, 100 c, 163 e StPO wurden durch das Gesetz zur Bekämpfung des illegalen Rauschgifthandels und anderer Erscheinungsformen der Organisierten Kriminalität (OrgKG) vom 15.7.1992 eingefügt (BGBl. I, S. 1302) und traten am 22.9.1992 in Kraft. § 163 d StPO wurde zuvor durch das Paßgesetz vom 19.4.1986 eingefügt (BGBl. I, S. 537) und trat am 1.4.1987 in Kraft. In den Gesetzesmaterialien (BT-Drucks. 12/989) heißt es lediglich: „Der in Satz 1 gewählte Begriff des ‚Täter' umfasst – wie bei § 163 d – alle materiell-rechtlichen Kategorien von Tä-

Hiergegen bestehen erhebliche verfassungsrechtliche Bedenken.[3]

II. Grundsätze des Ermittlungsverfahrens

Im Ermittlungsverfahren gibt es keinen Täter. Die Feststellung der Täterschaft obliegt allein dem Gericht im Hauptverfahren.[4] Die

---

terschaft und Teilnahme." (S. 37, zu § 98 a StPO) „Dabei darf sowohl das KFZ-Kennzeichen namentlich bekannter Personen ausgeschrieben werden als auch das Kennzeichen eines Täters, der mit Namen noch nicht bekannt ist." (S. 44, zu § 163 e StPO). Vgl. auch: BT-Drucks. 12/2720, S. 1 (19 f., 22 f., 27 f., 40 f., 43 ff.). Siehe ergänzend dazu BT-Drucks. 13/8651, S. 13 (zu § 100 c Abs. 1 Nr. 3 StPO): „...Aufgrund des weitreichenden Eingriffs einer akustischen Wohnraumüberwachung in die Persönlichkeitsrechte des von der Maßnahme Betroffenen ist diese, jedenfalls den vorgenannten grundgesetzlichen Vorgaben entsprechend, nur als letztes Mittel zulässig. Sie setzt voraus, dass eine Sachverhaltsaufklärung oder Aufenthaltsermittlung des Täters auf andere Weise unverhältnismäßig erschwert oder aussichtslos wäre... Hinsichtlich der ‚Ermittlung des Aufenthaltsortes des Täters' kommt die Maßnahme nur zur Aufenthaltsermittlung von Mittätern des Beschuldigten in Betracht. Denn die akustische Wohnraumüberwachung darf sich gemäß Absatz 2 Satz 1 nur gegen den Beschuldigten (des Verfahrens, in dem die Anordnung ergeht), nicht auch gegen andere Personen richten. Dies setzt voraus, dass der Aufenthaltsort des Beschuldigten bekannt ist..."
[3] Bernsmann/Jansen, StV 1998, 217; Hassemer, Stellungnahme zum Entwurf des OrgKG, KJ 1992, 64 (69); Hund, ZRP 1995, 334 (336); KK-Schoreit, § 163 e Rn 16; König, Kriminalistik 1998, 349 (351); Lagodny, 20. Strafverteidigertag, 1996, S. 117 (127); Nitz, Einsatzbedingte Straftaten Verdeckter Ermittler. Eine Untersuchung polizeitaktischer Ermittlungsmethoden bei der Strafverfolgung, Diss. Hannover 1997, S. 121 f.; Paeffgen, DRiZ 1998, 317 (320); Raum/Palm, JZ 1994, 447 (452 Fn 45); Stuckenberg, Untersuchungen zur Unschuldsvermutung, 1998, Diss. Bonn 1997, S. 85; Zaczyk, StV 1993, 490 (491).
[4] König, Kriminalistik 1998, 349 (351). Vgl. Raum/Palm, JZ 1994, 447, 452 Fn 45 („In der Diskussion sollte nicht vergessen werden, dass es sich im Stadium des Abhörens noch um ein Ermittlungsverfahren handelt und die Frage der Strafbarkeit eines bestimmten Tuns erst in einem nachfolgenden Strafprozess zu klären ist.").

Unschuldsvermutung verlangt, dass nur im prozessordnungsgemäßen Verfahren und erst, nachdem ein gesetzlicher Nachweis der
Schuld erbracht ist, angenommen werden darf, dass ein Tatverdächtiger auch der Täter ist.[5] Darin ist weit mehr als eine bloße Sprachregelung zu sehen:[6]

Das Strafverfahren klärt rechtliche Verantwortung auf rechtliche
Weise; denn es setzt als Prozess am Tatverdacht an und findet davon ausgehend eine Regelung, die als Verfahren auch demjenigen
zugemutet werden können muss, der materiell unschuldig ist.[7] Das
Strafprozessrecht regelt den Gang der Klärung eines Verdachts[8]
und ist geprägt von herkömmlichen rechtsstaatlichen Standards[9],
die insbesondere im polizeilichen Umgang mit Tatverdächtigen und
Beschuldigten zu respektieren sind.[10]

---

[5] Marxen, Straftatsystem und Strafprozess, Habil.-Schrift, 1984, S. 345. Ebenso:
Paeffgen, Vorüberlegungen zu einer Dogmatik des Untersuchungshaft-Rechts,
Habil.-Schrift, 1986, S. 67. Siehe Denninger, StV 1998, 401, 403 (zur Ungewissheit über Straftäter und Straftat). Vgl. BVerfGE 9, 167, 169 („Es ist im modernen
Strafrecht selbstverständlich, dass eine Bestrafung Schuld voraussetzt (BGHSt 2,
194 (200)) und dass dem Täter Tat und Schuld nachgewiesen werden müssen.");
ebenso BVerfGE 82, 106 (114). Zum rechtsstaatlichen prozessordnungsgemäßen
Verfahren siehe: BVerfGE 74, 358 (371); 82, 106 (120); BVerfG, NJW 1988,
1715 (1716); 1992, 1612; 1992, 2011.

[6] Marxen (Fn 5), S. 345.

[7] Zaczyk, StV 1993, 490 (491).

[8] Zaczyk, StV 1993, 490 (492). Vgl. auch: SK-StPO/Rudolphi, Vor § 94 Rn 9;
Ulsamer, Zeidler-FS (1987), Band II, S. 1799 (1806).

[9] Dencker, StV 1994, 667 (668). Ebenfalls: Paeffgen, in: Paeffgen/Schumer (Hrsg.),
Das Sächsische Polizeigesetz vor dem Verfassungsgerichtshof des Freistaates Sach-
sen, 1997, S. 12; Paeffgen, in: Wolter (Hrsg.), Zur Theorie und Systematik des Straf-
prozessrechts (Symposium zu Ehren von H.-J. Rudolphi), 1995, S. 20, 44; Rieß,
StraFo 1999, 1 (9); ders., NJW 1998, 3240 (3243). Vgl. BGHSt 14, 358, 364 („Nach
Art. 6 Abs. 2 MRK gilt er als unschuldig, solange er nicht rechtskräftig verurteilt ist.
Die Strafprozessordnung steht jedenfalls unter jenem Leitgedanken.").

[10] Dencker, StV 1994, 667 (668). Vgl. auch: BGHSt 34, 39 ff.; 38, 214 ff.; 38,
372 ff.; 39, 349 ff.

Strafrechtliche Ermittlungen richten sich regelmäßig gegen Personen, die bestimmte Straftaten begangen haben sollen, jedoch im Sinne des Rechts als unschuldig zu gelten haben.[11] Deshalb ist der Straftatverdacht die legitimierende Grundlage für hoheitliche Eingriffe in die Rechtssphäre des einzelnen[12] und begründet die daran anknüpfenden Rechtspflichten zur Ermittlung, Aufklärung und Entscheidung[13] im justiziellen Verfahren.[14]

---

[11] Hassemer, KJ 1992, 64 (66). Zum Spannungsverhältnis zwischen Verdachtsbildung und Unschuldsvermutung siehe: BVerfGE 74, 358, 372 („Die Unschuldsvermutung verwehrt es den Strafverfolgungsorganen allerdings nicht, verfahrensbezogen den Grad des Verdachts einer strafbaren Handlung eines Beschuldigten zu beurteilen...“); BVerfGE 82, 106, 115 (hinzufügend: „Solche verfahrensbezogenen Bewertungen von Verdachtslagen sind für die Durchführung eines an rechtsstaatlichen Grundsätzen orientierten Strafverfahrens unerlässlich (vgl. BVerfGE 19, 342 (347 f.) – Untersuchungshaft). Sie verstoßen deshalb nicht gegen die Unschuldsvermutung. Sowohl das Grundgesetz (Art. 104 Abs. 3 GG) als auch die Europäische Konvention zum Schutze der Menschenrechte und Grundfreiheiten (Art. 5 Abs. 1 Buchst. c EMRK), deren Inhalt und Entwicklungsstand bei der Auslegung des Grundgesetzes in Betracht zu ziehen sind (vgl. BVerfGE 74, 358 (370)), sehen die Feststellung des Tatverdachts als Voraussetzung für (vorläufige) Entscheidungen im Strafprozess vor.“); Paeffgen, Vorüberlegungen (Fn 5), S. 75 ff., 183 ff.; Marxen (Fn 5), S. 352 f.; Zielemann, Der Tatverdächtige als Person der Zeitgeschichte, Diss. Tübingen 1980, S. 82.
[12] Vgl. Hassemer, KJ 1992, 64 (66); Krauß, Der Grundsatz der Unschuldsvermutung im Strafverfahren, in: Müller-Dietz, Strafrechtsdogmatik und Kriminalpolitik, 1971, S. 153 (165 ff., 167 ff.); Paeffgen, Vorüberlegungen (Fn 5), S. 75 ff.; Stuckenberg (Fn 3), S. 78; Zielemann (Fn 11), S. 82.
[13] Paeffgen, Vorüberlegungen (Fn 5), S. 55.
[14] Schaefer, DRiZ 1998, 295 (296); ders., NJW 1998, 3178.

III. Prinzip der Unschuldsvermutung

Für noch nicht rechtskräftig abgeschlossene Strafsachen gilt das Prinzip der Unschuldsvermutung[15], das eine nähere Ausgestaltung in Art. 6 Abs. 2 der Europäischen Konvention zum Schutze der Menschenrechte und Grundfreiheiten (MRK) erfahren hat.

Diese Bestimmung gilt – nach Ratifizierung durch den Bundesgesetzgeber[16] – in Deutschland als unmittelbar geltendes innerstaatliches Recht.[17] Danach wird vermutet, dass der wegen einer strafbaren Handlung Beschuldigte[18] bis zum gesetzlichen Nachweis seiner

---

[15] Marxen, GA 1980, 365. Vgl. Bornkamm, Pressefreiheit und Fairness des Strafverfahrens. Die Grenzen der Berichterstattung über schwebende Strafverfahren im englischen, amerikanischen und deutschen Recht, Diss. Freiburg i. Br. 1980, S. 254 ff.; ders., NStZ 1983, 102 (104); Kühl, Hubmann-FS (1985), S. 241 (253); Denninger, StV 1998, 401 (403 f.); Lampe, NJW 1973, 217 (218 ff.); Frister, Schuldprinzip, Verbot der Verdachtsstrafe und Unschuldsvermutung als materielle Grundprinzipien des Strafrechts, Diss. Bonn 1986, S. 85 f., 89.

[16] Die MRK vom 4.11.1950 wurde durch Gesetz vom 7.8.1952 eingeführt (BGBl. 1952 II, S. 685, 953; 1954 II, S. 14) und ist seit dem 3.9.1953 als Bundesrecht in Kraft (BGBl. II, S. 1879). Vgl. Stuckenberg (Fn 3), S. 46; und allgem. dazu: Hodler, Die Europäische Menschenrechtskonvention und das Grundgesetz, Diss. Göttingen 1953.

[17] Marxen, GA 1980, 365 (372). Vgl.: Paeffgen, Vorüberlegungen (Fn 5), S. 58 (hinzufügend: „Fraglich ist jedoch, ob diesem Rechtssatz nicht ein höherer Rang zukommt als der von – innerstaatlich jederzeit disponiblem – einfachem Bundesrecht."); D. Franke, Die Bildberichterstattung über den Angeklagten und der Öffentlichkeitsgrundsatz im Strafverfahren, Diss. Saarbrücken 1978, S. 116; Denninger, StV 1998, 401 (403); Woesner, NJW 1961, 1381 (1383); BVerfGE 19, 342, 347 („Diese Unschuldsvermutung … ist durch Art. 6 Abs. 2 der Europäischen Menschenrechtskonvention auch in das positive Recht der Bundesrepublik eingeführt worden."); ebenso: BVerfGE 74, 358 (370); 82, 106 (114); OLG Köln, NJW 1987, 2682 (2683).

[18] Art. 6 Abs. 2 MRK nennt nur den „Angeklagten". Die Vorschrift bezieht sich aber nach allgemeiner Auffassung auch auf das Vor- und Zwischenverfahren. Der Begriff des „Angeklagten" ist daher nicht als technischer Begriff i. S. d. § 157 StPO zu verstehen (so Marxen, GA 1980, 365). OLG Köln, NJW 1987, 2682, 2684 („Die Unschuldsvermutung wirkt nach Art. 6 II MRK zugunsten des ‚An-

Schuld unschuldig ist.

Im deutschen Bundesverfassungsrecht ist die Unschuldsvermutung nicht ausdrücklich verankert.[19] Lediglich in einigen Länderverfassungen[20] wurde dieser Rechtsgrundsatz normiert. Es besteht jedoch

---

geklagten'. Dieses Wort ist jedoch nicht rechtstechnisch im Sinne der StPO zu verstehen. Unzweifelhaft fällt darunter auch der Angeschuldigte. Darüber hinaus wird die Vermutung nach der Praxis der EKMR allem Anschein nach auf den im Sinne der StPO Beschuldigten ausgedehnt (Peukert, EuGRZ 1980, 260, der davon spricht, dass die Unschuldsvermutung auch schon im Vorverfahren beachtlich sei.). Jedenfalls besteht kein Anlass, die Unschuldsvermutung als Ausprägungsform des allgemeinen Persönlichkeitsrechts erst mit der Erhebung der Anklage beginnen zu lassen, da das besondere Schutzbedürfnis eines Betroffenen, der sich in einem Strafverfahren zu verteidigen hat, schon vorher einsetzt...“); Rohe, Verdeckte Informationsgewinnung mit technischen Hilfsmitteln zur Bekämpfung der Organisierten Kriminalität, Diss. Frankfurt (Main), 1997, S. 135 m. w. N. (Die Unschuldsvermutung gelte bis zu ihrer Widerlegung auch für potentielle Straftäter sowie unter dringendem Tatverdacht stehende Beschuldigte.). Für die Einbeziehung des „Verdächtigen“ in die Unschuldsvermutung plädieren: KG, JR 1966, 109; Schorn, Die Europäische Konvention zum Schutze der Menschenrechte und Grundfreiheiten, 1965, S. 223; Haberstroh, NStZ 1984, 289. Für die Einbeziehung des „Beschuldigten“ sind: BVerfGE 19, 342 (347); 35, 311 (320); 74, 358 (371); BVerfG, NJW 1988, 1715 (1716); 1992, 1612; 1992, 2011; Lisken, ZRP 1993, 121 (124); Haberstroh, NStZ 1984, 289, 290 f. (Die Garantie der Achtung der Menschenwürde setze einen Schutzwall zugunsten des Achtungsanspruchs des Beschuldigten.). Für die Einbeziehung des „Angeschuldigten“ sind: BVerfGE 35, 202 (232) „Lebach“; 71, 206 (216 f.); 82, 106 (120); OLG Köln, AfP 1985, 293 (295).
[19] Paeffgen, 20. Strafverteidigertag, 1996, S. 75 (97 Fn 98); Engau, Straftäter und Tatverdächtige als Personen der Zeitgeschichte, Diss. Bielefeld 1992, S. 222; Gropp, JZ 1991, 804; Zielemann (Fn 11), S.79; Stuckenberg (Fn 3), S. 47 („Bestandteil des ungeschriebenen Bundesverfassungsrechts“); Dalbkermeyer, Der Schutz des Beschuldigten vor identifizierenden und tendenziösen Pressemitteilungen der Ermittlungsbehörden, Diss. Bonn 1993, S. 21 m. w. N.
[20] In folgenden Länderverfassungen ist (bzw. war) die Unschuldsvermutung ausdrücklich angesprochen: Berlin (Art. 9 Abs. 2); Brandenburg (Art. 53 Abs. 2); Bremen (Art. 6 Abs. 3); Hessen (Art. 20 Abs. 2 Satz 1); Rheinland-Pfalz (Art. 6 Abs. 3 Satz 2); Saarland (Art. 14 Abs. 2); siehe auch Württemberg-Baden (Art. 4 Abs. 2); Württemberg-Hohenzollern (Art. 17 Abs. 2). Siehe dazu: Paeffgen, DRiZ 1998, 317 (319); Stuckenberg (Fn 3), S. 46.

Übereinstimmung, dass dem heute weltweit in allen Rechtsstaaten[21] anerkannten Prinzip der Unschuldsvermutung[22] verfassungsrechtliche Bedeutung zukommt.[23] Die Unschuldsvermutung – die darauf abzielt, den Verdächtigen vor diskriminierender und willkürlicher Behandlung zu schützen – ist Bestandteil der verfassungsrechtlichen Prinzipien[24] der Unantastbarkeit der Menschenwürde (Art. 1 Abs. 1 GG)[25] und[26] der Rechtsstaatlichkeit (Art. 20 Abs. 3 und Art.

---

[21] Art. 9 der französischen Erklärung der Menschen- und Bürgerrechte von 1789; Art. 11 Abs. 1 der Allgemeinen Erklärung der Menschenrechte der Generalversammlung der Vereinten Nationen vom 10.12.1948 (in: Die Charta der Vereinten Nationen, 7. Aufl., 1979, S, 68 ff.); Art. 14 Abs. 2 des Internationalen Paktes über bürgerliche und politische Rechte vom 19.12.1966 (näher hierzu: Nowak, UNO-Pakt über bürgerliche und politische Rechte und Fakultativprotokoll, 1989, Art. 14 Rn 33-37) und Art. 8 Abs. 2 der Amerikanischen Menschenrechtskonvention vom 22.11.1969 (vgl. General Secretariat Organization of American States, American Convention on Human Rights, „Pact of San Jose, Costa Rica", November 7 to 22 1969, Washington D. C. 1970, Article 8 Subcl. 2.). Vgl. hierzu ferner: OLG Braunschweig, AfP 1981, 292; Dalbkermeyer (Fn 19), S. 21; Engau (Fn 19), S. 221 f. m. w. N.; Gropp, JZ 1991, 804.

[22] Bis zum gesetzlichen Nachweis der Schuld wird die Unschuld vermutet, vgl.: BVerfGE 35, 311 (320); 74, 358 (371); 82, 106 (114); BGHSt 14, 358 (364); KG, JR 1966, 109; OLG Köln, NJW 1987, 2682 (2683); Herzog, Grundrechtsbeschränkung nach dem Grundgesetz und Europäische Menschenrechtskonvention, Diss. München 1958, S. 272; Gropp, JZ 1991, 804; D. Franke (Fn 17), S. 116 m. w. N. (Der Grundsatz der Unschuldsvermutung zähle zu den tragenden Prinzipien des Strafprozessrechts.); Jung, JuS 1998, 1136 (1137); Salditt, AnwBl 1999, 134 (135).

[23] Zielemann (Fn 11), S. 79. Vgl. Haberstroh, NStZ 1984, 289 (292).

[24] Marxen, GA 1980, 365 (372); Paeffgen, Vorüberlegungen (Fn 5), S. 64, 68.

[25] Die Unschuldsvermutung als Konkretisierung der Menschenwürde bejahen: Appell, Die Europäische Konvention zum Schutze der Menschenrechte und Grundfreiheiten in ihrer Bedeutung für das deutsche Strafrecht und Strafverfahrensrecht, Diss. Marburg 1961, S. 60 ff.; Elibol, Die Vermutung der Unschuld im deutschen und türkischen Strafverfahren, Diss. Tübingen 1965, S. 64 f.; D. Franke (Fn 17), S. 116; H. Franke, Freispruch mangels Beweises und Unschuldsvermutung, Diss. Köln 1965, S. 46 ff.; Köster, Rechtsvermutung der Unschuld, Diss. Bonn 1979, S. 139 ff., 143 ff.; Reiß, Störung der Strafrechtspflege durch Berichterstattung in den Massenmedien, Diss. Bonn 1975, S. 22; Sax, Grundsätze der Strafrechtspflege, in: Bettermann/Nipperdey/Scheuner, Die Grundrechte,

28 Abs. 1 Satz 1 GG)[27]. Durch ihre Einbeziehung in den Bürgerrechtspakt gehört sie auch zu den allgemeinen Regeln des Völkerrechts (Art. 25 GG).[28]

Band III/2, 1959, S. 909 (987, 990); Schmidt-Leichner, NJW 1966, 189 (191); P. Schneider, FS zum hundertjährigen Bestehen des Deutschen Juristentages (1960), S. 263 (264); Schorn, Der Schutz der Menschenwürde im Strafverfahren, 1963, S. 23 f.; Vogler, Kleinknecht-FS (1985), S. 429 (436); Wolter, NStZ 1993, 1 (6); KG, JR 1966, 109.

[26] Nach Stuckenberg (Fn 3, S. 49) schließen sich beide Begründungsstränge nicht aus. Vgl. auch Zielemann (Fn. 11), S. 79. Sowohl in der Menschenwürde als auch im Rechtsstaatsprinzip siedeln folgende Autoren die Unschuldsvermutung an: Marxen (Fn 5), S. 325, 339 f.; ders., GA 1980, 365 (372); Kerscher, Gerichtsberichterstattung und Persönlichkeitsschutz, Diss. Hamburg 1982, S. 306 f.; ebenso: OLG Braunschweig, AfP 1981, 292. Folgende Autoren, die vorrangig die Unschuldsvermutung aus dem Rechtsstaatsprinzip herleiten, sehen in ihr eine Konkretisierung der Menschenwürde: Paeffgen, Vorüberlegungen (Fn 5), S. 53 („Das Rechtsstaatsprinzip verdichtet gleichsam durch das ‚Ventil' der Unschuldsvermutung den aus der Quelle des Menschenwürdeprinzips fließenden Achtungsanspruch zu einer besonderen Stärke."); Haberstroh, NStZ 1984, 289 (290); Kondziela, MschrKrim 1989, 177 (179 f., 184); Schubarth, Zur Tragweite des Grundsatzes der Unschuldsvermutung, 1978, S. 32.

[27] Die im Rechtsstaatsprinzip des Grundgesetzes wurzelnde Unschuldsvermutung bejahen: BVerfGE 19, 342 (347 ff.); 22, 254 (265); 25, 327 (331); 74, 358 (370); 82, 106 (114); BVerfG, NJW 1988, 1715 (1716); 1992, 1612; 1992, 2011; 1994, 377; von Becker, Straftäter und Tatverdächtige in den Massenmedien: Die Frage der Rechtsmäßigkeit identifizierender Kriminalberichte, 1979, S. 209 f.; Bornkamm (Fn 15), S. 254; ders., NStZ 1983, 102 (104); Klug, 46. DJT (1967), Bd. 2, S. F 38; Lampe, NJW 1973, 217; Ostendorf, StV 1992, 288 (289); Pieroth/Schlink, Grundrechte, Staatsrecht II, 11. Aufl. (1995), Rn 466; Rüping, ZStW 91 (1979), S. 351 (357 f.); SK-StPO/Rogall, Vor § 133 Rn 74; SK-StPO/Rudolphi, Vor § 94 Rn 8; Stuckenberg (Fn 3), S. 547, 578 m. w. N. (Die Unschuldsvermutung lasse sich als Verbesonderung des Rechtsstaatsprinzips in das Gebot eines fairen Verfahrens einordnen.).

[28] Durstewitz, Die Rechtsvermutung der Unschuld (in dubio pro reo) – ein allgemeines Menschenrecht und Bestandteil des Völkerrechts, Diss. Göttingen 1954, S. 133-175; Köster (Fn 25), S. 135 ff.; Kriele, Die Menschenrechte zwischen Ost und West, 1977, S. 9; Paeffgen, Vorüberlegungen (Fn 5), S. 62 ff., 68; Stuckenberg (Fn 3), S. 51; von Weber, ZStW 65 (1953), 334 (347). Vgl. BVerfGE 74, 358, 370 („Auch Gesetze – hier die Strafprozeßordnung – sind im Einklang mit den völkerrechtlichen Verpflichtungen der Bundesrepublik Deutschland auszulegen und anzuwenden, selbst wenn sie zeitlich später erlassen

Somit kommt der Unschuldsvermutung Verfassungsrang[29] zu. Darüber hinaus gehört sie zu den „unabänderlichen" Rechtsprinzipien, die den „Kern der Verfassung" ausmachen und die Art. 79 Abs. 3 GG der verfassungsgesetzgebenden Gewalt entzogen hat.[30]

Als gesellschaftliches Organisationsprinzip ist die Unschuldsvermutung in zweifacher funktioneller Hinsicht von Bedeutung;[31] denn sie bestimmt als „oberstes Verfahrensregulativ"[32] den Gang des Strafverfahrens selbst und sichert die Exklusivität der verfahrensmäßigen Schuldfeststellung.[33]

Diese Maxime eines rechtsstaatlichen Strafverfahrens[34] gilt vom Beginn der Ermittlungen an[35] bzw. mit Entstehen des Tatver-

---

worden sind als ein geltender völkerrechtlicher Vertrag; denn es ist nicht anzunehmen, dass der Gesetzgeber, sofern er dies nicht klar bekundet hat, von völkerrechtlichen Verpflichtungen der Bundesrepublik Deutschland abweichen oder die Verletzung solcher Verpflichtungen ermöglichen will."). Zur unmittelbaren Anwendbarkeit völkerrechtlicher Verträge siehe auch: Kreuzer, JA 1998, 731 ff.

[29] BVerfGE 74, 358 (370); 82, 106 (114, 117); BVerfG, NJW 1992, 1612; 1992, 2011; 1994, 377; OLG Braunschweig, AfP 1981, 292; Bornkamm (Fn 15), S. 254; Dalbkermeyer (Fn 19), S. 22; Echterhölter, JZ 1955, 689 (692); Gropp, JZ 1991, 804; Guradze, Der Stand der Menschenrechte im Völkerrecht, 1956, S. 172 ff.; Marxen, GA 1980, 365 (372 m. w. N.); Paeffgen, Vorüberlegungen (Fn 5), S. 58, 68; Rohe (Fn 18), S. 135; Schorn, DRiZ 1963, 340; Stuckenberg (Fn 3), S. 4, 47.

[30] Paeffgen, Vorüberlegungen (Fn 5), S. 64, 68. Siehe auch: Echterhölter, JZ 1955, 689, 692 („gesetzesfest").

[31] Marxen, GA 1980, 365 (373).

[32] Sax, Grundsätze der Strafrechtspflege (Fn 25), S. 909 (987, 990).

[33] Marxen, GA 1980, 365 (373). Vgl. Paeffgen, DRiZ 1998, 317, 319 (hervorhebend, dass die Unschuldsvermutung neben dem Verbot der Schuld-Vorwegnahme die Ergebnis-Offenheit des Verfahrens garantieren wolle.).

[34] von Becker (Fn 27), S. 136. Vgl. Frowein, Maihofer-FS (1988), S. 149 (154).

[35] Als Begründung wird zumeist das Argument „a maiore ad minus" verwendet. Wenn schon der Richter die Unschuld zu vermuten habe, dann dürften alle anderen staatlichen Organe den Beschuldigten erst recht nicht als schuldig behandeln, so Stuckenberg (Fn 3), S. 61; Köster (Fn 25), S. 175; Kondziela, MschrKrim

dachts[36] bis zum rechtskräftigen[37] Verfahrensabschluss, in welchem sie entweder widerlegt oder bestätigt wird.[38]

Während des gesamten Verfahrens ist die Unschuldsvermutung eine konstante Größe.[39] Der Schutz, den sie gewährt, gilt generell;

1989, 177 (180 f.); Dalbkermeyer (Fn 19), S. 24 (arg. a fortiori).

[36] Paeffgen, Vorüberlegungen (Fn 5), S. 113, 133 Fn 90; SK-StPO/Paeffgen, Vor § 112 Rn 26; Köster (Fn 25), S. 165 ff.; Stuckenberg (Fn 3), S. 61.

[37] BVerfGE 19, 342 (347); 22, 254 (265); 25, 327 (331); 35, 202 (232); 35, 311 (320); 71, 206 (216 f.); 74, 358 (371); Dahs, Handbuch des Strafverteidigers (Fn 1), Rn 1; Bornkamm (Fn 15), S. 267; ders., NStZ 1983, 102 (107); Elibol (Fn 25), S. 57; Krey, JA 1983, 638; Kühl, Hubmann-FS (1985), S. 241 (250 ff.); Marxen (Fn 5), S. 344 f.; ders., GA 1980, 365 (374); K. Meyer, Tröndle-FS (1989), S. 61 (71); Ostendorf, GA 1980, 445 (466); Paeffgen, Vorüberlegungen (Fn 5), S. 51; ders., DRiZ 1998, 317 (318); ders., Haftgründe, Haftdauer und Haftprüfung, in: Viertes deutsch-polnisches Kolloquium über Strafrecht und Kriminologie, 1992, S. 131 Fn 85; Partsch, Die Rechte und Freiheiten der europäischen Menschenrechtskonvention, in: Bettermann/Neumann/Nipperdey, Die Grundrechte, Band I, 1. Halbband, 1966, S. 235 (395); Sax (Fn 25), S. 909 (987, 971); Eb. Schmidt, Justiz und Publizistik, 1968 (Recht und Staat 353/354), S. 56 Fn 21; SK-StPO/Paeffgen, Vor 112 Rn 26; SK-StPO/Rogall, Vor § 133 Rn 75; SK-StPO/Rudolphi, Vor § 94 Rn 9; Vogler, Kleinknecht-FS (1985), S. 429 (439).

[38] Stuckenberg (Fn 3), S. 61 (hinzufügend: „Die Unschuldsvermutung gilt für jeden jederzeit und gegen jegliche Tat und endet frühestens mit einer erstinstanzlichen, vorzugsweise erst mit einer rechtskräftigen Verurteilung im Hinblick auf die bestrafte Tat." (S. 558) „Die Unschuldsvermutung gilt zugunsten von jedermann jederzeit bis zum Abschluss des Verfahrens, das die Rechtsmittel der Berufung und Revision, nicht aber die Wiederaufnahme, umfasst." (S. 578.). Vgl. BVerfGE 82, 106, 122, 124, Abw. M. Mahrenholz („Unschuldsvermutung…Sie verpflichtet den Staat, im Strafprozess die Schuld des Angeklagten zu beweisen. Sie ist Schutz des Unschuldigen bis zur endgültigen Feststellung von Schuld."); ebenso: Schweizerisches Bundesgericht, EuGRZ 1992, 416 (419); Rohe (Fn 18), S. 135 f.; Engau (Fn 19), S. 227.

[39] Paeffgen, Vorüberlegungen (Fn 5), S. 48; Engau (Fn 19), S. 226; Krauß (Fn 12), S. 153 (158). Vgl. BVerfGE 82, 106, 122, 124, Abw. M. Mahrenholz („Sie ist Schutz des Unschuldigen bis zur endgültigen Feststellung von Schuld. Bis zu diesem Zeitpunkt ist er ,ohne Schuld', er ist nicht ,wahrscheinlich schuldig' oder ,höchstwahrscheinlich schuldig'. Die Unschuldsvermutung verbietet jede Zweideutigkeit neben der verfassungsrechtlich gewährleisteten Alternative ,unschuldig oder schuldig' und ist damit mehr als bloß die prozessrechtliche Vorausset-

eine Relativierung auf Grund besonderer Umstände des Falles ist ausgeschlossen.[40] Denn bis zum Eintritt der Rechtskraft ist kein normativ hinreichendes Maß an Sicherheit darüber erreicht, wie die Sach,- Rechts- und Beweislage endgültig einzuschätzen ist.[41]

Da die Verhinderung außerjustizieller Schuldzuschreibungen zu den originären Aufgaben der Unschuldsvermutung gehört,[42] darf

---

zung von Urteilsfolgen strafrechtlicher Art. Sie begleitet, mit den Worten des Richters des Europäischen Gerichtshofs für Menschenrechte Cremona, den Angeklagten während des gesamten Verfahrens bis zur Verurteilung (EuGRZ 1987, S. 404, Abw. M.).").

[40] Marxen, GA 1980, 365, 374 (hinzufügend: „Noch so schwerwiegende Belastungsmomente und auch ein volles Geständnis des Verdächtigen lassen die Geltung der Unschuldsvermutung unberührt.). Vgl.: Grünwald, StV 1987, 453 (457); Gropp, JZ 1991, 804 (813); Engau (Fn 19), S. 226; BVerfGE 19, 342, 347 („Dies ergibt sich auch aus der grundsätzlichen Unschuldsvermutung, die es ausschließt, auch bei noch so dringendem Tatverdacht gegen den Beschuldigten im Vorgriff auf die Strafe Maßregeln zu verhängen, die in ihrer Wirkung der Freiheitsstrafe gleichkommen.").

[41] Paeffgen, DRiZ 1998, 317 (318, 320 m. w. N.); ders., Vorüberlegungen (Fn 5), S. 77. Stuckenberg (Fn 3), S. 577 („In der Erhaltung der verfahrenskonstitutiven Ungewissheit des Ausgangs findet die Unschuldsvermutung ihre originäre Aufgabe."); Denninger, StV 1998, 401, 403 („Der ganze Strafprozess mit allen seinen Kautelen dient ja gerade dazu, den Trennungsstrich nicht voreilig zu ziehen, sondern alle Erkenntnismittel sorgfältig auszuschöpfen. Zumal das Ermittlungsverfahren ist ‚per definitionem' von der Ungewissheit über den Grenzverlauf zwischen Rechtsbruch und Rechtstreue beherrscht..."). Vgl. BVerfGE 74, 358, 372 f. („Denn das Kernstück des Strafprozesses ist die Hauptverhandlung. In ihr soll der Sachverhalt endgültig aufgeklärt und festgestellt werden; dies hat in einer Weise zu geschehen, die nach allgemeiner Prozesserfahrung die größte Gewähr für die Erforschung der Wahrheit und zugleich für die bestmögliche Verteidigung des Angeklagten und damit für ein gerechtes Urteil bietet (vgl. Kleinknecht/Meyer, StPO, 37. Aufl., 1985, § 226 Rdr. 1). Erst die durchgeführte Hauptverhandlung setzt den Richter in den Stand und – wenn er das Verfahren nicht auf andere Weise abschließt – auch in die Pflicht, sich eine Überzeugung zur Schuldfrage zu bilden; sie schafft die prozessual vorgesehenen Voraussetzungen dafür, Feststellungen zur Schuld zu treffen und gegebenenfalls die Unschuldsvermutung zu widerlegen.").

[42] Marxen, GA 1980, 365 (373). Vgl. BVerfGE 74, 358, 370 f. („Aus dem Prin-

niemand, kein noch so Verdächtiger, außerhalb des prozessordnungsgemäßen Verfahrens oder vor seinem rechtskräftigen Abschluss als Straftäter bezeichnet werden.[43] Erst die rechtskräftige Verurteilung[44] stellt eine feste Beziehung zwischen Tat und Täter her; denn vor der Verurteilung besteht hinsichtlich der Straftat ein Zustand schwebender Unwirksamkeit.[45] Der klare Trennungsstrich

zip, dass keine Strafe ohne Schuld verhängt werden darf, folgt die Aufgabe des Strafprozesses, den Strafanspruch des Staates in einem justizförmig geordneten Verfahren durchzusetzen, das eine wirksame Sicherung der Grundrechte des Beschuldigten gewährleistet (vgl. BVerfGE 57, 250 (275)). Dem Täter müssen deshalb Tat und Schuld nachgewiesen werden (vgl. BVerfGE 9, 167 (169)). Bis zum gesetzlichen Nachweis der Schuld wird seine Unschuld vermutet (vgl. BVerfGE 35, 311 (320)). Die Unschuldsvermutung steht in engem Zusammenhang mit dem Recht des Beschuldigten, den staatlichen Strafanspruch in einem rechtsstaatlichen, fairen Verfahren abzuwehren und sich zu verteidigen.").
[43] Marxen (Fn 5), S. 345; ders., GA 1980, 365 (378 f.). Siehe auch: Hund, ZRP 1995, 334 (336). Vgl.: BVerfGE 74, 358, 371 („Die Unschuldsvermutung erzwingt so ein prozessordnungsgemäßes Verfahren zum Beweis des Gegenteils, bevor wegen eines Tatvorwurfs Entscheidungen getroffen werden, die die Feststellung von Schuld erfordern. Sie schützt den Beschuldigten auch vor Nachteilen, die Schuldspruch oder Strafe gleichkommen, denen aber kein rechtsstaatliches prozessordnungsgemäßes Verfahren zur Schuldfeststellung und Strafzumessung vorausgegangen ist (vgl. Vogler, a.a.O., S. 436 f. – siehe oben Fn 25).");
OLG Hamburg, AfP 1983, 466, 467 („Grundsätzlich ist allerdings die Bezeichnung eines Tatverdächtigen als Täter nicht gerechtfertigt, solange seine Schuld nicht gerichtlich festgestellt ist."); a. A.: OLG Frankfurt a. M., NJW 1980, 597, 598 (Bezeichnung eines Beschuldigten als Täter in einer Presseveröffentlichung, bei der aus dem Text hervorging, dass eine strafrechtliche Verurteilung nicht erfolgte.); abl. Grave, NJW 1981, 209 (210 f.).
[44] BVerfGE 22, 254 (265); 35, 202 (232) „Lebach"; 71, 206 (216 f.); BGHSt 14, 358 (364); KG, JR 1966, 109; Paeffgen, Vorüberlegungen (Fn 5), S. 51; Eb. Schmidt (Fn 37), S. 56 Fn 21; Marxen, GA 1980, 365 (374); ders., (Fn 5), S. 344 f.; Denninger, StV 1998, 401 (403); A. Arndt, JZ 1965, 145 (148); Engau (Fn 19), S. 224 (Der gesetzliche Schuldnachweis sei nach bundesdeutschem Recht erst mit der Rechtskraft des Urteils erbracht; hierfür spreche § 449 StPO, demzufolge nur rechtskräftige Urteile vollstreckbar seien.); Dalbkermeyer (Fn.19), S. 24; Frister (Fn 15), S. 85 f., 89; Lampe, NJW 1973, 217 (218 ff.); Ostendorf, StV 1990, 230 (231); Stuckenberg (Fn 3), S. 558.
[45] Marxen (Fn 5), S. 344 f.; ders., GA 1980, 365 (375).

zwischen dem Rechtstreuen und dem Rechtsbrecher wird erst mit einem rechtskräftigen Strafurteil gezogen.[45a] Somit ist die Widerlegung der Unschuldsvermutung allein dem erkennenden Strafgericht vorbehalten und darf nicht im Vorfeld der gerichtlichen Entscheidung von anderen beteiligten Organen vorweggenommen werden.[46]

Als Adressaten soll die Unschuldsvermutung alle staatlichen Organe[47] – wie Staatsanwaltschaft und Polizei[48], aber auch Gericht[49]

[45a] Denninger, StV 1998, 401 403 (hinzufügend: „Grundrechte und erst recht Menschenrechte stehen nach unserer Rechtsordnung nicht nur dem rechtstreuen Bürger, sondern auch dem ‚Rechtsbrecher' zu. Die Justizgrundrechte, die in der Strafprozessordnung ihre die Menschenwürde schützende Konkretisierung erfahren haben, dienen gerade und in erster Linie dem Schutz des mutmaßlichen oder wirklichen Rechtsbrechers vor ‚ungerechter' Verfolgung und Bestrafung. Nur bestimmte Grundrechte können unter bestimmten Voraussetzungen verwirkt werden, nach Art. 18 GG bedarf es dazu eines Spruchs des BVerfG."); ebenso Hund, ZRP 1995, 334, 336 („Den geforderten ‚klaren Trennungsstrich' zwischen dem rechtstreuen Bürger und dem Rechtsbrecher' zieht nicht der Staat, sondern das erkennende Gericht."); siehe dazu auch u. Fn 62; a. A.: Schelter, ZRP 1994, 52, 53 („Jeder Rechtsstaat läuft Gefahr, von seinen Feinden missbraucht zu werden, wenn er nicht konsequent einen klaren Trennungsstrich zwischen dem rechtstreuen Bürger und dem Rechtsbrecher zieht. Grundrechte, Datenschutz oder Bankgeheimnis sollen rechtstreue Bürger schützen, nicht den Verbrecher.").
[46] Rohe (Fn 18), S. 135; Engau (Fn 19), S. 223. Vgl. A. Arndt, JZ 1965, 145, 146 („In einer erstaunlichen Vorwegnahme des Urteilsspruchs wird unterstellt, man kenne den Täter, oder der Verdächtige oder der Verfolgte könne niemand anders als wirklich der Verbrecher sein..."); Kühne, Schneider-FS (1998), S. 3 („...Unschuldsvermutung... Insofern ist der zum Teil eingerissene Sprachgebrauch, dass bestimmte Maßnahmen gegen organisierte Verbrecher doch wohl erlaubt sein müssten, ebenso falsch wie rechtspolitisch unverantwortlich...").
[47] Dalbkermeyer (Fn 19), S. 23; Engau (Fn 19), S. 223, 228 m. w. N.; Frowein, Hubert-FS (1981), S. 553 (554 f.); Köster (Fn 25), S. 174; Krauß (Fn 12), S. 153 ff.; Kühl, Hubmann-FS (1985), S. 241 (247); Marxen (Fn 5), S. 345; Mrozynski, JZ 1978, 255 ff.; Paeffgen, Vorüberlegungen (Fn 5), S. 50 f.; Paunovic, Die Verfahrensgarantien des Art. 6 der Europäischen Konvention zum Schutze der Menschenrechte und Grundfreiheiten im deutschen Strafverfahrensrecht, Diss. Münster 1956 (Maschinenskript), S. 111; C. Roxin, NStZ 1991, 153 (156); SK-StPO/Paeffgen, Vor 112 Rn 26; SK-StPO/Rogall, Vor § 133 Rn 75; Stuckenberg (Fn 3), S. 66, 578; Trechsel, Die Europäische Menschenrechtskonvention, ihr

und insbesondere Gesetzgeber[50] – als Verfassungssatz[51] binden.

Vor der rechtskräftigen Verurteilung gebietet die Unschuldsvermutung größtmögliche Zurückhaltung und gesteigerte Sorgfalt bei allen Eingriffen in die Rechtssphäre des Verdächtigen bzw. Beschuldigten.[52]

Schutz der persönlichen Freiheit und die schweizerischen Strafprozessrechte, 1974, S. 82; Zielemann (Fn 11), S. 80; EuKMR 9296/81, DR 30, 227, 228; OLG Köln, AfP 1985, 293 (295); OLG Hamburg, AfP 1983, 466 (467); OLG Braunschweig, AfP 1981, 292; OLG Frankfurt a. M., NJW 1980, 597 (598).

[48] Paeffgen, Vorüberlegungen (Fn 5), S. 51; von Becker (Fn 27), S. 136 („Organe der staatlichen Strafrechtspflege"); Dalbkermeyer (Fn 19), S. 24; OLG Köln, NJW 1987, 2682, 2683 („Ermittlungsbehörden").

[49] von Becker (Fn 27), S. 136; Engau (Fn 19), S. 223 („Strafrichter"); Paeffgen, Vorüberlegungen (Fn 5), S. 51 (Die Unschuldsvermutung richte sich an die durch die Maßnahmen von Staatsanwaltschaft und Polizei auf den Plan gerufenen Gerichte. Das erkennende Gericht unterliege der Unschuldsvermutung in ihrer ganzen Strenge bis zu dem Zeitpunkt, in dem das Gericht in die endgültige Urteilsberatung eintrete.); Sax (Fn 25), S. 909 (991); SK-StPO/Rogall, Vor § 133 Rn 75; Stuckenberg (Fn 3), S. 66 („Strafrichter"); OLG Köln, NJW 1987, 2682, 2683 („Strafrichter").

[50] Paeffgen, Vorüberlegungen (Fn 5), S. 64, 68, 161 Fn 667; SK-StPO/Paeffgen, Vor § 112 Rn 26 a. E.; Stuckenberg (Fn 3), S. 58, 66; Elibol (Fn 25), S. 47 f.; Krauß (Fn 12), S. 153 (160). Hinsichtlich der Bindung des Gesetzgebers an Art. 20 Abs. 3 GG siehe: Ostendorf, Informationen zur politischen Bildung, 1995, Nr. 248, S. 25.

[51] Stuckenberg (Fn 3), S. 66; Köster (Fn 25), S. 181.

[52] Paeffgen, Vorüberlegungen (Fn 5), S. 54, 77. Vgl.: Dalbkermeyer (Fn 19), S. 24; Marxen, GA 1980, 365 (373); Stuckenberg (Fn 3), S. 85. Siehe auch: BVerfGE 35, 202 (232) „Lebach" („Auch die bis zur rechtskräftigen Verurteilung zugunsten des Angeschuldigten geltende Vermutung seiner Unschuld gebietet eine entsprechende Zurückhaltung, mindestens eine angemessene Berücksichtigung der zu seiner Verteidigung vorgetragenen Tatsachen und Argumente."); BVerfGE 71, 206 (216 f.); BVerfGE 82, 106, 122, 125 f., Abw. M. Mahrenholz (zur „Sensibilität in der Handhabung des Maßstabs der Unschuldsvermutung"); OLG Köln, NJW 1987, 2682, 2683 („Zurückhaltung").

Hinsichtlich der Reichweite der interdisziplinär ernst genommenen Unschuldsvermutung lässt sich Folgendes sagen:

Niemand ist berechtigt, einer bestimmten noch nicht rechtskräftig verurteilten Person eine strafbare Handlung zuzuschreiben,[53] indem ein (bloß) Tatverdächtiger als (bereits überführter und schuldig

---

[53] Vgl.: Marxen, GA 1980, 365 (375, 379); ders. (Fn 5), S. 345; Stuckenberg (Fn 3), S. 418, 421 m. w. N. Siehe auch: Paeffgen, Vorüberlegungen (Fn 5), S. 49 ff.; ders., Haftgründe (Fn 37), S. 131 Fn 85; SK-StPO/Paeffgen, Vor § 112 Rn 26 (Unschuldsvermutung als unwiderlegliche Rechtsvermutung eigener Art: So sei für staatliche Organwalter bis zum rechtskräftigen Schuldnachweis die Normtreue des Beschuldigten zur gesetzlichen Sicherheit erhoben.). Siehe insbesondere die Judikatur der Europäischen Menschenrechtskonvention im Fall Petra Krause: Zwar sei die Unschuldsvermutung primär eine prozessuale Garantie, jedoch auch ein fundamentales Prinzip, das jedermann davor schütze, von staatlichen Stellen als einer Straftat schuldig bezeichnet zu werden, bevor diese Schuld gerichtsförmig festgestellt wurde. Auf die Einleitung eines Verfahrens und die Erhebung einer Anklage kommt es daher nicht an (EuKMR 7986/77, DR 13, 73, 75 f. (Krause); bestätigt in 9077/80, DR 26, 211, 213 f.; siehe ebenso: 13251/87, DR 68, 137, 148 ff.; 15776/89, DR 64, 264, 269; vgl. dazu Stuckenberg (Fn 3), S. 418, 421 m. w. N.). Zur Judikatur des Bundesverfassungsgerichts siehe: BVerfGE 22, 254, 265 („Diese Vermutung schließt es aus, einen nicht rechtskräftig verurteilten Bürger als schuldig zu behandeln."); BVerfGE 74, 358, 371 („Nach allem verbietet die Unschuldsvermutung zum einen, im konkreten Strafverfahren ohne gesetzlichen, prozessordnungsgemäßen – nicht notwendiger Weise rechtskräftigen – Schuldnachweis Maßnahmen gegen den Beschuldigten zu verhängen, die in ihrer Wirkung einer Strafe gleichkommen und ihn verfahrensbezogen als schuldig zu behandeln; zum anderen verlangt sie den rechtskräftigen Nachweis der Schuld, bevor dem Verurteilten diese im Rechtsverkehr allgemein vorgehalten werden darf (vgl. BVerfGE 19, 342 (347); 35, 311 (320)."); BVerfGE 82, 106, 120 („Die Unschuldsvermutung ist verletzt, wenn das Gericht dem Angeschuldigten in einem Einstellungsbeschluss nach § 153 Abs. 2 StPO oder in den Gründen der damit verbundenen Auslagenentscheidung strafrechtliche Schuld zuweist, ohne dass diese zuvor prozessordnungsgemäß festgestellt wurde...Durch eine derartige Feststellung wird, auch wenn sie nur im Rahmen der Gründe geschieht und die Versagung der Auslagenerstattung nicht darauf beruht, der Angeschuldigte in der Sache als schuldig behandelt und damit in seinem Grundrecht verletzt (BVerfGE 74, 358 (379)).").

gesprochener Straf-) „Täter" bezeichnet wird.[54] Denn die Unschuldsvermutung hat die Aufgabe, staatliche Eingriffe in die Rechtssphäre des (bloß) Verdächtigen zu begrenzen und ihn gegenüber übermächtiger Staatsgewalt zu schützen.[55]

IV. Begriff „Täter" im Ermittlungsverfahren

Mit dem nunmehr in den strafprozessualen Eingriffsermächtigungen der §§ 98 a, 100 c, 163 d, e StPO verwendeten, verfassungsrechtlich bedenklichen Begriff „Täter" wird jedoch insbesondere beim juristisch nicht vorgebildeten Staatsbürger[56] der Eindruck

---

[54] A. Arndt, JZ 1965, 145 (146 ff.); Bernsmann/Jansen, StV 1998, 217; Dalbkermeyer (Fn 19), S. 26; Grave, NJW 1981, 209 (210); Hassemer, KJ 1992, 64 (66, 69); KK-Schoreit, § 163 e Rn 16; König, Kriminalistik 1998, 349 (351); Lagodny, 20. Strafverteidigertag, 1996, S. 117 (127); Marxen (Fn 5), S. 345; ders., GA 1980, 365 (379); Nitz (Fn 3), S. 121 f.; Paeffgen, DRiZ 1998, 317 (320); Rieß, StraFo 1999, 1 (9 Fn 132); Schaefer, DRiZ 1998, 295 (296 f.); ders., NJW 1998, 3178; Stuckenberg (Fn 3), S. 85; Zaczyk, StV 1993, 490 (491); OLG Hamburg, AfP 1983, 466 (467 – s. o. Fn 43).

[55] Gropp, JZ 1991, 804 (805). Siehe auch: Dahs, Handbuch des Strafverteidigers (Fn 1), Rn 1; Krauß (Fn 12), S. 153 (155 f.); Stuckenberg (Fn 3), S. 67; Haberstroh, NStZ 1984, 289 (292); von Weber, ZStW 65 (1953), 334 (335); OLG Köln, NJW 1987, 2682, 2683 („Die Unschuldsvermutung strahlt jedoch auf das allgemeine Persönlichkeitsrecht aus und verlangt nach einer sie berücksichtigenden Ausprägungsform des Rechts und nach einem entsprechenden Schutzgut der Person."); ebenso OLG Köln, AfP 1985, 295 („Die Unschuldsvermutung der Europäischen Konvention für Menschenrechte ist ein Gesichtspunkt, der das verfassungsrechtlich geschützte Persönlichkeitsrecht ausfüllt."). Vgl. auch: KG, NJW 1968, 1969 („Die Darstellung einer noch nicht durch ein Gericht verurteilten Person als schuldig in Presseveröffentlichungen ist grundsätzlich eine Verletzung des Persönlichkeitsrechtes, und zwar auch dann, wenn die betreffende Person zeitlich nach den Veröffentlichungen gerichtlich verurteilt wird.").

[56] Siehe die Judikatur der Europäischen Menschenrechtskonvention: Es müsse

vermittelt, dass es sich bei dem als „Täter" bezeichneten bzw. gekennzeichneten Menschen bereits um den überführten und verurteilten Straftäter handelt,[57] womit der Tatverdächtige (vor-)verurteilt,[58] sozial angeprangert[59] und stigmatisiert[60] wird. Damit wird die sozialethisch deklassierende Wirkung der Bestrafung vorweggenommen[61] und die Würde des Tatverdächtigen – über die durch das Schuldfeststellungsverfahren ohnehin bedingten Persönlichkeitseingriffe hinaus – angetastet.[62]

---

einem Laien stets erkennbar sei, dass es sich nur um Beschuldigungen, nicht aber um festgestellte Tatsachen handele (EuKMR 8361/78, DR 27, 37, 43; 9077/80, DR 26, 211, 213; vgl. dazu Stuckenberg (Fn 3), S. 421). Siehe auch: Grave, NJW 1981, 209 (210 f.); Schorn (Fn 18), S. 222.

[57] von Becker (Fn 27), S. 137; Dalbkermeyer (Fn 19), S. 26; Engau (Fn 19), S. 226; D. Franke (Fn 17), S. 116; Grave, NJW 1981, 209 (210); Krauß (Fn 12), S. 153 (156, 158); Wimmer, ZStW 80 (1968), S. 369 (370, 374 f.).

[58] Paeffgen, Vorüberlegungen (Fn 5), S. 47 ff.; SK-StPO/Paeffgen, Vor § 112 Rn 26; Dalbkermeyer (Fn 19), S. 25 f.; Nitz (Fn 3), S. 121. Siehe auch: Dahs sen. AnwBl 1959, 171, 180 (Der Angeklagte sei in den Augen der Öffentlichkeit häufig schon ein „Gerichteter"); OLG Braunschweig, AfP 1981, 292; OLG Hamburg, AfP 1983, 466 (467).

[59] von Becker (Fn 27), S. 137. Vgl. Engau (Fn 19), S. 220 f.; Grave, NJW 1981, 209 (210). Siehe allgem. dazu: Dahs sen., AnwBl 1959, 171 (180); Redeker, AnwBl 1961, 300 (301); Kühl, Hubmann-FS (1985), S. 241 (244). Zur unmenschlichen und unwürdigen Prangerstrafe des Mittelalters siehe: Rinsche, ZRP 1987, 384; Höbermann, Der Gerichtsbericht in der Lokalzeitung. Theorie und Alltag, 1988, S. 158 m. w. N.; Schwab, Schutz der Persönlichkeitssphäre gegen Presseberichterstattung in Wort und Bild, Diss. Hamburg 1954, S. 127 m. w. N.

[60] Dalbkermeyer (Fn 19), S. 26; von Becker (Fn 27), S. 137. Vgl. auch: OLG Braunschweig, AfP 1981, 292.

[61] Kühl, Hubmann-FS (1985), S. 241 (247); ders., Unschuldsvermutung, Freispruch und Einstellung, 1983, S. 12 ff., 16; Dalbkermeyer (Fn 19), S. 24; Engau (Fn 19), S. 224; Gropp, JZ 1991, 804 (807); Haberstroh, NStZ 1984, 289 (294); Krauß (Fn 12), S. 153 (161); Rohe (Fn 18), S. 135; Sax (Fn 25), S. 909 (971, 987); Schorn (Fn 18), S. 222; ders. (Fn 25), S. 23 f.; Zielemann (Fn 11), S. 80, 84; KG, JR 1966, 109.

[62] Appell (Fn 25), S. 61; Dalbkermeyer (Fn 19), S. 24; Sax (Fn 25), S. 909 (987); Zielemann (Fn 11), S. 80, 84; Haberstroh, NStZ 1984, 289, 294 (zum „materiellen Menschenwürdegehalt der Unschuldsvermutung" und „Achtungsanspruch

Wegen dieser Suggestivwirkung[63] in noch nicht rechtskräftig abgeschlossenen Strafverfahren darf die Gefahr der psychologischen Beeinflussung der Allgemeinheit und der am Verfahren bzw. an der Rechtsfindung Beteiligten[64] nicht unterschätzt werden.

---

des einzelnen"); Raum/Palm, JZ 1994, 447, 452 („Die Menschenwürde kann nicht derart aufgeteilt werden, dass sie nur demjenigen zusteht, der sich der Rechtsordnung gemäß verhält."); Huber, Jura 1998, 505, 507 („Die Würde des Menschen ist unverfügbar, sie kann nicht verloren gehen... Das ist das Credo des Art. 1 Abs. 1 Satz 1 GG, und auf dieses Credo baut die Rechtsordnung des Grundgesetzes... Art. 1 Abs. 1 Satz 2 GG verleiht der Garantie der Menschenwürde normativen Gehalt und wandelt sie zur Rechtspflicht im Verhältnis zwischen Bürger und Staat."); KG, JR 1966, 109 („Die Unschuldsvermutung bedingt, dass das Strafverfahren in seinen verschiedenen Stufen der Würde des noch nicht für schuldig erklärten Angekl. Rechnung zu tragen hat, und dass die in die Menschenwürde des Betroffenen eingreifenden sozialethischen, deklassierenden Wirkungen der Strafe nicht bereits die prozessuale Stellung des Verdächtigen beeinträchtigen dürfen, sondern erst mit der rechtskräftigen Verurteilung eintreten (Schorn, Die Europäische Konvention zum Schutze der Menschenrechte und Grundfreiheiten, 1965, S. 221)."). Vgl. BVerfGE 57, 250, 275 (Art. 1 Abs. 1 GG verbietet es, den Menschen zum bloßen Objekt eines staatlichen Verfahrens herabzuwürdigen.); Dürig, AöR 81 (1956), S. 117, 128 („Es verstößt gegen die Menschenwürde als solche, wenn der konkrete Mensch zum Objekt eines staatlichen Verfahrens gemacht wird."). Siehe auch: BVerfGE 82, 106 (120 – s. o. Fn 53); Lisken, ZRP 1993, 121, 124 („Der Beschuldigte sollte vom Objekt des Verfahrens zum Subjekt mit Anhörungs- und Beweisantragsrecht, mit Unschuldsvermutung und Recht auf einen Verteidiger werden.").

[63] Vgl. allgem. dazu: Heidelberg, Justizreportage. Journalistische Ziele und juristische Schranken, Diss. Heidelberg 1932, S. 67 ff.; Dalbkermeyer (Fn 19), S. 26.

[64] Siehe allgem. dazu: Dahs, NJW 1961, 1755 (1756).

Im Hinblick auf den verfassungsrechtlichen Rang der Unschulds-vermutung sollte zur begrifflichen Klarstellung im prozessualen Sprachgebrauch nicht vom „**Täter**"[65], sondern vom „**Verdächtigen**" oder „**Beschuldigten**"[66] gesprochen werden.

Das Strafverfahrensrecht wurde wohl zu Recht als „Seismograph der Staatsverfassung"[67] bezeichnet. Die Existenz und Bewahrung dieser unverfügbaren Rechtsprinzipien sind Kennzeichen einer Rechtskultur.[68]

---

[65] So jedoch in den verfassungsrechtlich bedenklichen strafprozessualen Eingriffsermächtigungen der §§ 98 a, 100 c, 163 d, e StPO (s. o. Fn 3, 54); a. A. wohl: J. Meyer/Hetzer, NJW 1998, 1017, 1026 (lediglich den Inhalt der Gesetzesmaterialien, BT-Drucks. 13/8651, S. 13 – s. o. Fn 2 –, zitierend); siehe auch J. Meyer (Mitberichterstatter), BT-Drucks. 12/2720, S. 38 (40 f., 43 ff.). Vgl. auch: BVerfGE 82, 106, 117 („Unabhängig davon sollten die Gerichte im Hinblick auf den verfassungsrechtlichen Rang der Unschuldsvermutung darauf Bedacht nehmen, nur solche Formulierungen zu verwenden, die von vornherein jeden Anschein einer unzulässigen Schuldzuweisung vermeiden…"); BVerfGE 82, 106, 122, 124, Abw. M. Mahrenholz („Die Unschuldsvermutung verbietet jede Zweideutigkeit…" – s. o. Fn 40); Paeffgen, JR 1999, 89, 96 (zum Anspruch der Juristen, Sprache sachgerecht zu verwenden).

[66] So bereits: Hassemer, Stellungnahme zum Entwurf des OrgKG (!), KJ 1992, 64 (69). Ebenso: von Hindte, Die Verdachtsgrade im Strafverfahren, Diss. Kiel 1973, S. 37, 74, 94 („möglicher Täter"); Hund, ZRP 1995, 334 (336); König, Kriminalistik 1998, 349 (351); Lagodny, 20. Strafverteidigertag, 1996, S. 117 (127); Marxen, GA 1980, 365 (378 f.); ders. (Fn 5), S. 345; Nitz (Fn 3), S. 122; Raum/Palm, JZ 1994, 447 (452 Fn 45); Rieß, StraFo 1999, 1 (9 Fn 132); Schaefer, DRiZ 1998, 295 (296); ders., NJW 1998, 3178 („mutmaßlicher Täter"); Zaczyk, StV 1993, 490 (491). Siehe auch: Dahs, Handbuch des Strafverteidigers (Fn 1), Rn 1 („ den zunächst nur Verdächtigen"); Denninger, StV 1998, 401, 404 („Solange aber nur erst ein Verdacht herrscht, darf nicht so verfahren werden, als stünde das Ergebnis der Ermittlungen bereits fest."); BVerfGE 82, 106, 117 (s. o. Fn 65).

[67] C. Roxin, Strafverfahrensrecht, 25. Aufl. (1998), § 2 Rn 1. Vgl. Paeffgen, Vorüberlegungen (Fn 5), S. 8 m. w. N. (Prozessrecht als angewandtes Verfassungsrecht).

[68] Hassemer, KJ 1992, 64 (67). Allgem. dazu: A. Arndt, JZ 1965, 145 (146 ff.); ders., zitiert nach: Holtfort, Seifert-FS (1988), S. 451 ff.; R. Schmid, zitiert nach:

Die StPO ist gesetztes Recht, und deren Qualität bestimmt sich ausschließlich danach, ob es als richtige Konkretisierung gültiger Allgemeinheit verstanden werden kann.[69] Diese Qualität gewinnt es nicht etwa schon durch die parlamentarische Form der Gesetzgebung; vielmehr muss sie einen begriffenen Inhalt haben, der den verschiedenen beteiligten Rechtssphären gerecht wird und nur dann auch praktisches Handeln im Verfahren gültig und einsehbar bestimmen kann.[70]

V. Anwendungsproblematik

Aufgabe der Exekutive ist es, die Gesetze anzuwenden.[71] Hierbei hat die Polizei die Aufgabe, Straftaten zu erforschen (§ 163 Abs. 1 StPO) und Ermittlungen gegen Tatverdächtige durchzuführen, wobei die Bestimmungen der StPO „juristisches Handwerkszeug" eines jeden Polizeibeamten sind.

In unserer freiheitlichen demokratischen Grundordnung repräsentiert die Polizei einen Teil der Staatsgewalt und ist somit Garant für die Innere Sicherheit. In einer Gesellschaft, in der der Mensch im Mittelpunkt steht und die Unantastbarkeit der Menschenwürde oberster Verfassungsgrundsatz ist, wird der Staat gerade auch an seiner unvoreingenommenen, unparteiischen und weder präjudizie-

---

Böttcher, Seifert-FS (1988), S. 487 ff.
[69] Zaczyk, StV 1993, 490 (492).
[70] Zaczyk, StV 1993, 490 (492).
[71] Siehe dazu Dencker, StV 1994, 667 (683); Schlink, Jura 1999, 169 (171).

renden noch moralisierenden[72] Polizei gemessen. Deshalb ist es geradezu verpflichtend, dass die verfassungsrechtlichen Prinzipien im polizeilichen Umgang mit Tatverdächtigen bzw. Beschuldigten eingehalten werden.

Einerseits verlangt die verfassungsmäßige Ordnung von jedem Polizeibeamten Loyalität gegenüber dem Staat mit seinen Gesetzen. Andererseits binden die unverfügbaren verfassungsrechtlichen Prinzipien[73] der Unantastbarkeit der Menschenwürde und der Rechtsstaatlichkeit sowie die allgemeinen Regeln des Völkerrechts jeden Polizeibeamten bei der Ausübung seines Berufs, so dass auf Grund des jetzt gültigen Gesetzestextes der Gesetzesanwender in eine Konfliktsituation gebracht werden könnte. Unter Zugrundelegung des straftatsystematischen Sprachgebrauchs – der Verfassungsprinzipien und sonstige Rechtsgrundsätze, wie beispielsweise das Rechtsstaatsprinzip, das Schuldprinzip, den Grundsatz des rechtlichen Gehörs und eben auch das Prinzip der Unschuldsvermutung in die strafrechtliche Praxis umsetzt[74] – dürfte der Rechtsanwender in der Phase des Ermittlungsverfahrens lediglich die Begriffe „Verdächtiger" bzw. „Beschuldigter"[75] benutzen, während die derzeitige Gesetzessprache den Begriff „Täter"[76] verwendet.

---

[72] Siehe zur Verpflichtung des Gerichts zu einer unparteiischen, unvoreingenommenen, weder präjudizierenden noch moralisierenden Verhandlungsleitung: Stuckenberg (Fn 3), S. 101; Engau (Fn 19), S. 226 m. w. N.; Sax (Fn 25), S. 909 (991). Vgl. auch: KG, JR 1966, 109 m. w. N. (zum Schutz vor Parteilichkeit und Unvoreingenommenheit im Strafverfahren durch Art. 6 Abs. 2 MRK).

[73] Marxen, GA 1980, 365 (372).

[74] Marxen, GA 1980, 365 (380).

[75] Siehe oben Fn 66.

[76] So in den verfassungsrechtlich bedenklichen strafprozessualen Eingriffsermächtigungen der §§ 98 a, 100 c, 163 d, e StPO (s. o. Fn 3, 54).

VI. Schlussbetrachtung

Trotz verfassungsrechtlicher und rechtspolitischer Einwände[77] bzw. Bedenken[78] aus Wissenschaft und Praxis wurde die normative be-

---

[77] Hassemer, Stellungnahme zum Entwurf des OrgKG, KJ 1992, 64, 69 („Vorschläge zum Sprachgebrauch: § 98 a I spricht in seinem letzten Satz vom ‚Täter' (statt vom Beschuldigten oder Verdächtigen).").

[78] Paeffgen, DRiZ 1998, 317, 320 („Um Rechtsanwender wie interessiertem Bürger die Stoßrichtung des Denkens und Trachtens klar vor Augen zu führen, spricht das Gesetz jüngst denn auch gern – in der Phase des Ermittlungsverfahrens (!) – von ‚Tätern', vgl. etwa §§ 98 a I; 100 c I Nr. 1 und 2, II 2, 3; 163 e I 2, 3. Der Gesetzgeber weiß bereits, dass es sich um Täter handelt …"); Zaczyk, StV 1993, 490, 491 („Mit Regelungen des Strafprozessrechts etwas bekämpfen zu wollen, zeigt ein fundamental falsches Verständnis des Strafverfahrensrechts… Wird das Strafverfahren als Mittel zur Kriminalitätsbekämpfung missverstanden, so setzt man Fronten voraus, die in einem Rechtsstaat zwischen einem Beschuldigten und dem Staat nicht bestehen. Daher ist es ein Skandal, dass in der geänderten StPO unbefangen vom ‚Täter' die Rede ist, und das gleich an mehreren Stellen (§§ 98 a I; 100 c I Ziff. 1 b, Ziff. 2, II; 163 e)."); Lagodny, 20. Strafverteidigertag, 1996, S. 117, 127 („Neue Vorschriften zu geheimdienstgeprägten Ermittlungsmethoden – konkret: §§ 98 a Abs. 1; 100 c Abs. 1 Nr. 1 b, Nr. 2, Abs. 2; 163 e StPO – sprechen vom ‚Täter', nicht vom ‚Beschuldigten' oder ‚Verdächtigen'. Das ist in der Tat ein – allerdings vermeidbarer – ‚Skandal'…"); Bernsmann/Jansen, StV 1998, 217 („Dass spätestens mit dem OrgKG die ‚Täter' auch begrifflich Einzug in die StPO gehalten haben, ist dann womöglich doch mehr als eine sprachliche Fehlleistung; …Übergang von der Unschulds- zur ‚Schuldvermutung'…"); Hund, ZRP 1995, 334, 336 („…ein Denkfehler: In einem Rechtsstaat gilt die Unschuldsvermutung bis zu ihrer Widerlegung vor Gericht für alle. Es geht daher nicht an, zur Begründung einer strafprozessualen Eingriffsermächtigung anzuführen, sie richte sich allein gegen Straftäter. Im Zeitpunkt der Ermittlungen können diese Personen allenfalls Verdächtige sein."); Raum/Palm, JZ 1994, 447, 452 Fn 45 („Allerdings muss der Rechtsstaat auch einem Straftäter – oder besser: jemandem, den er dafür hält – einen Raum für Privatheit lassen… Der ‚Große Lauschangriff' kann die Unschuldsvermutung von Art. 6 Abs. 2 MRK nicht außer Kraft setzen. Tatsächlich wird der ‚Lauschangriff' lediglich gegen einen Tatverdächtigen geführt."); Nitz (Fn 3), S. 121 f. („Ausgesprochen bedenklich im Hinblick auf ein Präjudiz erscheint die Tatsache, dass die neuen Vorschriften des Strafprozessrechts, die eine bessere Effektivität bei der Strafverfolgung gewährleisten sollen, häufig vom ‚Täter' und nicht vom ‚Beschuldigten' oder ‚Verdächtigen' sprechen."); König, Kriminalistik 1998,

griffliche Klarstellung im prozessualen Sprachgebrauch bisher nicht vorgenommen.

Es erscheint eine verfassungskonforme begriffliche Klarstellung entsprechend den Vorgaben der unveränderlichen verfassungsrechtlichen Prinzipien[79] erforderlich, so dass der Bundesgesetzgeber[80] gefragt ist. Aber der Bundesrat hat hierzu ebenfalls legislatorische Möglichkeiten, die meines Erachtens ungedingt genutzt werden sollten.

349, 351 („Der Begriff ‚Täter' ist hier allerdings deplaziert. Der Anwendungsbereich ist das Ermittlungsverfahren; dort gibt es keinen Täter.“); KK-Schoreit, § 163 e Rn 16 („Irritierend ist der unterschiedliche Gebrauch der Wörter ‚Beschuldigten' und ‚Täters'...“); Rieß, StraFo 1999, 1, 9 („...einen rechtspolitischen Klimawechsel signalisieren könnte. Liest man die das Gesetzgebungsverfahren abschließende Debatte des Deutschen Bundestages, so wird diese Gefahr deutlich, wenn die Konzentration der Blickrichtung und damit des Verfahrens auf den Täter als ‚professionelle Verbiegung' gekennzeichnet wird... Richtiger, aber von den Rednern so nicht gesehen, ‚den Beschuldigten', für den die Unschuldsvermutung in Anspruch genommen werden kann.“).

[79] Siehe Paeffgen, Vorüberlegungen (Fn 5), S. 64, 68.

[80] Hassemer, KJ 1992, 64 (69 – s. o. Fn 77); König, Kriminalistik 1998, 349, 351 („Es wäre zu wünschen gewesen, der Gesetzgeber hätte die Formulierungen aus § 100 a übernommen, wonach ‚die Ermittlung des Aufenthaltsortes des Beschuldigten' zulässig ist.“); Hund, ZRP 1995, 334, 338 („Mit der Umsetzung dieser Vorschläge wäre eine verfassungsrechtlich einwandfreie und verfassungspolitisch gebotene Rechtsgrundlage geschaffen, die den Interessen einer wirksamen Kriminalitätsbekämpfung und dem Grundrechtsschutz gleichermaßen Rechnung tragen würde.“). Siehe dazu bereits: Köster (Fn 25) („...aus dem weit zu fassenden Anwendungsbereich des die Unschuldsvermutung befehlenden Art. 1 Abs.1 GG (ergibt sich) der Auftrag des Gesetzgebers, die rechtliche Sicherheit für die Normtreue des Tatverdächtigen umfassend bis zum Urteil zu schützen.“ (S. 178) „Aus diesen ...Anforderungen, die die Unschuldsvermutung... an die Ausgestaltung des Strafverfahrens stellt, wird deutlich, dass der ‚schönste Ausdruck menschlicher Würde, die Vermutung der Unschuld' (Wening – Neues Archiv des Criminalrechts, Bd. 2, 1818, S. 194 ff.) eine bindende Aufgabe für Gesetzgebung und Rechtsprechung darstellt, deren Erfüllung noch keineswegs gesichert ist.“ (S. 181)). Vgl. auch: Herzog, NJW 1999, 25, 28 („Wie wir die Konflikte lösen..., das ist eine fundamentale Wertentscheidung, in der sich am Ende der Geist unserer Gesellschaft widerspiegeln wird.“).

B

Das verfassungsrechtlich befremdliche Verhältnis des Gesetzgebers zur Unschuldsvermutung[*]

Uwe Diercks,[**] Polizeipräsidium Bonn

[*] Der Beitrag gibt die persönliche Auffassung des Verfassers wieder und dokumentiert zugleich den Versuch, im Hinblick auf den verfassungsrechtlichen Rang der Unschuldsvermutung und hinsichtlich des Gebots rechtsstaatlicher Präzision über den Petitionsausschuss des Deutschen Bundestages vom Gesetzgeber eine sachgerechte, eindeutige und jeden Anschein einer unzulässigen Schuldzuweisung vermeidende Gesetzessprache im Rahmen einer entsprechenden Gesetzesnovellierung zu erreichen.

[**] Mein herzlicher Dank gilt folgenden Rechtswissenschaftlern und Praktikern, die der im AnwBl 1999, 311 ff., wiedergegebenen Rechtsauffassung und/oder der in der Eingabe an den Petitionsausschuss des Deutschen Bundestages (Pet. 4-14-07-3120-013178) geäußerten Bedenken weitgehend bzw. vollkommen zustimmten und wertvolle Anregungen gaben: Professoren Dres. H. Achenbach, Osnabrück; W. Gropp, Gießen; G. Grünwald, Bonn; W. Hassemer, Richter des Bundesverfassungsgerichts, Frankfurt a. M./Karlsruhe; K. Kühl, Tübingen; H. Lisken, Polizeipräsident a. D., Düsseldorf; E. G. Mahrenholz, Vizepräsident des Bundesverfassungsgerichts a. D., Karlsruhe; K. Marxen, Berlin; H.-U. Paeffgen, Bonn; C. Roxin, München; F.-C. Schroeder, Regensburg; R. Zaczyk, Trier; Habilitanden Dres. K.-S. von Danwitz, Bonn; C.-F. Stuckenberg, Bonn; Rechtsanwälte Dres. S.-R. Eiffler, Lehrbeauftragter im Polizeidienst, Berlin; H. Nitz, Hannover; C.-H. Soehring, München; Ministerialrat a. D. Dr. U. Kaack, Kiel; Polizeidirektor R. Wellenbeck, Leiter des Polizeiausbildungsinstituts Brühl.

46

I. Einleitung

Früher nahm ein auf Ehrenschutz und Unschuldsvermutung be-
dachter Beobachter noch Anstoß, wenn Boulevard-Zeitungen den
Beschuldigten noch vor gefälltem Urteil, geschweige denn vor dessen Rechtskraft, bereits als „Täter" darstellten: Der Richter wusste
es noch nicht – aber der Journalist wusste es schon.[1]

Heute können sich Journalisten in Deutschland auf einen prominenten Eideshelfer für ihre Weltsicht berufen – den Gesetzgeber selbst:
Der Richter weiß es noch nicht – aber der Gesetzgeber weiß es
schon.[2] Denn er verwendet in seiner Gesetzessprache – in der Phase des Ermittlungsverfahrens (!) – den Begriff „Täter", und zwar in
den strafprozessualen Eingriffsermächtigungen der §§ 98 a, 100 c,
111, 163 d, 163 e, 163 f StPO sowie in § 4 BKA-Gesetz.

Wegen dieses verfassungsrechtlich anstößigen Begriffs „Täter" im
Ermittlungsverfahren machte der Verfasser im Interesse der Rechts-
und Polizeikultur von dem in Artikel 17 GG verbrieften Eingaberecht Gebrauch und wandte sich – insbesondere unter Zugrundelegung der im Anwaltsblatt[3] dargestellten Bedenken – wie folgt an
den Petitionsausschuss des Deutschen Bundestages[4]:

„ … Der meines Erachtens falsche Sprachgebrauch des Bundesgesetzgebers in diesem sehr sensiblen Bereich führt in der Praxis zu

---

[1] Paeffgen, StV 1999, 625.
[2] Paeffgen, StV 1999, 625; ders., DRiZ 1998, 317 (320); ders., Vorüberlegungen
zu einer Dogmatik des Untersuchungshaft-Rechts, Habil.-Schrift 1986, S. 77 (zur
Verantwortung des Gesetzgebers hinsichtlich der Unschuldsvermutung).
[3] Diercks, AnwBl 1999, 311 ff. m. w. N.; ders., AnwBl 1987, 154, 155, 169 ff. m.
w. N. (zum verfassungsrechtlichen Nachholbedarf im Ermittlungsverfahren).
[4] Eingabe vom 26.10.1999, Pet. 4-14-07-3120-013178.

dem im Anwaltsblatt geschilderten rechtlich unhaltbaren Zustand. Die vom Innenminister NRW und Justizminister NRW auf meine Eingaben in Anlagen erwähnte ‚abstrakte' Verwendung des Täterbegriffs durch den Gesetzgeber steht nicht im Einklang mit den grundsätzlichen Implikationen dieses Sprachgebrauchs.

Im Hinblick auf den verfassungsrechtlichen Rang der Unschuldsvermutung und das Gebot rechtsstaatlicher Präzision sollte zur begrifflichen Klarstellung im prozessualen Sprachgebrauch nicht vom ‚Täter', sondern vom ‚Verdächtigen' oder ‚Beschuldigten' gesprochen werden.

Trotz verfassungsrechtlicher und rechtspolitischer Einwände bzw. Bedenken aus Wissenschaft und Praxis wurde die normative begriffliche Klarstellung im prozessualen Sprachgebrauch bisher nicht vorgenommen. Deshalb erscheint eine verfassungskonforme begriffliche Klarstellung entsprechend den Vorgaben der unveränderlichen verfassungsrechtlichen Prinzipien erforderlich, sodass der Bundesgesetzgeber gefragt ist. ..."

II. Rechtsauffassung des Petitionsausschusses des Deutschen Bundestages und des Bundesministeriums der Justiz

Der Petitionsausschuss des Deutschen Bundestages teilte unter Einbeziehung folgender Stellungnahme des Bundesministeriums der Justiz[5] mit, dass die Petition erfolglos bleiben werde; denn der vom Gesetzgeber bezeichnete Begriff des Täters – der im Rahmen der Ermittlungen neutral verwandt und erst dann konkretisiert werde, wenn sich die Ermittlungen gegen eine bestimmte oder bestimmbare Person richten – sei zutreffend:

„Die von dem Petenten beanstandete Wortwahl berührt nicht den Grundsatz der Unschuldsvermutung; sie ist präzise und richtig. Der Gesetzgeber verwendet den Begriff ‚Täter' in den beanstandeten Vorschriften folgerichtig in Anknüpfung an die den Ausgangspunkt der Untersuchung bildende Annahme, eine Straftat sei verübt worden, ohne dass damit über diesen abstrakten Bezugspunkt hinaus bereits konkret individualisierte oder individualisierbare Verdächtige oder Beschuldigte gemeint sind.

1. § 98 a Abs. 1 Satz 1 StPO erlaubt es, personenbezogene Daten von Personen, die bestimmte, auf den Täter vermutlich zutreffende Prüfungsmerkmale erfüllen, mit anderen Daten maschinell abzugleichen, um Nichtverdächtige auszuschließen oder Personen festzustellen, die weitere für die Ermittlungen bedeutsame Prüfungsmerkmale erfüllen. In Absatz 1 Satz 2 wird der Begriff ‚Täter' genannt, um die Zwecke der in der Vorschrift behandelten (subsidiären) Ermittlungsmaßnahme zu beschreiben, nämlich die Erfor-

---

[5] Stellungnahme des Ministerialdirektors Dr. H. Hilger vom BMJ vom 18.1.2000, RB3-4100 II-R 2 624/1999.

schung des Sachverhalts oder die Ermittlung des Aufenthaltsortes des (wahren) Täters. Der Datenabgleich findet regelmäßig in einem besonders frühen Stadium des Ermittlungsverfahrens statt, in dem es überhaupt noch keinen Verdächtigen oder Beschuldigten gibt, vielmehr erst zureichende tatsächliche Anhaltspunkte dafür vorhanden sind, dass eine Straftat von erheblicher Bedeutung (aus bestimmten Deliktsbereichen) begangen worden ist.

Die StPO regelt nämlich weder den Beginn der Beschuldigteneigenschaft noch definiert sie den Begriff des Verdächtigen. Der Begriff des Beschuldigten ist demgemäß auch umstritten. Ein Teil des Schrifttums will den Begriff eher objektiv verstehen und sieht daher denjenigen als Beschuldigten an, gegen den sich ein personenbezogener Anfangsverdacht von solchem Gewicht richtet, dass er bei einer objektiven Betrachtung als Beschuldigter erscheint. Nach einer subjektiv orientierten Auffassung ist dagegen Voraussetzung der Beschuldigteneigenschaft, dass das jeweils zuständige Strafverfolgungsorgan das Verfahren gerade gegen diese Person als Beschuldigten betreibt; vor diesem Hintergrund wird derjenige als Beschuldigter angesehen, gegen den sich der Verfolgungswille in einem äußerlich erkennbaren Verfolgungsakt manifestiert (siehe im Einzelnen Rieß, in: Löwe-Rosenberg, StPO, 24. Auflage, § 163 a Rdnr. 7 ff. mit zahlreichen Nachweisen). Allen Ansätzen ist damit aber gemeinsam, dass die als Beschuldigter anzusehende Person individuell bestimmt oder zumindest bestimmbar sein muss. Dies ist schon deshalb unerlässlich, weil die den Beschuldigten betreffenden und vielfach seinem Schutz dienenden gesetzlichen Vorschriften, namentlich sein Recht, sich nicht selbst belasten zu müssen, nur in Bezug auf ein bestimmtes oder bestimmbares Individuum und nicht in Bezug auf einen Unbekannten Anwendung finden können. Nach der Rechtsprechung des BGH erlangt ein Verdächtiger die Stellung eines Beschuldigten, wenn die Staatsanwaltschaft Maßnahmen gegen ihn ergreift, die erkennbar darauf abzielen, gegen ihn wegen einer Straftat vorzugehen (NStZ 97, 398 ff.). Auch der Verdacht richtet sich – sofern er nicht ohnehin die Pflicht zur Begründung der Beschuldigteneigenschaft entstehen lässt (vergleiche dazu Rieß, aaO, § 163 a Rdnr. 13) – gegen eine individuell bestimmte oder bestimmbare Person, denn bei einer so genannten Unbekanntsache ist gerade noch kein Tatverdächtiger erkennbar, weshalb in dem betreffenden Ermittlungsverfahren erst recht auch noch niemand als Beschuldigter behandelt werden kann (Rieß, aaO, § 163 a Rdnr. 13).

Zusammengefasst lässt sich damit sagen, dass ebenso wenig wie jeder Verdächtige oder Beschuldigte Täter ist, jeder Täter Verdächtiger oder Beschuldigter ist.

Die Ersetzung des Begriffs ‚Täter' durch den Begriff ‚Verdächtiger' oder den Begriff ‚Beschuldigter' würde daher den Sinn der Vorschrift verfehlen, weil die in ihr geregelte Maßnahme gerade den Zweck hat, Personen zu ermitteln, die dann gegebenenfalls die prozessuale Stellung eines Beschuldigten erhalten.

2. Auch im Rahmen des § 100 c StPO, der den Einsatz technischer Mittel regelt, wird der Begriff ‚Täter' dort genannt, wo die Zwecke der in der Vorschrift behandelten (subsidiären) Ermittlungsmaßnahmen beschrieben werden, nämlich die Erforschung des Sachverhalts oder die Ermittlung des Aufenthaltsortes des (wahren) Täters (Absatz 1 Nr. 1 Buchstabe b, Nr. 2, Nr. 3, Absatz 2 Satz 2, 3 und 5).

Die Verwendung des Begriffs ‚Beschuldigter' in Absatz 2 Satz 1, 4, 5 zeigt, dass das Gesetz den Beschuldigten gerade nicht mit dem

Täter gleichstellt. Absatz 2 Satz 1 trägt dem Umstand Rechnung, dass sich im Ermittlungsverfahren keine Maßnahmen gegen den ‚Täter' richten können. Die in Absatz 2 Satz 4 und 5 behandelten besonders sensitiven Maßnahmen der akustischen Wohnraumüberwachung setzen nach dem Willen des Gesetzgebers voraus, dass es bereits einen Beschuldigten gibt, um durch Anknüpfung an dessen individualisierte Person den Kreis der betroffenen Objekte – also der Wohnungen, in denen Maßnahmen zulässig sind – sachgerecht einzugrenzen.

In Absatz 2 Satz 2 und 3 muss dagegen vom ‚Täter' die Rede sein, weil die dort behandelten weniger sensitiven Maßnahmen nach dem Willen des Gesetzgebers gegen Personen, die nicht Beschuldigte sind, auch dann möglich sein sollen, wenn es noch keinen individualisierten Verdächtigen oder Beschuldigten gibt, dieser vielmehr durch die Maßnahmen erst ermittelt werden soll.

3. Für Maßnahmen nach § 111 StPO gilt das zu § 98 a StPO Gesagte entsprechend. Für die Einrichtung von Kontrollstellen ist gerade typisch, dass sie häufig in unmittelbarem Anschluss an schwerwiegende Straftaten – etwa Überfälle auf Kreditinstitute – angeordnet wird und es in diesem frühen Verfahrensstadium weder einen Beschuldigten noch einen Verdächtigen gibt, sodass die Verwendung der Begriffe ‚Verdächtiger' und ‚Beschuldigter' an Stelle des Begriffs ‚Täter' die Vorschrift im Ergebnis ihres Anwendungsbereiches berauben würde.

4. Für § 163 d StPO, der unter bestimmten Voraussetzungen die Speicherung von Daten erlaubt, gelten die Ausführungen zu § 98 a StPO entsprechend.

5. Die Verwendung des Begriffs ‚Täter' in § 163 e Abs. 1 Satz 2 StPO dient – nicht anders als im Zusammenhang mit § 100 c Absatz 1 Nr. 1 Buchstabe b, Nr. 2, Nr. 3, Absatz 2 Satz 2, 3 und 5 StPO – der Beschreibung des Zwecks der Maßnahme (Erforschung des Sachverhalts oder Ermittlung des Aufenthaltsortes des Täters). Die Maßnahme darf sich nur gegen den Beschuldigten richten (sie kann sich gar nicht gegen einen unbekannten Täter richten). Für § 163 e Abs. 1 Satz 3 StPO gilt wiederum, dass die Ausschreibung zur Beobachtung von Personen, die nicht Beschuldigte sind, nach dem Willen des Gesetzgebers auch dann möglich sein soll, wenn es noch keinen individualisierten Verdächtigen oder Beschuldigten gibt, dieser vielmehr durch die Maßnahme erst ermittelt werden soll.

Für gesetzgeberische Maßnahmen besteht nach allem kein Handlungsbedarf."

III. Einwände

Hinsichtlich der Stellungnahme des Bundesministeriums der Justiz und des Ergebnisses des Petitionsausschusses des Deutschen Bundestages gab der Verfasser folgende Einwände[6] zu bedenken:

---

[6] Einwände vom 4.3.2000, insbesondere unter Einbeziehung des Gutachtens von Prof. Dr. Dr. F.-C. Schroeder, Darf die StPO von „Tätern" sprechen? NJW 2000, 2483 ff.

„1. Verwendung des Begriffs ‚Täter'

Der Auffassung, dass vom Gesetzgeber der Begriff des ‚Täters' im Rahmen der Ermittlungen neutral verwandt und erst dann konkretisiert werde, wenn sich die Ermittlungen gegen eine bestimmte oder bestimmbare Person richten, kann unter Berücksichtigung aller rechtstheoretischen und praxisbezogenen Aspekte nicht gefolgt werden.

Bei der strafprozessrechtsdogmatischen Diskussion um den ‚Täter'-Begriff fällt auf, dass die Lehre[7] davon ausgeht, dass eine entsprechende Person in der Phase des Ermittlungsverfahrens (!) lediglich Tatverdächtiger bzw. Beschuldigter sein kann, nicht jedoch ‚Täter'. Dies möchte ich an den strafprozessualen Eingriffsermächtigungen der §§ 98 a, 100 c, 111, 163 d, 163 e StPO verdeutlichen:

1.1 § 98 a StPO (Rasterfahndung)

In § 98 a Abs. 1 S. 2 StPO ist die Formulierung (‚wenn … die Ermittlung des Aufenthaltsortes des Täters auf andere Weise erheblich weniger Erfolg versprechend oder wesentlich erschwert wäre' – sog. Subsidiaritätsklausel) bedenklich; denn diese Regelung bezieht

---

[7] Achenbach, Alternativkommentar zur StPO, Band 2, Teilband 1, 1992, § 111 Rdnr. 13, § 163 d Rdnr. 8; Bernsmann, NStZ 1989, 449 (459); Dencker, KJ 1987, 36 (42); Hassemer, KJ 1992, 64 (69); ders., StV 1989, 72 (80); ders., StV 1986, 550 (552 f.); Kargl, NStZ 2000, 8 (10); Marxen, Straftatsystem und Strafprozess, Habil.-Schrift 1984, S. 345; ders., GA 1980, 365 (379); Paeffgen, StV 1999, 625; ders., DRiZ 1998, 317 (320); F.-C. Schroeder, Strafprozessrecht, 2. Aufl. (1997), Rdnr. 368; ders., NJW 2000, 2483 ff. (hinzufügend: „Zielbeschreibungen und Anknüpfungen an den mutmaßlichen Täter sind auch in den Vorschriften über die Regelung des Ermittlungsverfahrens zulässig ... Eine Formulierung wie ‚Das Strafverfahren dient dem Zweck, den Täter der Bestrafung zuzuführen' wäre durchaus möglich."); Zaczyk, StV 1993, 490 (491). Ebenso: Diercks, AnwBl 1999, 311 ff. m. w. N. (insbes. S. 316 Fn. 78), und Eingabe, S. 2 m. w. N.

sich auf den Aufenthaltsort einer Person zur Zeit des Ermittlungsverfahrens, und in diesem Zeitpunkt ist noch niemand ‚Täter‘[8]. Die Bestimmung hat hier die bedenkliche Folge, dass die Ermittlungsorgane denjenigen, dessen Aufenthaltsort sie ermitteln, bereits als ‚Täter‘ ansehen; sie werden vom Gesetz gewissermaßen dazu aufgefordert[9].

Unhaltbar erscheint die Begründung des Bundesjustizministeriums, dass Verdächtiger und Beschuldigter individuell bestimmte oder bestimmbare Personen sein müssten und deshalb diese Begriffe hier noch nicht verwendet werden könnten[10]. Wenn es in diesem Stadium nun noch keinen Verdächtigen oder Beschuldigten gibt, kann es aber erst recht auch keinen ‚Täter‘ geben; Zweck der Regelung ist es, den Aufenthaltsort von Personen zu ermitteln, die als Täter in Frage kommen, also verdächtig sind[11].

Zu Ihrem Hinweis, dass der Begriff des Täters hier neutral verwandt und erst dann konkretisiert werde, wenn sich die Ermittlungen gegen bestimmte oder bestimmbare Personen richteten, ist einzuwenden, dass der Gegensatz von ‚neutral‘ zu ‚konkretisiert‘ als unüblich bezeichnet wird[12]. Jemand, dessen Aufenthaltsort ermittelt werden soll, kann weder ‚neutral‘ noch ‚nicht konkretisiert‘ sein[13].

1.2 § 100 c StPO (Einsatz technischer Mittel)
In § 100 c Abs. 1 Nr. 1 – 3 und Abs. 2 S. 2 StPO gilt für die Formulierung (‚Ermittlung des Aufenthaltsortes des Täters‘) das Gleiche.

---

[8] F.-C. Schroeder, NJW 2000, 2483 ff.
[9] F.-C. Schroeder, NJW 2000, 2483 ff.
[10] F.-C. Schroeder, NJW 2000, 2483 ff.
[11] F.-C. Schroeder, NJW 2000, 2483 ff.
[12] F.-C. Schroeder, NJW 2000, 2483 ff.
[13] F.-C. Schroeder, NJW 2000, 2483 ff.

In § 100 c Abs. 2 S. 3 StPO bezieht sich der Gesetzeswortlaut offensichtlich in erster Linie darauf, dass die Maßnahmen überhaupt ein Ergebnis haben, sodass auch hier zweckmäßigerweise und um der Einheitlichkeit der Ausdrucksweise willen besser von ‚Verdächtigen' oder ‚als Täter in Frage kommenden Personen' gesprochen werden sollte[14]. Das gilt auch für § 100 c Abs. 2 S. 5 StPO.

Besonders irreführend ist in § 100 c StPO die gleichzeitige Verwendung des Wortes ‚Beschuldigter' (Ermittlung des Aufenthaltes des Täters in der Wohnung des Beschuldigten?)[15].

1.3 § 111 StPO (Einrichtung von Kontrollstellen)
Aufschlussreich zu § 111 Abs. 1 StPO sind die Erläuterungen des damaligen Bundesministers der Justiz[16]:

‚Zulässig ist die Einrichtung einer Kontrollstelle zu Zwecken strafprozessual-repressiver Verbrechensbekämpfung nur, wenn bestimmte Tatsachen den Verdacht begründen, dass eine Straftat nach § 129 a StGB, eine Katalogtat oder ein Raub mit Schusswaffen (§ 250 I 1 StGB) begangen worden ist, und wenn Tatsachen die Annahme rechtfertigen, dass diese Kontrollstelle zur Ergreifung von Tätern oder zur Auffindung von Beweismitteln führen kann. Diese zweite Voraussetzung bedeutet namentlich, dass hinreichende kriminalistische Anhaltspunkte dafür vorliegen müssen, dass gerade am konkreten Ort und zur konkreten Zeit eine Kontrollstelle Fahndungserfolg verspricht.'

---

[14] F.-C. Schroeder, NJW 2000, 2483 ff.
[15] F.-C. Schroeder, NJW 2000, 2483 ff.
[16] Vogel, NJW 1978, 1217 (1227). Siehe auch: Achenbach, JA 1981, 660, 664 (zum konstitutiven Kontrollstellen-Einrichtungserfordernis der voraussichtlichen Erfolgseignung).

Der Rechtsausschuss des Deutschen Bundestages[17] hob hervor, dass die Einrichtung von Kontrollstellen zum Zwecke der Fahndung nach bestimmten Tätern erfolge.

Bemerkenswert hierzu sind folgende Ausführungen, und zwar überwiegend aus der Praxis:

Ausgangspunkt werde regelmäßig die Aussage des Geschädigten oder eines Zeugen über den Tathergang sein, wobei die Darstellung des objektiven Geschehensablaufs und die Sicherstellung von Beweismitteln Rückschlüsse auf Täter zulassen[18]. Danach könne angenommen werden, dass die Polizei sofort eine brauchbare Täterbeschreibung mit exakten Angaben über Fahrzeug, Typ, Farbe und Kennzeichen zur Fahndungs- und Ermittlungshilfe erhalte[19]. Fluchtrichtung und Fluchtgeschwindigkeit[20] seien regelmäßig bekannt. An den eingerichteten Kontrollstellen, die in räumlicher Nähe des Tatorts und in zeitlichem Zusammenhang mit der Straftat stünden[21], werde nach bestimmten Straftätern gefahndet[22], wobei potentielle Tatverdächtige überprüft würden[23].

Somit ist auf Grund bestimmter Tatsachen, polizeilicher Feststellungen und kriminalistischer Anhaltspunkte davon auszugehen,

---

[17] BT-Drucks. 8/1482, S. 9 („Der Rechtsausschuss hat es übereinstimmend für erforderlich erachtet, die Zulässigkeit der Einrichtung von Kontrollstellen zum Zwecke der Fahndung nach bestimmten Straftätern auf eine sichere Rechtsgrundlage zu stellen.").
[18] Vgl. Benfer, Die Polizei 1978, 282 (284).
[19] Vgl. Steinke, NJW 1978, 1962 (1963).
[20] Gintzel, Die Polizei 1979, 1 (3); Kuhlmann, DRiZ 1978, 238 (239).
[21] Löwe-Rosenberg/Schäfer, 24. Aufl. (1988), § 111 Rdnr. 11 f.
[22] Benfer, Die Polizei 1978, 282; K. Meyer, BKA-Vortragsreihe, Band 25 (1980), S. 147 (148).
[23] Sangenstedt, StV 1985, 117 (119).

dass sich die Fahndungs- und Ermittlungsmaßnahmen gegen bestimmte Personen richten.

In § 111 Abs. 1 StPO bezieht sich der Gesetzeswortlaut vornehmlich auf den Erfolg der Maßnahme, nämlich die Ergreifung von Personen, die als ‚Täter' in Frage kommen, mithin Verdächtige sind[24].

Wenn das Bundesjustizministerium ausführt, dass die Verwendung des Begriffs ‚Verdächtiger' die Vorschrift ihres Anwendungsbereichs berauben würde, so erscheint dies unverständlich; wörtlich genommen besitzt die Vorschrift gerade in ihrer geltenden Fassung keinen Anwendungsbereich, da in diesem Stadium und auch bei der Ergreifung noch kein ‚Täter' feststeht[25].

1.4 § 163 d StPO (Schleppnetzfahndung)
Für § 163 d Abs. 1 StPO (Zulässigkeit der Speicherung von Daten über ‚Umstände, die … für die Ergreifung des Täters von Bedeutung sein können, wenn Tatsachen die Annahme rechtfertigen, dass die Auswertung der Daten zur Ergreifung des Täters … führen kann.') gelten diese Ausführungen entsprechend[26].

1.5 § 163 e StPO (Ausschreibung zur polizeilichen Beobachtung)
§ 163 e Abs. 1 S. 2, 3 StPO (Zulässigkeit der Ausschreibung zur polizeilichen Beobachtung, ‚wenn … die Ermittlung des Aufenthaltsortes des Täters auf andere Weise erheblich weniger Erfolg versprechend oder wesentlich erschwert wäre.') verstößt eindeutig

---

[24] F.-C. Schroeder, NJW 2000, 2483 ff.
[25] F.-C. Schroeder, NJW 2000, 2483 ff.
[26] F.-C. Schroeder, NJW 2000, 2483 ff.

gegen die Unschuldsvermutung, da in diesem Zeitpunkt noch kein ‚Täter' feststeht, dessen Aufenthaltsort ermittelt werden könnte[27].

2. Unschuldsvermutung

Die Unschuldsvermutung ist Bestandteil der verfassungsrechtlichen Prinzipien der Unantastbarkeit der Menschenwürde und der Rechtsstaatlichkeit, sie gehört zu den allgemeinen Regeln des Völkerrechts. Diese Maxime eines rechtsstaatlichen Strafverfahrens gilt vom Beginn der Ermittlungen an bzw. mit Entstehen des Tatverdachts[28].

Da die Verhinderung außerjustizieller Schuldzuschreibungen zu den originären Aufgaben der Unschuldsvermutung gehört, darf niemand außerhalb des prozessordnungsgemäßen Verfahrens oder vor seinem rechtskräftigen Abschluss als Straftäter bezeichnet werden. Erst die rechtskräftige Verurteilung stellt eine feste Beziehung zwischen Tat und Täter her.

Niemand ist berechtigt – auch nicht der Bundesgesetzgeber –, einen (lediglich) Tatverdächtigen als (bereits überführten und schuldig gesprochenen Straf-) ‚Täter' zu bezeichnen[29].

---

[27] F.-C. Schroeder, NJW 2000, 2483 ff.

[28] Diercks, AnwBl 1999, 311 ff. m. w. N. Vgl. Remmers, Die Entwicklung der Gesetzgebung zur Geldwäsche, 1998, zugl. Diss. Göttingen 1997, S. 100 („Folglich gilt die Unschuldsvermutung bereits im Ermittlungsverfahren. Zeitlich betrachtet durchzieht sie das gesamte Verfahren nach der Strafprozessordnung – von der Kenntnis eines Anfangsverdachts bis zur rechtskräftigen Verurteilung.").

[29] Vgl. Paeffgen, StV 1999, 625 m. w. N. („Der Richter weiß es noch nicht – aber der Gesetzgeber weiß es schon."); Diercks, AnwBl 1999, 311 ff. m. w. N.

Insbesondere beim juristisch nicht vorgebildeten Staatsbürger wird der Eindruck vermittelt, dass es sich bei dem als ‚Täter' bezeichneten bzw. gekennzeichneten Menschen um den überführten und verurteilten Straftäter handelt, womit der Tatverdächtige (vor-)verurteilt, sozial angeprangert und stigmatisiert wird.

Im Hinblick auf die Reichweite der interdisziplinär ernst genommenen Unschuldsvermutung sind die Ausführungen des Bundesverfassungsgerichts[30] von besonderer Bedeutung:

‚Dem Täter müssen deshalb Tat und Schuld nachgewiesen werden. Bis zum gesetzlichen Nachweis der Schuld wird seine Unschuld vermutet.'

Somit beeinträchtigt(e) meines Erachtens die Verwendung des Begriffs ‚Täter' durch den Bundesgesetzgeber in

– §§ 98 a, 100 c, 111, 163 d, 163 e, 163 f [31] StPO

---

[30] BVerfGE 82, 106 (114 m. w. N.). Vgl.: A. Arndt, NJW 1966, 869 ff.; Gropp, JZ 1991, 804 ff.; Kühl, NJW 1988, 3233 ff.; Lisken, NVwZ 1998, 22 (23 ff.); Marxen, GA 1980, 365 ff.; Paeffgen, ZRP 1999, 524 (525 f.); ders., Vorüberlegungen zu einer Dogmatik des Untersuchungshaft-Rechts, Habil.-Schrift 1986, S. 42 ff.; C. Roxin, NStZ 1991, 153 (156). In § 153 StPO macht das Wort „wäre" deutlich, dass die Schuld des Täters nicht festgestellt wird – oder zumindest: nicht festgestellt zu werden braucht –, sondern für die Prüfung der Geringfügigkeit hypothetisch anzunehmen ist (so: Kühl, Unschuldsvermutung, Freispruch und Einstellung, Habil.-Schrift 1983, S. 109, hinzufügend: „Konsequenterweise hätte bei dieser Neuformulierung auch der ‚Täter' durch den ‚möglichen Täter' oder noch besser durch den ‚Beschuldigten' ersetzt werden sollen..."). Zur hypothetischen, keine Schuldfeststellung implizierenden Formulierung des § 153 StPO, vgl.: Frowein, Huber-FS (1981), S. 553 (557 f.); Rieß, wistra 1997, 137 (139); BT-Drucks. 7/550, S. 298.
[31] BT-Drucks. 14/1484 vom 16.8.1999, Gesetzentwurf der Bundesregierung zum StVÄG 1999, zu Artikel 1 Nr. 10, S. 6 f.; § 163 f Abs. 1 S. 2, 3 StPO: Die längerfristige Observation „darf nur angeordnet werden, wenn ... die Ermittlung des

– Art. 4 des ‚Artikelgesetzes' – Kronzeugenregelung (§ 1) [32]
– § 4 BKA-Gesetz[33]

den Grundsatz der Unschuldsvermutung gemäß Art. 6 Abs. 2 MRK.

3. Gebot rechtsstaatlicher Präzision des Bundesgesetzgebers

Im Hinblick auf den verfassungsrechtlichen Rang der Unschulds-

---

Aufenthaltsortes des Täters auf andere Weise erheblich weniger Erfolg versprechend oder wesentlich erschwert wäre. Gegen andere Personen ist die Maßnahme zulässig, wenn auf Grund bestimmter Tatsachen anzunehmen ist, dass sie mit
dem Täter in Verbindung stehen oder eine solche Verbindung hergestellt wird,
dass die Maßnahme zur ... Ermittlung des Aufenthaltsortes des Täters führen
wird ..." Der Anregung des Bundesrates, den Begriff des „Täters" aus Gründen
einer redaktionellen Angleichung durch den des „Beschuldigten" zu ersetzen (S.
40), hat die Bundesregierung widersprochen (S. 47): „Die Verwendung des Be-
griffes des ‚Beschuldigten' – wie vom Bundesrat vorgeschlagen – ist nicht sachgerecht, da ‚Täter' im Sinne der Vorschrift nicht nur der ‚Beschuldigte' im Sinne
des formellen Beschuldigtenbegriffes der Strafprozessordnung ist ..."
[32] BT-Drucks. 11/2834, S. 13. Die Kronzeugenregelung – die Ende 1999 endgültig ausgelaufen ist – wurde aus verfassungsrechtlichen, prozessrechtlichen, straftheoretischen, rechtsethischen und pragmatischen Gründen kritisiert: Bernsmann,
NStZ 1989, 449 (456 ff.); ders., JZ 1988, 539 ff.; Dencker, KJ 1987, 36 (41 ff.);
Denny, ZStW 103 (1991), S. 269 ff.; Fezer, Lenckner-FS (1998), S. 681 (697);
Hassemer, StV 1989, 72 (79 f.); ders., StV 1986, 550 (553 m. w. N.); Hoyer, JZ
1994, 233 ff.; Jung, ZRP 1986, 38 ff.; ders., Straffreiheit für den Kronzeugen?
1974, S. 100 ff.; KK-Pfeiffer, 4. Aufl. (1999), Einl. Rdnr. 32 b; Lammer, ZRP
1989, 248 ff.; Lisken, NJW 1995, 1873 (1875); Middendorff, ZStW 85 (1973), S.
1102 ff.; Paeffgen, StV 1999, 625 Fn. 6; Weigend, Jescheck-FS (1985), S. 1333 ff.
[33] BT-Drucks. 13/1550, S. 6 („§ 4 (Strafverfolgung) Das Bundeskriminalamt
nimmt polizeiliche Aufgaben auf dem Gebiet der Strafverfolgung wahr in den
Fällen von Straftaten (...), wenn anzunehmen ist, dass der Täter aus politischen
Motiven gehandelt hat und die Tat bundes- oder außenpolitische Belange berührt.").

vermutung und das Gebot rechtsstaatlicher Präzision kann vom Bundesgesetzgeber – insbesondere bei Eingriffsmaßnahmen – eine sachgerechte[34], eindeutige[35] und jeden Anschein einer unzulässigen Schuldzuweisung vermeidende[36] Gesetzessprache erwartet werden.

Auch aus Gründen der Rechtsklarheit ist gesetzgeberische Perfektion gefordert.

Im Interesse der Rechts-[37] und modernen Polizeikultur sollte der meines Erachtens vom Bundesgesetzgeber im Ermittlungsverfahren verfassungs- und konventionswidrig[38] verwendete Begriff ‚Täter' verfassungskonform geändert werden[39].

---

[34] Paeffgen, JR 1999, 89, 96 (zum Anspruch der Juristen, Sprache sachgerecht zu verwenden).

[35] Vgl. BVerfGE 82, 106, 122, 124, Abw. M. Mahrenholz („Die Unschuldsvermutung verbietet jede Zweideutigkeit...").

[36] Siehe BVerfGE 82, 106, 117 („Unabhängig davon sollten die Gerichte im Hinblick auf den verfassungsrechtlichen Rang der Unschuldsvermutung darauf Bedacht nehmen, nur solche Formulierungen zu verwenden, die von vornherein jeden Anschein einer unzulässigen Schuldzuweisung vermeiden..."). Kühl, NJW 1984, 1264 (1267), hebt unter Berufung auf zwei EGMR-Entscheidungen hervor, dass sogar Begründungen von Einstellungsentscheidungen oder damit verbundenen Kostenentscheidungen, die „den Eindruck erwecken" (Fall Adolf, EuGRZ 1982, 297, 302 Ziff. 38) bzw. „den Gedanken aufkommen" (Fall Minelli, EuGRZ 1983, 475, 479 Ziff. 37) lassen, der Beschuldigte sei vom Gericht für schuldig betrachtet worden, die Unschuldsvermutung gemäß Art. 6 Abs. 2 MRK verletzen.

[37] C. Roxin, Strafverfahrensrecht, 25. Aufl. (1998), § 2 Rdnr. 1. Siehe auch: A. Arndt, Gesammelte juristische Schriften, 1976; R. Schmid, Einwände, 1965; ders., Das Unbehagen an der Justiz, 1975; ders., Letzter Unwille, 1984.

[38] Vogler, Int. Kommentar zur EMRK, 1986, Art. 6 Rdnr. 442.

[39] Achenbach, Alternativkommentar zur StPO, Band 2, Teilband 1, 1992, § 111 Rdnr. 13, § 163 d Rdnr. 8 („des als Täter Verdächtigen bzw. Beschuldigten"); Diercks, AnwBl 1999, 311, 315 m. w. N. („Verdächtiger bzw. Beschuldigter"); Grünwald, StV 1987, 453, 456 („potentiellen Straftäter"); von Hindte, Die Verdachtsgrade im Strafverfahren, Diss. Kiel 1973, S. 37, 74, 94 („möglicher Täter"); Krauß/Werkentin, KJ 1978, 306, 309 („mutmaßlichen Straftätern"); Rode,

Für gesetzgeberische Maßnahmen dürfte somit dringender Handlungsbedarf bestehen.

Deshalb möchte ich Sie bitten, Ihre Bewertung der Sach- und Rechtslage zu überdenken. Sollten Sie zu der Auffassung gelangen, dass mein Anliegen begründet und Abhilfe notwendig ist, bitte ich Sie, der Bundesregierung eine entsprechende Gesetzesnovellierung zu empfehlen."

IV. Entscheidung des Deutschen Bundestages

Nach einer ergänzenden Prüfung[40] leitete der Petitionsausschuss des Deutschen Bundestages die Eingabe den als Berichterstatter eingesetzten Abgeordneten zu[41]. Der Deutsche Bundestag[42] folgte

---

Verdeckte Informationsgewinnung mit technischen Hilfsmitteln zur Bekämpfung der Organisierten Kriminalität, Diss. Frankfurt (Main) 1997, S. 135 („potentielle Straftäter"); Schaefer, NJW 1998, 3178 („mutmaßlicher Täter"); F.-C. Schroeder, NJW 2000, 2483 ff. („Verdächtige" und „die als Täter in Frage kommende Person"); Stein, Grünwald-FS (1999), S. 685, 708 („möglicher Täter"). Bedenklich erscheint jedoch die Begründung des BGH (Beschl. v. 12.1.2000, Az. StB 15/99 – s. a. Pressemitteilung des BGH, Nr. 1/2000), der bei der Haftprüfung den vom LG Neubrandenburg ergangenen Haftbefehl in dem Ermittlungsverfahren wegen des Verdachts der mittäterschaftlichen Beteiligung u. a. am versuchten Mord gegen den Beschwerdeführer bestätigte (S. 5): „Die Verbindung des Beschwerdeführers und seiner Mittäter zu den örtlichen rechtsextremistischen Gruppen und die Begleitumstände der ihnen vorgeworfenen Tat stellen ausreichende Anhaltspunkte dafür dar, dass den Tätern die auf der Hand liegenden Auswirkungen der Straftat nicht nur bewusst waren, sondern von ihnen gewollt worden sind."
[40] Schreiben des Petitionsausschusses des Deutschen Bundestages vom 10.3.2000.
[41] Mitteilung des Petitionsausschusses des Deutschen Bundestages vom 15.5.2000.
[42] BT-Drucks. 14/4283, S. 7 Nr. 37; Bescheid des Petitionsausschusses des Deut-

der nachstehend aufgeführten Beschluss-Empfehlung des Petitions-ausschusses:

„Das Petitionsverfahren abzuschließen.

Der Petent macht verfassungsrechtliche Bedenken gegen die Verwendung des Begriffs ‚Täter' in den §§ 98 a, 100 c, 111, 163 d, 163 e Strafprozessordnung (StPO) geltend.

Er trägt vor, der Begriff ‚Täter' im Ermittlungsverfahren begegne Bedenken im Hinblick auf den verfassungsrechtlichen Rang der Unschuldsvermutung und des Gebots rechtsstaatlicher Präzision zur begrifflichen Klarstellung im prozessualen Sprachgebrauch. Es handele sich im Ermittlungsverfahren nicht um ‚Täter', sondern um ‚Verdächtige' oder ‚Beschuldigte'. Trotz verfassungsrechtlicher und rechtspolitischer Einwände und Bedenken aus Wissenschaft und Praxis sei die normative begriffliche Klarstellung im prozessualen Sprachgebrauch bisher nicht vorgenommen worden.

Wegen der Einzelheiten wird auf die Zuschriften des Petenten, insbesondere den von ihm verfassten Aufsatz Bezug genommen.

Die parlamentarische Prüfung durch den Petitionsausschuss kommt unter Einbeziehung einer Stellungnahme des Bundesministeriums der Justiz (BMJ), die dem Petenten bekannt ist, sowie einer ergänzenden Stellungnahme zu folgendem Ergebnis:

Festzuhalten ist, dass die geltende Begriffsverwendung die Rechtsposition des Betroffenen nicht beeinträchtigt. Der Gesetzgeber hat

---

schen Bundestages vom 26.10.2000

die Begriffe des ‚Täters' und des ‚Beschuldigten' in jeweils anderen systematischen Regelungszusammenhängen verwendet. Der Begriff des ‚Täters' wird verwendet, wenn ein Beschuldigter oder Verdächtiger noch nicht feststeht. Der Begriff des ‚Beschuldigten' wird hingegen unter der Voraussetzung verwendet, dass es sich um eine konkret individualisierte Person handelt. Wegen weiterer Einzelheiten wird auf die dem Petenden vorliegende Stellungnahme des BMJ Bezug genommen. Der Ausschuss sieht danach keine Veranlassung, das Anliegen zu unterstützen.

Der Ausschuss empfiehlt daher, das Petitionsverfahren abzuschließen."

Schlussbetrachtung

Dass der Gesetzgeber gewichtige verfassungsrechtliche und rechtspolitische Bedenken[43] aus Wissenschaft und Praxis ignoriert und seiner legislatorischen Verantwortung[44] nicht nachkommt, deutet

---

[43] Achenbach, Alternativkommentar zur StPO, Band 2, Teilband 1, 1992, § 111 Rdnr. 13, § 163 d Rdnr 8; Bernsmann, NStZ 1989, 449 (459); Bernsmann/Jansen, StV 1998, 217; Binder, Rechtsprobleme des Einsatzes technischer Mittel gem. §§ 100 c, d StPO und des Lauschangriffs, Diss. Bonn 1996, S. 22 f.; Dencker, KJ 1987, 36 (42); Diercks, AnwBl 1999, 311 (316 Fn 77 ff. m. w. N.); Hassemer, KJ 1992, 64 (69); ders., StV 1989, 72 (80); ders., StV 1986, 550 (552 f.); Hund, ZRP 1995, 334 (336); König, Kriminalistik 1998, 349 (351); Lagodny, 20. Strafverteidigertag, 1996, S. 117 (127); Lisken, in: Lisken/Denninger, Handbuch des Polizeirechts, 3. Aufl. (2001) S. 925 Fn. 37; Nitz, Einsatzbedingte Straftaten Verdeckter Ermittler. Eine Untersuchung polizeitaktischer Ermittlungsmethoden bei der Strafverfolgung, Diss. Hannover 1997, S. 121 f.; Paeffgen, StV 1999, 625; ders., DRiZ 1998, 317 (320); Raum/Palm, JZ 1994, 447 (452 Fn. 45); Rieß, StraFo. 1999, 1 (9); KK-Schoreit, § 163 e Rdnr. 16; F.-C. Schroeder, NJW 2000, 2483 ff.; ders., Strafprozessrecht, 2. Aufl. (1997), Rdnr. 368; Zaczyk, StV 1993, 490 (491)

[44] Vgl.: Mahrenholz, DRiZ 1991, 432, 435 (regt hierzu an: „Was notwendig wäre, ist ein Feedbeck zu kleinen Gruppen von in der speziellen Materie erfahrenen Richtern, die (...) darauf hinweisen könnten, wo systematische Zusammenhänge mit anderen Vorschriften übersehen wurden, wo – in erster Linie im Verfahrensrecht – notwendige Ergänzungen vorzunehmen sind oder Bestimmungen der Klarheit entbehren und die praktische Handhabung mit unnötigen Auslegungsdifferenzen zwischen den Gerichten belasten."); Guradze, Loewenstein-FS (1971), S. 151, 163 (plädiert für Reformen, „um der Unschuldsvermutung besser Rechnung zu tragen."); Hoefermann, Die Auslagenerstattung beim Freispruch mangels Beweises und die Menschenrechtskonvention, Diss. Münster 1966, S. 112 f., 116 (fordert vom Gesetzgeber eine rechtspolitische Entscheidung, die Unschuldsvermutung konsequent anzuwenden.); Kerscher, DRiZ 1983, 439, 442 (weist auf die „Prangerwirkung von Gerichtsberichten" und auf „rechts- und kulturhistorisch begründete Defizite der Legislative" hin.); Kühl, Unschuldsvermutung (Fn. 30), S. 133, 136; Liemersdorf/Miebach, NJW 1980, 371, 374 („Von Bedeutung ist, dass der Grundsatz der Unschuldsvermutung dem Gesetzgeber aufgibt, die Stellung des Beschuldigten bis zur Rechtskraft des Urteils, durch das die Unschuldsvermutung widerlegt wird, unter dem Gesichtspunkt zu gestalten, dass sich dessen Unschuld in jeder Lage des Prozesses noch herausstellen kann."); E. Müller, Koch-Festgabe (1989), S. 191, 193 („Der Gesetzgeber ist

darauf hin, dass er den Grundsatz der Unschuldsvermutung als Konventionsgarantie auch 48 Jahre (!) nach dessen Inkrafttreten nicht ernst (genug) nimmt[45].

---

jedenfalls gehalten, dem Beschuldigten wie einem unschuldig Betroffenen die aktive Teilnahme im Ermittlungsverfahren zu ermöglichen."); Peukert, EuGRZ 1980, 247, 260 (zu „spektakulären Straffällen", bei denen „der Beschuldigte oder Angeklagte schon vor rechtskräftiger Verurteilung von einer reißerischen Presse als Täter gebrandmarkt" wird: „Es ist auch den Betroffenen aus finanziellen und persönlichen Gründen meist nicht möglich, derartige Veröffentlichungen durch zivilrechtliche Maßnahmen (einstweilige Verfügung, Unterlassungsklage) zu stoppen. Deshalb rechtfertigt es sich m. E., aus dem Prinzip der Unschuldsvermutung ein Gebot gegenüber dem Staat abzuleiten, durch positive (gesetzgeberische) Maßnahmen dafür Sorge zu tragen, dass die Presse bei der Berichterstattung über anhängige Strafverfahren sich in den Grenzen der gebotenen Sachlichkeit hält."); Uerpmann, Die Europäische Menschenrechtskonvention und die deutsche Rechtsprechung, 1993, Diss. Berlin 1991, S. 134, 244 („Es ist dem Gesetzgeber vorbehalten, das nationale Recht der EMRK anzupassen. (...) Es besteht eine Vermutung dafür, dass sich der Gesetzgeber mit seinen Regelungen nicht in Widerspruch zur EMRK setzen will."); BGHZ 45, 46, 51, 54 („Auch die deutschen gesetzgebenden Organe sind davon ausgegangen, dass die Menschenrechtskonvention unmittelbar Ansprüche schafft und dass sie das deutsche Recht sogleich entsprechend ergänzt oder abändert. (...) In Art. 1 haben die Vertragsschließenden die Rechte und Freiheiten der Konvention ‚allen ihrer Herrschaftsgewalt unterstehenden Personen' zugesichert. Das bedeutet nach Auffassung des Senats, dass die Bundesregierung dafür einstehen will, dass alle ihrem Einfluss unterstehenden Organe, Amtsträger und Bedienstete (...) sich bei ihren hoheitlichen Betätigungen an die Vorschriften und Forderungen der Konvention halten werden.").

[45] Vgl.: Kühl, Unschuldsvermutung (Fn. 30), S. 124; ders., NStZ 1981, 114 (115); ders., NJW 1980, 806, 810 (rät, „nach Erschöpfung des innerstaatlichen Rechtswegs eine Individualbeschwerde bei der Europäischen Kommission für Menschenrechte in Straßburg einzulegen. Wie verschiedene Verfahren zeigen, wird dort die Unschuldsvermutung des Art. 6 II MRK ernster genommen."); A. Arndt, NJW 1960, 1191 (1192); Mauz, in: Unschuldsvermutung in der Mediengesellschaft, 1990, S. 44 (behauptet, man stehe „am Sarg der Unschuldsvermutung."); Y. Braun, Medienberichterstattung über Strafverfahren im deutschen und englischen Recht, Diss. Gießen 1997, S. 105 f.; Dencker, JZ 1973, 144, 150 (ist der Auffassung, dass „die Unschuldsvermutung jedoch möglicherweise nicht ernst genug genommen" werde und dass „hinsichtlich der Unschuldsvermutung die Sprache (...) entlarvend" sei.); Lamprecht, DRiZ 1989, 32; Simon, Die Beschuldigtenrechte nach Art. 6 Abs. 3 EMRK, Diss. Tübingen 1998, S. 2, 224 m.

Der leichtfertige Umgang des Gesetzgebers mit der Sprache – wo Sensibilität[46], rechtsstaatliche Präzision[47], gesetzgeberische Perfek-

w. N. („Das Potential, das in den Garantien der Konvention enthalten ist, wurde nicht nur bei der Überprüfung der Vereinbarkeit des nationalen Rechts mit den Inhalten der EMRK durch die Bundesregierung und die gesetzgebenden Körperschaften vor der Ratifizierung der Konvention verkannt. Bis heute werden die Konventionsgarantien immer wieder unterschätzt und bedarf es Verurteilungen durch die Straßburger Organe, um die ‚Überheblichkeit' deutscher Gerichte und anderer Organe im Hinblick auf den so oft nur lapidar erwähnten weit reichenden Standard des nationalen Rechts aufzuzeigen. (...) zeigt sich die fortbestehende Unkenntnis und Unterschätzung von Konventionsgarantien...“); Stenger, Gegebener und gebotener Einfluss der Europäischen Menschenrechtskonvention auf die Rechtsprechung der bundesdeutschen Strafgerichte, Diss. Gießen 1990, S. 134, 339, 348 ff., 399 (zur mangelnden Akzeptanz der Unschuldsvermutung durch die Gerichtsbarkeit der BRD); Vogler, ZStW 89 (1977), S. 761 (786).

[46] BVerfGE 82, 106, 122, 125 f., Abw. M. Mahrenholz (zur „Sensibilität in der Handhabung des Maßstabs der Unschuldsvermutung“); Marxen, GA 1980, 365 (373); ders., Straftatsystem (Fn. 7), S. 345; Paeffgen, Vorüberlegungen (Fn. 2), S. 54, 77 (Die Unschuldsvermutung gebiete größtmögliche Zurückhaltung und gesteigerte Sorgfalt bei allen Eingriffen in die Rechtssphäre des Verdächtigen bzw. Beschuldigten.); ders., NJ 1996, 455 (zu den „Sorgfaltsanforderungen an den Gesetzgeber“); Britz, Fernsehaufnahmen im Gerichtssaal, Diss. Saarbrücken 1999, S. 255 („Die Unschuldsvermutung enthält ein verpflichtendes Rücksichtnahmegebot dergestalt, dass niemand berechtigt ist, einer (noch) nicht verurteilten, lediglich beschuldigten Person eine strafbare Handlung zuzuschreiben, indem diese als (schuldiger) Straftäter bezeichnet wird.“); Artzt, Die verfahrensrechtliche Bedeutung polizeilicher Vorfeldermittlungen, Diss. Tübingen 1999, S. 138 („Kernaussage dieses Prinzips ist das Verbot, jemanden außerhalb des Verfahrens oder vor seinem Abschluss als Straftäter zu bezeichnen oder zu behandeln.“); Hantschel, Jura 2001, 472, 474 Fn. 36 (Im Hinblick auf Art. 6 II EMRK dürfte die Polizei einen Verdächtigen im Ermittlungsverfahren nicht als Täter bezeichnen); Weigend, ZStW 113 (2001), S. 271, 279 ff., 291 ff. (zur fundamentalen Unschuldsvermutung als etwas „Unverzichtbares im Strafverfahrensrecht“).

[47] F.-C. Schroeder, Zipf-Gedächtnisschrift (1999), S. 153 (zur sprachlichen Formulierung von Strafvorschriften); ders., Peters-FS (1974), S. 411, 418 (zur „Präzisierung im Gesetzeswortlaut“); Kühl, ZStW 100 (1988), S. 406, 414 f. (hebt hervor, dass die Garantien der MRK häufiger präziser formuliert seien als die im nationalen Recht auch vorhandenen Garantien.); Marxen, Schneider-FS (1998), S. 297, 302 (zur erforderlichen „begrifflichen Festlegung" bei der Gesetzgebung); Schwander, ZStR 98 (1981), S. 213, 225 (hebt hervor, dass „bundesrecht-

tion und eine sachgerechte, jeden Anschein einer unzulässigen Schuldzuweisung vermeidende Gesetzessprache erwartet werden kann – lässt auf mangelndes Problembewusstsein[48] hinsichtlich der Verwendung des verfassungsrechtlich anstößigen Begriffs „Täter" im Ermittlungsverfahren schließen. Denn mit der in Art. 6 Abs. 2 MRK spezialgesetzlich normierten Unschuldsvermutung als allgemeine Rechtsvermutung – die nur durch eine rechtskräftige strafgerichtliche Verurteilung[49] widerlegt werden kann, im Übrigen aber

---

lich eine klare Regelung in Verfassung oder Gesetz erwünscht" sei.); Westerdiek, EuGRZ 1987, 393 f., 397 (zur erforderlichen unzweideutigen und unverkennbaren Sprache von Gerichtsentscheidungen zur Unschuldsvermutung); EGMR, EuGRZ 1987, 399, 404, Abw. M. Cremona („ … und bei einem so fundamentalen Prinzip wie der Unschuldsvermutung ist nicht die mögliche Absicht maßgeblich, mit der bestimmte Äußerungen in Gerichtsentscheidungen gemacht werden, sondern deren tatsächliche Bedeutung in der breiten Öffentlichkeit. Entscheidend ist, dass am Ende des Tages der Eindruck bleibt, dass Bf. tatsächlich schuldig war.").

[48] Vgl.: F.-C. Schroeder, Peters-FS (1974), S. 411, 421 (allgemein zur Verkennung der Problematik durch den Gesetzgeber); Kühl, Unschuldsvermutung (Fn. 30), S. 133 (allgemein zur Verkennung des Schutzbereiches der Unschuldsvermutung durch die Rechtsprechung des Bundesverfassungsgerichts); ders., NStZ 1981, 114, 115 (zum Kernbestand der Unschuldsvermutung); Simon, Die Beschuldigtenrechte (Fn. 45), S. 227 (macht Anregungen, „um ein allgemeines Bewusstsein von der gesetzlichen Geltung und dem sachlichen Gehalt der EMRK in der Bundesrepublik hervorzurufen.").

[49] BVerfGE 35, 202 (232); 74, 358 (371); Y. Braun, Medienberichterstattung (Fn. 45), S. 106; Dahs, Handbuch des Strafverteidigers, 6. Aufl. (1999), Rdnr. 1; Gerhardt/Steffen, Kleiner Knigge des Presserechts, 2. Aufl. (1997), S. 48; Ionescu, in: Dölling/Gössel/Waltos, Kriminalberichterstattung in der Tagespresse. Rechtliche und kriminologische Probleme, 1998, S. 45 (64); Kreuzer, GA 1968, 236 (242); Kühl, Hubmann-FS (1985), S. 241 (251); ders., NJW 1980, 806 (809); ders., JR 1978, 94 (96 ff.); Liemersdorf/Miebach, NJW 1980, 371 (374); Mahrenholz, in: Mahrenholz/Hilf/Klein, Entwicklung der Menschenrechte innerhalb der Staaten des Europarates, 1987, S. 73 (76); Paeffgen, Vorüberlegungen (Fn. 2), S. 51; ders., DRiZ 1998, 317 (318); ders., Haftgründe, Haftdauer und Haftprüfung, in: Viertes deutsch-polnisches Kolloquium über Strafrecht und Kriminologie, 1992, S. 131 Fn. 85; Peukert, EuGRZ 1980, 247 (259); Stuckenberg, Untersuchungen zur Unschuldsvermutung, 1998, Diss. Bonn 1997, S. 85; ders., ZStW 111 (1999), S. 422 (445).

nicht auf den Strafprozess beschränkt ist, sondern interdisziplinär ernst genommen für das gesamte Rechtsleben Gültigkeit[50] beansprucht – verbindet sich wie mit kaum einer anderen Maxime[51] unseres Verfahrensrechts der Gedanke besonderer rechtsstaatlicher Fairness[52].

---

[50] Marxen, GA 1980, 365, 373 (zur Unschuldsvermutung als ein „übergreifendes, für die neuzeitliche Form gesellschaftlichen Zusammenlebens konstitutives Rechtsprinzip"); ders., Straftatsystem (Fn. 7), S. 345; Paeffgen, Vorüberlegungen (Fn. 2), S. 42 ff.; Köster, Die Rechtsvermutung der Unschuld, Diss. Bonn 1979, S. 144 ff., 173 ff.; Schulz, Normiertes Misstrauen. Der Verdacht im Strafverfahren, 2001, Habil.-Schrift 1997, S. 486 m. w. N.

[51] A. Arndt, NJW 1960, 1191, 1192 („Der Rechtsgehalt dieses als Gesetz geltenden Völkerrechts ist mehr als eine Wiederholung des in dubio pro reo."); ders., NJW 1966, 869 (870 f.); Dahs, NJW 1976, 2145 (2146); Dreher, Welzel-FS (1974), S. 931 ff.; Geppert, Jura 1993, 160 (161); Gropp, JZ 1991, 804, (hebt hervor, dass „die Unschuldsvermutung heute zu den weltweit anerkannten Rechtsprinzipien" zähle.); Hirsch, ZStW 92 (1980), S. 218 (233); BVerfG, NJW 1978, 936 f., Abw. M. Hirsch (zur „grundsätzlichen Entschädigungspflicht, die sich aus der Unschuldsvermutung nach der Menschenrechtskonvention ergibt."); Kohlhaas, NJW 1963, 477 (zur Unschuldsvermutung als „Grundpfeiler eines geordneten Rechtsstaats"); Kühl, JR 1978, 94 (zum strafprozessualen Grundsatz der Unschuldsvermutung mit herausragender Bedeutung für das Strafprozessrecht); ders., NJW 1980, 806, 807 (betont „die für die Gestaltung des Strafverfahrens bedeutsame Unschuldsvermutung."); Limbach, EuGRZ 2000, 417 (418); Peukert, Mahrenholz-FS (1994), S. 277, 299 (zum „Prinzip der Unschuldsvermutung als Schranke der Kommunikationsfreiheiten"); Soehring, Vorverurteilung durch die Presse. Der publizistische Verstoß gegen die Unschuldsvermutung, Diss. Hamburg 1999, S. 27 (zur Unschuldsvermutung als eine der wesentlichen strafverfahrensrechtlichen Maximen); Trechsel, Ermacora-FS (1988), S. 195 (206 f.); Uerpmann, Die Europäische Menschenrechtskonvention (Fn. 44), S. 52 (zur Bedeutung des Rückgriffs auf die völkerrechtliche Norm der Unschuldsvermutung zur Konkretisierung des nationalen Rechts); Vogler, ZStW 89 (1977), S. 761, 785 (zur Unschuldsvermutung als „fundamentales Element eines rechtsstaatlichen Verfahrens"); Zaczyk, StV 1993, 490 (492).

[52] Geppert, Jura 1993, 160 (161). Vgl.: Höpfel, Staatsanwalt und Unschuldsvermutung, 1988, Habil.-Schrift Innsbruck 1986, S. 18 (zur Unschuldsvermutung als „Bedingung des rechtsstaatlichen Strafverfahrens, Baustein eines ‚fair trails'", und als „Monopol" zur „Feststellung strafrechtlicher Schuld"); BGHSt 24, 125 (131).

In Deutschland hat die Unschuldsvermutung als Bestandteil der verfassungsrechtlichen Prinzipien der Unantastbarkeit der Menschenwürde (Art. 1 Abs. 1 GG) und der Rechtsstaatlichkeit (Art. 20 Abs. 3 und Art. 28 Abs. 1 Satz 1 GG) nicht nur Verfassungsrang[53] erlangt, sondern ist zugleich eigenständiges Schutzgut des allgemeinen Persönlichkeitsrechts (Art. 2 Abs. 1, Art. 1 Abs. 1 GG)[54] und begründet ein umfassendes Präjudizierungsverbot[55], das alle staatlichen Organe[56] bindet und auch zwischen Privatpersonen[57]

---

[53] BVerfG, NJW 1994, 377; Frister, Jura 1988, 356 (357); Geppert, Jura 1993, 160 (161); Kühl, ZStW 100 (1988), S. 406 (427); Paeffgen, Vorüberlegungen (Fn. 2), S. 58, 68; ders., 20. Strafverteidigertag (1996), S. 75 (97 Fn. 98); Schulz, Normiertes Misstrauen (Fn. 50), S. 483, 486 Fn. 70, 524 (hinzufügend, dass die Unschuldsvermutung Teil des Rechtsstaatsprinzips und in Art. 1 GG verankert sei); Soehring, Vorverurteilung (Fn. 51), S. 45, 238; Stenger, Gegebener und gebotener Einfluss (Fn. 45), S. 123; Stuckenberg, Untersuchungen (Fn. 49), S. 4.

[54] Soehring, Vorverurteilung (Fn. 51), S. 58 ff., 238, 67 („Demgegenüber entfaltet ein durch die Unschuldsvermutung konkretisiertes allgemeines Persönlichkeitsrecht seine Schutzwirkung nicht nur vertikal in der Staatsrichtung, sondern auch horizontal in der Privatsphäre; es wirkt dort als ‚sonstiges Recht' im Sinne von § 823 Abs. 1 BGB."); Bornkamm, NStZ 1983, 102 (104); Kühl, Hubmann-FS (1985), S. 241, 251 („Unschuldsvermutung als Konkretisierung des allgemeinen Persönlichkeitsrechts oder als besonderes Persönlichkeitsrecht"); ders., ZStW 100 (1988), S. 406, 432, weist darauf hin, dass gegenüber einer Kriminalberichterstattung, die den noch nicht rechtskräftig Verurteilten bereits als überführten „Täter" erscheinen lässt, zunehmend auch die in Art. 6 Abs. 2 MRK enthaltene Unschuldsvermutung herangezogen werde, um das Persönlichkeitsrecht des Betroffenen zu stärken: OLG Köln, NJW 1987, 2682 ff.; OLG Köln, AfP 1985, 293 ff.; LG Berlin, NJW 1986, 1265 f.; OLG Hamburg, AfP 1983, 466 ff.; OLG Braunschweig, AfP 1981, 292; OLG Karlsruhe, Die Justiz 1980, 450 ff.; OLG Frankfurt, NJW 1980, 597 ff.; OLG Hamburg, NJW 1980, 842 f.; OLG Braunschweig, NJW 1975, 651 ff.; KG, AfP 1975, 30; KG, in: Schulze, RzU, KGZ 46, Bl. 10. Siehe ferner: OLG Köln, NJW 1991, 506 f.; OLG Frankfurt, NJW-RR 1990, 989; OLG Köln, AfP 1989, 683 ff.; LG Oldenburg, AfP 1987, 720; OLG Karlsruhe, Die Justiz 1974, 223; OLG Karlsruhe, NJW 1972, 1907 f.; OLG Stuttgart, UFITA 29 (1959), S. 111 (122); LG Heidelberg, NJW 1959, 1932.

[55] Kühl, Unschuldsvermutung (Fn. 30), S. 131; Soehring, Vorverurteilung (Fn. 51), S. 67.

[56] Frowein, Huber-FS (1981), S. 553 (562); Geppert, Jura 1993, 160 (161); Kühl,

und für die Medien[58] gilt. Durch ihre Einbeziehung in den Bürgerrechtspakt zählt die Unschuldsvermutung auch zu den allgemeinen
Regeln des Völkerrechts (Art. 25 GG)[59]. Darüber hinaus gehört sie

---

Hubmann-FS (1985), S. 241 (246 f.); ders., Unschuldsvermutung (Fn. 30), S. 31;
Marxen, Straftatsystem (Fn. 7), S. 345; Paeffgen, Vorüberlegungen (Fn. 2), S. 50
f.; SK-StPO/Paeffgen, Vor § 112 Rdnr. 26; Rogall, Der Beschuldigte als Beweismittel gegen sich selbst, Diss. Bonn 1976, S. 110 (hebt hervor, dass „die
Unschuldsvermutung historisch stets ein Bollwerk gegen eine diskriminierende
gerichtliche Behandlung des Angeklagten gewesen ist."); Schulz, Normiertes
Misstrauen (Fn. 50), S. 484 ff., 524; Stuckenberg, Untersuchungen (Fn. 49), S.
66, 578; Soehring, Vorverurteilung (Fn. 51), S. 67; Uerpmann, Die Europäische
Menschenrechtskonvention (Fn. 44), S. 20 („Wie verfassungsrechtliche Grund-
rechtsnormierungen beansprucht die EMRK Geltung für die gesamte Staatstätig-
keit."); Ulsamer, Jauch-FS (1990), S. 221 (230); Diercks, AnwBl 1999, 311 (314
Fn. 47 m. w. N.).
[57] Engau, Straftäter und Tatverdächtige als Personen der Zeitgeschichte, Diss.
Bielefeld 1992, S. 236; Kühl, Hubmann-FS (1985), S. 241 (252); Schulz, Normiertes Misstrauen (Fn. 50), S. 486; Soehring, Vorverurteilung (Fn. 51), S. 67.
[58] Hubmann, in: Schulze, RzU, OLGZ 233, Bl. 16, 17 (Auch beim Vorliegen
berechtigter Interessen an identifizierender Berichterstattung dürfte sich die
Presse „nicht zum Richter aufspielen", indem sie eine Person vor ihrer Verurtei-
lung als „Täter" einer Straftat bezeichne.); Bornkamm, NStZ 1983, 102 (107);
Engau, Straftäter (Fn. 57), S. 236; Kühl, Hubmann-FS (1985), S. 241 (252, 254);
Lampe, NJW 1973, 217 („Der Verdächtige hat vor allem das Recht, von der
Presse nicht im Voraus öffentlich gerichtet zu werden."); Peukert, Mahrenholz-
FS (1994), S. 277, 299 m. w. N. (hebt hervor, dass „auch das in Art. 6 Abs. 2
EMRK verankerte Prinzip der Unschuldsvermutung als Schranke der Kommunikationsfreiheiten in Frage" komme.); Schulz, Normiertes Misstrauen (Fn. 50), S.
487 („Schutz der Verdächtigen vor medialer Vorverurteilung"); Soehring, Vorverurteilung (Fn. 51), S. 55, 78, 83 ff., 238 (zum „publizistischen Präjudizierungsverbot", zur „vorverurteilenden Kriminalberichterstattung als Verstoß
gegen die Unschuldsvermutung und Verletzung des allgemeinen Persönlichkeitsrechts" sowie zur „´Chronistenpflicht` der Presse"); Stapper, Namensnennung in
der Presse im Zusammenhang mit dem Verdacht strafbaren Verhaltens, Diss.
Berlin 1995, S. 64 ff., 87; ders., AfP 1996, 349 (350, 356).
[59] Paeffgen, Vorüberlegungen (Fn. 2), S. 62 ff., 68; Diercks, AnwBl 1999, 311
(313 Fn. 28 m. w. N.); Schulz, Normiertes Misstrauen (Fn. 50), S. 480; ders., GA
2001, 226 (227 Fn. 9); Uerpmann, Die Europäische Menschenrechtskonvention
(Fn. 44), S. 62 (hebt hervor, „dass die EMRK in ihrer Eigenschaft als völkerrechtlicher Vertrag keine allgemeine Regel des Völkerrechts darstellt, dass sie
aber als möglicher Ausdruck paralleler Normen des Völkergewohnheitsrechts zu

zu den „unabänderlichen" Rechtsprinzipien, die den „Kern der Verfassung" ausmachen und die Art. 79 Abs. 3 GG der verfassungsgesetzgebenden Gewalt entzogen hat[60]. Dadurch, dass die internationalen und europäischen Grundrechte durch Art. 1 Abs. 2 GG in Verbindung mit Art. 25 GG in deutsches Recht transformiert werden, besitzen sie nicht nur den Rang, sondern auch die Qualität von deutschem Verfassungsrecht[61].

---

deren Feststellung herangezogen werden kann.(...) Vielmehr wird mit Hilfe der EMRK eine Norm des allgemeinen Völkerrechts festgestellt, die ihrerseits über Art. 25 GG innerstaatlich umgesetzt wird. Dabei erscheint es sinnvoll, die Anwendung der EMRK im Rahmen des Art. 25 GG als eigene Fallgruppe zu behandeln.").

[60] Paeffgen, Vorüberlegungen (Fn. 2), S. 64, 68. Vgl.: Kühl, ZStW 100 (1988), S. 406, 410 („Insofern sind die Menschenrechte und Grundfreiheiten der MRK doch ‚gesetzesfest'."); Schulz, Normiertes Misstrauen (Fn. 50), S. 483 (Als Element des Rechtsstaats zähle die Unschuldsvermutung zu den von Art. 79 Abs. 3 GG garantierten Grundsätzen.); Simon, Die Beschuldigtenrechte (Fn. 45), S. 1 (zur „Verstärkung der Gesetzesfestigkeit der EMRK"); Soehring, Vorverurteilung (Fn. 51), S. 67 (attestiert der Unschuldsvermutung „Gesetzesfestigkeit".).

[61] Bleckmann, EuGRZ 1994, 149 (155); ders., DÖV 1979, 309, 312 („Dem Art. 25 GG ist als pars pro toto der Wille des Grundgesetzes zu entnehmen, die nationale Rechtsordnung vollständig an der Völkerrechtsordnung auszurichten."). Vgl.: Mahrenholz, in: Mahrenholz/Hilf/Klein (Fn. 49), S. 73, 74 f. („...Art. 1 Abs. 2 GG bettet die Grundrechte des Grundgesetzes nicht nur in einen überpositiven, sondern in einen übernationalen Zusammenhang ein. (...) Als Verfassungstext der Bundesrepublik Deutschland findet Art. 1 Abs. 2 GG nun allerdings einen für die Bundesrepublik Deutschland rechtsverbindlichen Bezugspunkt in der EMRK. Der Gegenstand der EMRK und des Grundrechtsteils der Verfassung (unter Einschluss der Prozessgrundrechte) sind der Art nach identisch. (...) Wohl aber gibt es seit der Transformation der EMRK in innerstaatliches Recht einen durch Art. 1 Abs. 2 GG geschaffenen verfassungsrechtlichen Zusammenhang zwischen den Grundrechten der Verfassung und den Grundrechten der Konvention."); Bernhardt, Festgabe zum 25-jährigen Bestehen des Bundesverfassungsgerichts (1976), Band 2, S. 154, 160 (hervorhebend: „...vielmehr müssen staatliches Recht, Völkerrecht und die Erfordernisse der internationalen Gemeinschaft in ihrer Verbindung und Wechselwirkung gesehen und gewürdigt werden. (...) Schließlich lässt sich auch rechtstechnisch das völkerrechtlich gebundene oder gebotene innerstaatliche Recht nicht von seiner völkerrechtlichen Verankerung lösen."); Klug, Peters-Gedächtnisschrift (1967), S. 434, 439, 442 (vertritt die

Die Unschuldsvermutung ist eine Verfahrensdirektive[62], die sich insbesondere an den Gesetzgeber[63] richtet, erforderliche rechtspolitische Entscheidungen zu treffen und das Verfahren so auszugestalten, dass die Unschuldsvermutung hinreichend wirksam werden kann[64]. Dabei sollte sich der Gesetzgeber vom Grundsatz der Völkerrechtsfreundlichkeit der deutschen Rechtsordnung[65]

Auffassung, dass die MRK mit ihrer Garantie-, Bindungs- und Rechtsintegrationsfunktion ranghöher als das GG sei und somit europäisches Menschenrecht nationales Verfassungsrecht breche.); Soehring, Vorverurteilung (Fn. 51), S. 33.
[62] F.-C. Schroeder, JZ 2000, 409; ders., in: Wolter (Hrsg.), 140 Jahre Goltdammer`s Archiv für Strafrecht, 1993, S. 205 (209); Stuckenberg, Untersuchungen (Fn. 49), S. 58, 66; ders., ZStW 111 (1999), S. 422 (452 ff.). Vgl.: Höpfel, Staatsanwalt (Fn. 52), S. 19 (zu den „rechtspolitischen Postulaten des Art. 6 Abs. 2 EMRK"); Kühl, ZStW 100 (1988), S. 406, 442 (zur Unschuldsvermutung als „Leitmotiv des Gesetzgebers").
[63] F.-C. Schroeder, NJW 2000, 2483 (2484); Paeffgen, Vorüberlegungen (Fn. 2), S. 64, 68, 161 Fn. 667; SK-StPO/Paeffgen, Vor § 112 Rdnr. 26 a. E.; K. Meyer, Tröndle-FS (1989), S. 61 (64); Schulz, Normiertes Misstrauen (Fn. 50), S. 484; Stuckenberg, Untersuchungen (Fn. 49), S. 58, 66; Tophinke, Das Grundrecht der Unschuldsvermutung, 2000, Diss. Bern 1999, S. 146, 162, 228.
[64] K. Meyer, Tröndle-FS (1989), S. 61 (64). Vgl.: Kühl, Unschuldsvermutung (Fn. 30), S. 136 (regt an, dass „der Gesetzgeber der Unschuldsvermutung zu innerstaatlicher Wirksamkeit verhelfen" möge.).
[65] Bleckmann, DÖV 1996, 137 (142); ders., DÖV 1979, 309 m. w. N. („Grundsatz der Völkerrechtsfreundlichkeit der deutschen Rechtsordnung als Leitprinzip der Verfassung."); Bernhardt, Festgabe zum 25-jährigen Bestehen des Bundesverfassungsgerichts (1976), Band 2, S. 154 (160); ders., in: Geiger (Hrsg.), Völkerrechtlicher Vertrag und staatliches Recht vor dem Hintergrund zunehmender Verdichtung der internationalen Beziehungen, 2000, S. 147 (149); Demirel, Individualbeschwerde vor der Europäischen Menschenrechtskonvention, Diss. Münster 1997, S. 60; Ress, in: Maier (Hrsg.), Europäischer Menschenrechtsschutz, 1982, S. 227, 228 f., 274 (auf das „Dilemma" eingehend: „Einerseits besitzt der EGMR (...) in der ‚Auslegung und Anwendung' der EMRK (Art. 45) die Letztentscheidungsbefugnis gegenüber den Verfahrensstaaten, die seine Gerichtsbarkeit anerkannt haben. Andererseits entfalten diese Urteile nicht per se, also automatisch ‚Bindung' im innerstaatlichen Rechtsraum. (...) Die in der Schweiz vorgetragenen Gründe für einen Übergesetzesrang der EMRK – Sonderstellung wegen des spezifischen Rechtscharakters – sollten auch in der Bundesrepublik Anerkennung finden."); Weigend, StV 2000, 384 (389); BVerfGE 18, 112, 121 („völkerrechtsfreundliche Grundhaltung des Grundgesetzes").

leiten lassen. Diesem aus Art. 24 ff. GG entwickelten verfassungsrechtlichen Gebot[66] entsprechend – weitmöglichste Harmonie von
Völkerrecht und innerstaatlichem Recht herzustellen[67] – ist das
Bundesverfassungsgericht[68] bereit, alle Grundrechte des Grundgesetzes im Lichte der Menschenrechte der MRK auszulegen[69]. Dazu führt es[70] einerseits aus, dass die Unschuldsvermutung als besondere Ausprägung des Rechtsstaatsprinzips Verfassungsrang
habe und kraft Art. 6 Abs. 2 MRK Bestandteil des positiven
Rechts der Bundesrepublik Deutschland sei. Andererseits hebt es
hervor, dass bei Auslegung des Grundgesetzes auch Inhalt und
Entwicklungsstand der MRK in Betracht zu ziehen seien. Auch
Gesetze wie die StPO[71] seien im Einklang mit den völkerrechtli-

---

[66] Bernhardt, Festgabe zum 25-jährigen Bestehen des Bundesverfassungsgerichts
(1976), Band 2, S. 154 (160). Vgl.: Bleckmann, DÖV 1979, 309; Masuch,
NVwZ 2000, 1266 (1267 f. m. w. N.).
[67] Bernhardt, Festgabe zum 25-jährigen Bestehen des Bundesverfassungsgerichts
(1976), Band 2, S. 154 (160). Vgl. Maurach/Schroeder/Maiwald, Strafrecht,
Besonderer Teil, Teilband 2, 8. Aufl. (1999), § 82 II Rdnr. 16 (zum GG und dem
Gedanken der Völkerverständigung).
[68] BVerfGE 31, 58 (67 f.). Vgl.: Frowein, Festschrift zum 50-jährigen Bestehen
des Bundesverfassungsgerichts (2001), Band 1, S. 209 (219); Limbach, NJW
2001, 2913 (2915).
[69] Bleckmann, EuGRZ 1994, 149 (152). Vgl.: Demirel, Individualbeschwerde
(Fn. 65), S. 60; Ehlers, Jura 2000, 372 (373); Frowein, Zeidler-FS (1987), Band
2, S. 1763 (1768, 1771); Stenger, Gegebener und gebotener Einfluss (Fn. 45), S.
347, 359, 399; Uerpmann, Die Europäische Menschenrechtskonvention (Fn. 44),
S. 52, 54, 244 f.; ders., JZ 2001, 565 (570).
[70] BVerfGE 74, 358 (370), bestätigt durch BVerfGE 82, 106 (115, 120). Vgl.:
Kühl, ZStW 100 (1988), S. 406, 409 (weist – unter Berufung auf BVerfGE 74,
358, 370 – darauf hin, dass Strafrechts- und Strafverfahrensrechtsänderungs- und
-reformgesetze die Garantien der MRK nicht aufheben oder abschwächen können.); Peukert, Mahrenholz-FS (1994), S. 277 (278 f.); Glatzel, Die Einwirkung
der Rechte und Freiheiten der Europäischen Menschenrechtskonvention auf
private Rechtsbeziehungen, Diss. Bonn 1968, S. 100.
[71] Zu den rechtsstaatlichen Standards des Strafprozessrechts, siehe: Paeffgen, in:
Paeffgen/Schumer (Hrsg.), Das Sächsische Polizeigesetz vor dem Verfassungsgerichtshof des Freistaates Sachsen, 1997, S. 12; Paeffgen, in: Wolter (Hrsg.), Zur

chen Verpflichtungen der Bundesrepublik Deutschland auszulegen und anzuwenden.

Deshalb sollte es das Bestreben der Mitgliedstaaten sein, in der innerstaatlichen Gesetzgebung den Anforderungen der Konvention zu genügen und bestehende Gesetze unter dem Einfluss der Ergebnisse der Straßburger Spruchpraxis zu reformieren[72]. Dabei wird eine rechtsvergleichende Anwendung der MRK dadurch ermöglicht, dass Grundgesetz und MRK Teil der europäischen Grundrechtskultur[73] sind.

Zur Vermeidung von möglichen Verletzungen des Art. 6 Abs. 2 MRK ist eine saubere (rechtsdogmatische)[74] Grenzziehung[75] zwin-

---

Theorie und Systematik des Strafprozessrechts (Symposium zu Ehren von H.-J. Rudolphi), 1995, S. 20, 44.

[72] Vogler, ZStW 89 (1977), S. 761. Vgl.: Polakiewicz, Die Verpflichtungen der Staaten aus den Urteilen des Europäischen Gerichtshofs für Menschenrechte, Diss. Heidelberg 1992, S. 361 f. („Den Urteilen des Europäischen Gerichtshofs für Menschenrechte kommt somit neben der auf den entschiedenen Einzelfall beschränkten Rechtskraft eine abstrakte Klärungsfunktion für die Konventionsbestimmungen zu, deren Bedeutung und Tragweite durch die individuell-konkrete Anwendung präzisiert wurden. Die Straßburger Spruchpraxis ist daher von den nationalen Gerichten und Behörden vorrangig zu beachten."); Mosler, Huber-FS (1981), S. 595 (605).

[73] Uerpmann, Die Europäische Menschenrechtskonvention (Fn. 44), S. 132, 245 f. (erwähnt erläuternd die „innere Verwandtschaft von Konvention und Grundgesetz."). Vgl.: Mahrenholz, in: Mahrenholz/Hilf/Klein (Fn. 49), S. 73, 75 (betont den „verfassungsrechtlichen Zusammenhang zwischen den Grundrechten der Verfassung und den Grundrechten der Konvention."); Bleckmann, EuGRZ 1994, 149, 154 („gemeinsame Verfassungstradition"); ders., DÖV 1979, 309 (310); Hruschka, ZStW 112 (2000), S. 285 (zur „Unschuldsvermutung in der Rechtsphilosophie der Aufklärung").

[74] Vgl.: Soehring, Vorverurteilung (Fn. 51), S. 27; Höpfel, Staatsanwalt (Fn. 52), S. 21.

[75] Vgl.: Zaczyk, StV 1993, 490 (492); ders., Mainzer Runde '98, Zum Strafrecht, 1998, S. 13 (zur „Einsicht, dass auch der Straftäter kein Unmensch ist, sondern Mitmensch trotz alledem."); Marxen, Straftatsystem (Fn. 7), S. 345 (hebt hervor,

gend erforderlich. Wenn jedoch schon der Gesetzgeber durch die Verwendung des verfassungsrechtlich anstößigen Begriffs „Täter" im Ermittlungsverfahren – mit der bedenklichen Folge, dass die Ermittlungsorgane unter bestimmten Voraussetzungen vom Gesetz gewissermaßen dazu aufgefordert werden, verdächtige Personen bereits als „Täter" anzusehen[76] – den Grundsatz der Unschuldsvermutung außer Acht lässt, dann braucht man sich nicht mehr zu wundern, dass (auch) andere die Unschuldsvermutung missachten. So sind die im Indikativ abgefassten und vorgetragenen Ermittlungsergebnisse der Anklageschriften der Staatsanwaltschaft mit Art. 6 Abs. 2 MRK unvereinbar[77], weil die Unschuldsvermutung in

---

dass die Unschuldsvermutung „verlangt, dass nur im Verfahren und erst, nachdem ein gesetzlicher Nachweis der Schuld erbracht ist, angenommen werden darf, dass ein Tatverdächtiger auch der Täter ist. (...) Denn niemand, kein noch so Verdächtiger darf außerhalb des Verfahrens oder vor seinem Abschluss als Straftäter bezeichnet oder behandelt werden.‟); ders., GA 1980, 365, 373 f. („Die Verhinderung außerjustizieller Schuldzuschreibungen gehört zu den originären Aufgaben der Unschuldsvermutung. (...) Der Schutz, den sie gewährt, gilt generell.‟); Peukert, EuGRZ 1980, 247 (260); Wegener, Rasch-FS (1993), S. 178 ff. (zur Unschuldsvermutung aus der Sicht des sachverständigen Psychologen).
[76] F.-C. Schroeder, NJW 2000, 2483 (2484). Ähnlich: Diercks, AnwBl 1999, 311 (316).
[77] A. Arndt, NJW 1960, 1191, 1192 f. (zu Art. 6 Abs. 2 MRK: „Ernst genommen schließt diese Vorschrift aus, das Ermittlungsergebnis der Anklageschrift im Indikativ so abzufassen und vorzutragen, als ob es sich dabei nicht erst um beschuldigende Behauptungen, sondern bereits um ,amtlich' und positiv festgestellte Tatsachen handelte. Das gilt erst recht für den Eröffnungsbeschluss.‟). Vgl.: Zaczyk, StV 1993, 490, 492 („Das Strafprozessrecht regelt den Gang der Klärung eines Verdachts, und so bedeutet etwa die dabei zu beachtende Unschuldsvermutung nicht, dass StA und Gericht nur so tun, als sei der Angeklagte gar nicht der Täter: Vielmehr ist die Vermutung seiner Unschuld bis zum Urteil zwingend, da erst das Urteil seine Schuld rechtsverbindlich feststellt.‟); Dalbkermeyer, Der Schutz des Beschuldigten vor identifizierenden und tendenziösen Pressemitteilungen der Ermittlungsbehörden, Diss. Bonn 1993, S. 24 f. (zur Bindungswirkung der Unschuldsvermutung für die Staatsanwaltschaft); Hoefermann, Die Auslagenerstattung beim Freispruch mangels Beweises und die Menschenrechtskonvention, Diss. Münster 1966, S. 98 f.; Höh, Strafrechtlicher Anonymitätsschutz des Beschuldigten vor öffentlicher Identifizierung durch den Staatsanwalt, Diss. Bonn 1985, S. 13,

diesem Verfahrensstadium[78] zu Konjunktivformulierungen[79] verpflichtet und vom Indikativ eine Suggestivwirkung[80] ausgeht, als

---

235 f.; Höpfel, Staatsanwalt (Fn. 52), S. 17, 21, 27 ff., 201 ff.; Wagner, Strafprozessführung über Medien, 1987, S. 61 m. w. N.

[78] Vgl.: BVerfGE 35, 311, 319 f. (hinsichtlich „der für den Untersuchungsgefangenen streitenden Unschuldsvermutung"); Paeffgen, Vorüberlegungen (Fn. 2), S. 48 (hervorhebend, dass die Unschuldsvermutung eine konstante Größe während des gesamten Verfahrens sei.); ders.; DRiZ 1998, 317, 318 ff. (hinzufügend, dass bis zum Eintritt der Rechtskraft kein normativ hinreichendes Maß an Sicherheit darüber erreicht sei, wie die Sach-, Rechts- und Beweislage endgültig einzuschätzen sei.); Paeffgen/Seebode, ZRP 1999, 524, 525 f. m. w. N. (zur verfassungsrechtlichen Stellung des nur verdächtigen Inhaftierten und zur Unschuldsvermutung); BVerfGE 82, 106, 122, 124, Abw. M. Mahrenholz („Sie ist Schutz des Unschuldigen bis zur endgültigen Feststellung von Schuld. Bis zu diesem Zeitpunkt ist er ‚ohne Schuld', er ist nicht ‚wahrscheinlich schuldig' oder ‚höchstwahrscheinlich schuldig'. Die Unschuldsvermutung verbietet jede Zweideutigkeit neben der verfassungsrechtlich gewährleisteten Alternative ‚unschuldig oder schuldig' und ist damit mehr als bloß die prozessrechtliche Voraussetzung von Urteilsfolgen strafrechtlicher Art. Sie begleitet, mit den Worten des Richters des Eürópäischen Gerichtshofs für Menschenrechte Cremona, den Angeklagten während des gesamten Verfahrens bis zur Verurteilung (EuGRZ 1987, S. 404, Abw. M.).“); Vogler, ZStW 89 (1977), S. 761, 784 („Der Anwendungsbereich der Unschuldsvermutung reicht vom Ermittlungsverfahren über die Hauptverhandlung bis zum abschließenden Urteil ...“); K. Meyer, Tröndle-FS (1989), S. 61, 71 (Auch die Staatsanwaltschaft könne gegen Art. 6 Abs. 2 MRK verstoßen, wenn sie den Eindruck erwecke, die Schuld des Beschuldigten sei bereits erwiesen.).

[79] Bohnert, Die Abschlussentscheidung des Staatsanwalts, 1992, S. 248 m. w. N. („Daneben hat sich die Pflicht zur Unschuldsvermutung als Anspruch des Beschuldigten auf Konjunktivformulierungen und schonende Umgangsformen ausgewirkt, mit geringer Wirkung, wie man sieht, und ohne Rechtsfolge bei einem Verstoß.“); Loesdau, MDR 1962, 773 (777).

[80] A. Arndt, NJW 1960, 1191, 1193 (stellt mit „Unbehagen“ fest: „Der in der Form eines Verdacht-Urteils mit vorweggenommener Würdigung der polizeilichen und staatsanwaltschaftlichen Ermittlungen im Positiv abgefasste Beschluss müsste die Einstellung des Verfahrens zur Folge haben, weil seine unterschwellige Suggestivwirkung anders nicht zu beseitigen ist.“). Vgl.: Hoefermann, Die Auslagenerstattung (Fn. 77), S. 98 f. Siehe allgem. zur Suggestivwirkung: Heidelberg, Justizreportage. Journalistische Ziele und juristische Schranken, Diss. Heidelberg 1932, S. 67 ff.; Dalbkermeyer, Der Schutz (Fn. 77), S. 26.

ob es sich bereits um „amtlich" festgestellte Tatsachen[81] handelte. Eine amtliche Suggestivwirkung ist auch darin zu sehen, wenn ein Justizminister im Fernsehen eine Verdächtige schon vor Prozesseröffnung als „Täterin" (von Sprengstoffverbrechen) bezeichnet. Die Europäische Kommission für Menschenrechte[82] bejaht hier ausdrücklich die grundsätzliche Anwendbarkeit von Art. 6 Abs. 2 MRK auf öffentliche Erklärungen von Amtsträgern und Strafverfolgungsorganen. Auch vorverurteilende Äußerungen eines Innenministers und hoher Polizeibeamter in Pressekonferenzen, die im Fernsehen ausgestrahlt werden, verletzen nach Auffassung des Europäischen Gerichtshofs für Menschenrechte[83] die Unschuldsvermutung. Wenn von Politikern bzw. Rechtsanwendern, die für die Verbrechensbekämpfung zuständig sind, ungenaue, pauschalieren-

---

[81] A. Arndt, NJW 1960, 1191, 1192 f. (s. o. Fn. 77). Vgl.: Hoefermann, Die Auslagenerstattung (Fn. 77), S. 98 f.; Loesdau, MDR 1962, 773 (776).

[82] EKMR Nr. 7986/77, Krause ./. Schweiz, DR 13, S. 73 (75 f.). Vgl. auch die ähnlich gelagerten Entscheidungen: EKMR Nr. 9077/80, X ./. Österreich, DR 26, S. 211 (213 f.); Nr. 8361/78, X ./. Niederlande, DR 27, S. 37 (42). Vgl.: Frowein, Huber-FS (1981), S. 553 (554 f.); Gerhardt/Steffen, Kleiner Knigge (Fn. 49), S. 49 („Dieser Zurückhaltung sollten sich übrigens auch Politiker befleißigen und nicht, wie im Fall Bad Kleinen geschehen, einen (mutmaßlichen) Terroristen öffentlich zum ‚Mörder' erklären."); Kühl, Unschuldsvermutung (Fn. 30), S. 77 (zur Unschuldsvermutung als „Verbot diskriminierender Schuldfeststellungen ohne gesetzlichen Nachweis der Schuld"); Höpfel, Staatsanwalt (Fn. 52), S. 21 (betont, dass die Unschuldsvermutung „vor der Kennzeichnung als Straftäter in der besonderen Weise schützt, dass es den gesetzmäßigen Schuldnachweis in einem Strafverfahren zur Bedingung macht."); Peukert, Mahrenholz-FS (1994), S. 277 (299); ders., in: Frowein/Peukert, Europäische Menschenrechtskonvention, 2. Aufl. (1996), Art. 6 Rdnr. 162; Soehring, Vorverurteilung (Fn. 51), S. 69 Fn. 349; ders., MESSAGE 1/2001, S. 24 ff. (zur Unschuldsvermutung des Amokläufers); Trechsel, SJZ 1981, 317, 335.

[83] Allenet de Ribemont v. France (3/1994/450/529), Urteil vom 10.2.1997 (so: Y. Braun, Medienberichterstattung (Fn. 45), S. 108 Fn. 304). Vgl. auch: Peukert, 21. Strafverteidigertag (1997), S. 231 (241); ders., in: Frowein/Peukert, Europäische Menschenrechtskonvention (Fn. 82), Art. 6 Rdnr. 162; Tophinke, Das Grundrecht der Unschuldsvermutung (Fn. 63), S. 139 ff., 365, 395 ff., 468; Wagner, Strafprozessführung (Fn. 77), S. 48 f. m. w. N.

de Aussagen über Geständnisse, festgenommene „Täter" und gelöste Fälle[84] gemacht werden, wird diese Information auch durch die Medien[85] weiterverbreitet[86]. Diese befremdlichen Verfahrensweisen sind eines Rechtsstaats unwürdig[87].

---

[84] Y. Braun, Medienberichterstattung (Fn. 45), S. 108. Vgl.: Bornkamm, Pressefreiheit und Fairness des Strafverfahrens, Diss. Freiburg 1980, S. 223 Fn. 19; Lamprecht, DRiZ 1989, 32; Ludwig, Persönlichkeitsrechtsverletzungen durch identifizierende Presseverlautbarungen der Staatsanwaltschaft, Diss. Bonn 1998, S. 144.

[85] Vgl.: BVerfGE 35, 202 (232) „Lebach" (Auch die bis zur rechtskräftigen Verurteilung zugunsten des Angeschuldigten geltende Vermutung seiner Unschuld gebiete eine entsprechende Zurückhaltung.); BGH, JZ 2000, 618 (zur Verdachtsberichterstattung); K. Braun, Handbuch der Gerichtsberichterstattung, 1994, S. 170 (zu den im Stadium der Ermittlungen nicht gestatteten Schlagzeilen über gefasste „Täter" und „Mörder"); Dahs, NStZ 1986, 563 (Die Wahrung der Anonymität des Beschuldigten sei ein Stück praktizierter Unschuldsvermutung.); Dalbkermeyer, Der Schutz (Fn. 77), S. 27 (zur Vorverurteilung durch die Medien); Ionescu, in: Dölling/Gössel/Waltos, Kriminalberichterstattung (Fn. 49), S. 45, 64 (erwähnt, dass bei Unbekanntsachen der Betroffene zwar sehr oft als „Täter" bezeichnet worden sei, jedoch müsse man die tatausführende Person irgendwie bezeichnen. Hier finde durch die Bezeichnung in diesem Kontext keine Stigmatisierung einer bestimmten Person als „Täter" statt.); Kühl, Hubmann-FS (1985), S. 241 (244); ders., ZStW 100 (1988), S. 406, 601, 635, 637 (zu Reformforderungen – die mit Art. 6 Abs. 2 MRK begründet werden – an den Gesetzgeber zum Schutz vor öffentlicher Vorverurteilung durch die Medien); ders., in: Lackner/Kühl, Strafgesetzbuch, 23. Aufl. (1999), § 193 Rdnr. 11 (hinsichtlich der Verhütung von „Vorverurteilungen" durch die Presse: „Namentlich während eines schwebenden Strafverfahrens ist es idR nicht gerechtfertigt, den Beschuldigten auf der Grundlage eigener Recherchen schon als Täter und nicht lediglich als Verdächtigen hinzustellen..."); Ludwig, Persönlichkeitsrechtsverletzungen (Fn. 84), S. 146; Wagner, Strafprozessführung (Fn. 77), S. 43 ff. m. w. N.

[86] Vgl.: Marxen, Straftatsystem (Fn. 7), S. 345; ders., GA 1980, 365, 366 („Die Vernachlässigung der Unschuldsvermutung gehört in einem großen Teil der Presse zu den Darstellungsprinzipien der Kriminalberichterstattung. Täglich werden in einer Vielzahl von Fällen Beschuldigte als Täter hingestellt."); Wagner, Strafprozessführung (Fn. 77), S. 43 ff. m. w. N.; K. Braun, Handbuch (Fn. 85), S. 170.

[87] Vgl.: Schaefer, NJW 1996, 496 f. („Die Vorverurteilung wird gegeißelt und verurteilt, sie sei eines rechtsstaatlichen Strafverfahrens unwürdig, und alle daran Beteiligten, Justiz und/oder Presse sollten sich des Problems annehmen und

Folglich ist eine begriffliche Klarstellung für Grundrechts- und Hoheitsträger[88] dringend erforderlich. Unter Berücksichtigung der rechtstheoretischen und praxisbezogenen Aspekte ist die Verwendung des Begriffs „Täter" im Ermittlungsverfahren mit dem Grundsatz der Unschuldsvermutung nicht in Einklang zu bringen[89]. Deshalb sollte der Sprachgebrauch des Gesetzgebers auch im Interesse der europäischen Rechtskultur[90] konventions-, verfassungs-

Besserung geloben zum Schutz des einzelnen und bis zu seiner rechtskräftigen Verurteilung als unschuldig zu geltenden Beschuldigten."). Vgl.: F.-C. Schroeder, Roxin-FS (2001), S. 33, 41 (zu den Grundsätzen des Strafverfahrensrechts).

[88] Vgl.: Eiffler, Die Auslegung unbestimmter Schrankenbegriffe der Europäischen Menschenrechtskonvention, Diss. Berlin 1999, S. 1, 19 (hebt hinsichtlich der Schrankenbegriffe der MRK hervor, dass „eine verlässliche Bestimmung ihres Inhalts sowohl für den Hoheitsträger als auch für den Grundrechtsträger unabdingbar" sei.); ders., Die Polizei 1999, 324 ff. (zur Bedeutung der MRK für die polizeiliche Praxis und Ausbildung); ders., NJW 1999, 762 m. w. N. (betont, „dass polizeiliche Maßnahmen auch hier zu Lande dem Maßstab der Europäischen Menschenrechtskonvention gerecht werden müssen."); Gropp, JZ 1991, 804, 806 (zum Verfahrensbereich, „wo die verfahrensbezogene Form der Unschuldsvermutung ihren limitierenden, d. h. hoheitliche Eingriffe in die Beschuldigteninteressen einschränkenden, Gehalt entfaltet."); Paeffgen, DRiZ 1998, 317, 320 („Rechtsanwender und interessiertem Bürger"); ders., Roxin-FS (2001), S. 1299, 1309 (zum Tatverdacht der Strafverfolgungsbehörden). Siehe demnächst: K.-S. von Danwitz, Staatliche Straftatbeteiligung – die Bestimmung der Grenzen staatlicher Machtausübung in Form von Tatprovokation und Straftatbegehung, Habil.-Schrift Bonn 2001, S. 77, 85 m . w. N. (zum Prinzip, „dass der Staat von der Normtreue des Bürgers auszugehen hat.").

[89] Vgl.: F.-C. Schroeder, NJW 2000, 2483 ff.; ders., Der Täter hinter dem Täter, Diss. München 1962, S. 13, 58 ff., 221 f. (allgemein zum strafrechtlichen "Täter"-Begriff); Diercks, AnwBl 1999, 311 (316 m. w. N.). Vgl. auch: Weigend, ZStW 111 (1999), S. 920, 925 (fragt, ob man das Substrat dessen, was die Unschuldsvermutung zu schützen aufgerufen ist – das „Verfahren" –, ganz dem Gutdünken des Gesetzgebers überantworten sollte.).

[90] Uerpmann, Die Europäische Menschenrechtskonvention (Fn. 44), S. 132, 245. Vgl.: Dilcher, NJW 1998, 3690, 3692 (zum Bezug der Unschuldsvermutung auf die „Rechtskultur"); Kerscher, DRiZ 1983, 439, 442 (hält „das Gros der deutschen Gerichtsberichterstattung für einen andauernden, rechtskulturellen Skandal.").

und grundrechtskonform geändert werden[91].

Insbesondere bei problematischen Gesetzen[92] ist die Verwirklichung der Menschenrechte auf universeller und europäischer Ebene von größter Bedeutung[93]:

---

[91] F.-C. Schroeder, NJW 2000, 2483, 2484 (fordert den Gesetzgeber dringend auf, „den geschilderten Rechtszustand zu ändern. Als alternative Ausdrücke stehen der ‚Verdächtige' und ‚die als Täter in Frage kommende Person' zur Verfügung."). Vgl.: Binder, Rechtsprobleme (Fn. 43), S. 23 (plädiert für den Begriff „als Täter Verdächtige".); Simon, Die Beschuldigtenrechte (Fn. 45), S. 226 f. („Was kann der Konvention in Zukunft zu angemessener Berücksichtigung verhelfen?! Die Gerichte sollten sich den Inhalten der Konventionsgarantien nicht mehr mit dem pauschalen Hinweis auf den ‚bloßen' Mindeststandard der Konvention verschließen. Wie die vorliegende Arbeit gezeigt hat, reicht dieser Mindeststandard nicht selten über die Regelungen der StPO hinaus oder bietet zumindest eine ausdrücklich normativ gefasste Grundlage, die in dieser Deutlichkeit in der StPO an mancher Stelle fehlt.").
[92] Vgl.: Paeffgen, Festgabe zum 50-jährigen Bestehen des Bundesgerichtshofs (2000), Band IV, S. 695, 735 (zu „gesetzgeberischen Eskapaden"); ders., Grünwald-FS (1999), S. 433, 468 (zum „Umgang mit problematischen Gesetzen"); ders., StV 1999, 668 ff. (zum G 10 in der Fassung des Verbrechensbekämpfungsgesetzes 1994); ders., Der Verrat in irriger Annahme eines illegalen Geheimnisses (§ 97 b StGB) und die allgemeine Irrtumslehre, Diss. Mainz 1978, S. 88 (zur „gesetzlichen Willkür"); F.-C. Schroeder, NJW 2000, 2483 ff.; ders., Der Schutz von Staat und Verfassung im Strafrecht, Habil.-Schrift 1967, S. 484 (allgemein zur Gesetzgebung); Zaczyk, StV 1993, 490 (498); Diercks, AnwBl 1999, 311 (316 Fn. 77 ff. m. w. N.).
[93] Vgl.: Mahrenholz, in: Mahrenholz/Hilf/Klein (Fn. 49), S. 73, 88 („Es wäre schon merkwürdig, wenn man die Politiker nicht bei ihrem Europäischen Portepee fassen könnte, mit dem sie sich im Bedarfsfall so gern schmücken. Dass die Verwirklichung der Menschenrechte für die europäischen Völker von größerer Bedeutung ist als die Vereinheitlichung von Industrienormen, müsste einleuchten."); Peukert, Mahrenholz-FS (1994), S. 277, 279 (zum besonderen „Engagement für einen strikten und effektiven Grund- bzw. Menschenrechtsschutz"); Bleckmann, DÖV 1979, 309, 311 (hervorhebend: „Hierzu tritt aus Art. 1 Abs. 2 GG die Verpflichtung, gerade auch bei der Entwicklung der Menschenrechte auf universeller und europäischer Ebene positiv mitzuwirken."); Frowein, Carstens-FS (1984), Band 1, S. 327, 337 („Die Herausbildung gemeineuropäischer Grundrechtsstandards auf der Grundlage der Europäischen Menschenrechtskonvention ist eine große Aufgabe."); Llobet Rodriguez, Die Unschuldsvermutung und die materiellen Voraussetzungen der Untersuchungshaft, Diss. Freiburg (Breisgau)

„Human Rights without effective implementation are shadows without substance[94]."

1995, S. 27 ff. (zur weltweiten Anerkennung der Unschuldsvermutung als Menschenrecht). Zum Entwurf der EU-Grundrechtecharta, siehe: Alber/Widmaier, EuGRZ 2000, 497 ff.; Hilf, Beilage JuS 1/2001, 5; Hirsch, NJW 2000, 46 (47); Krüger/Polakiewicz, EuGRZ 2001, 92 ff.; Magiera, DÖV 2000, 1017 ff.; Zuleeg, EuGRZ 2000, 511

[94] J. Humphrey, zitiert nach: B. Schmid, Rang und Geltung der Europäischen Konvention zum Schutze der Menschenrechte und Grundfreiheiten vom 3. November 1950 in den Vertragsstaaten, 1984, S. VI.

C

Staatliche Schuldvermutung statt verfassungsrechtlicher Unschuldsvermutung. Wer überwacht die Wächter?[*]

Uwe Diercks,[**] Polizeipräsidium Bonn

---

[*] Der Beitrag gibt die persönliche Auffassung des Verfassers wieder und dokumentiert zugleich den Versuch, hinsichtlich der Verwendung des Begriffs „Täter" in der Polizeilichen Kriminalstatistik (PKS) über den Petitionsausschuss des Landtages von Nordrhein-Westfalen und die Präsidentin des Landtages eine konventions-, verfassungs- und grundrechtskonforme sowie einheitliche Sprachregelung in den Richtlinien, der Erfassung und der Vorstellung (in der Öffentlichkeit) der PKS zu erreichen.

[**] Mein herzlicher Dank gilt folgenden Rechtswissenschaftlern und Praktikern, die den in der Eingabe an den Petitionsausschuss des Landtages von Nordrhein-Westfalen bzw. in den Einwänden an die Präsidentin des Landtages geäußerten Bedenken zustimmten und / oder wertvolle Anregungen gaben: Professoren Dres. H. Achenbach, Osnabrück; W. Gropp, Gießen; W. Hassemer, Vizepräsident des Bundesverfassungsgerichts a. D., Karlsruhe / Frankfurt a. M.; K. Kühl, Tübingen; K. Marxen, Berlin; H.-U. Paeffgen, Bonn; F.-C. Schroeder, Regensburg; R. Zaczyk, Bonn; Privatdozent Dr. K.-S. von Danwitz, Bonn; Wissenschaftliche Mitarbeiterinnen S. Oldenburg, für: Prof. Dr. B. Schlink, Berlin; Dr. E. Tophinke, Bern; Wissenschaftlicher Mitarbeiter Dr. J. Hohenhaus, Bonn; Rechtsanwälte Dr. K. Kokkinakis, Athen; Prof. Dr. Justizrat E. Müller, Saarbrücken; Prof. Dr. Justizrat F. Salditt, Neuwied; Polizeidirektor a. D. R. Wellenbeck, ehem. Leiter des Polizeiausbildungsinstituts Brühl / Aachen

I. Einleitung

Seitdem der Bundesgesetzgeber in seiner Gesetzessprache in den §§ 98 a, 100 i, 111, 153 e, 163 d, 163 e, 163 f StPO, § 4 BKA-Gesetz sowie § 31 a BtM-Gesetz den hier verfassungsrechtlich anstößigen Begriff „Täter" verwendet, ist es zu einem begriffsjuristischen Dammbruch gekommen.[1]

Nunmehr wurde diese den Rechtsstatus des Tatverdächtigen bzw. Beschuldigten missachtende Ausdrucksweise auch in Nordrhein-Westfalen bei der Polizeilichen Kriminalstatistik etabliert.

II. Eingabe an den Petitionsausschuss des Landtages von Nordrhein-Westfalen

Wegen dieses verfassungsrechtlich anstößigen Begriffs „Täter" in der Polizeilichen Kriminalstatistik wandte sich der Verfasser[2] wie folgt an die Vorsitzende des Petitionsausschusses des Landtages von Nordrhein-Westfalen I. Howe:

„Im Interesse der Rechts- und Polizeikultur möchte ich von dem in Artikel 17 GG verbrieften Eingaberecht Gebrauch machen, um auf meines Erachtens bestehende Mängel in der Erfassung der Polizei-

---

[1] Vgl.: Hassemer, F.-C.-Schroeder-FS (2006), S. 51, 61 („Absenkung der Eingriffsschwellen von Tatbestand oder Unschuldsvermutung"); SK-StPO/Paeffgen, 35. Lfg. (2004), EMRK, Art. 6 Rdnr. 190 ff. („Jedwede Schuldvermutung ist mit Art. 6 II unvereinbar."); F.-C. Schroeder, NJW 2000, 2483 ff. („weitere Einbruchstelle"); Diercks, AnwBl 2002, 147 ff.

[2] Eingabe vom 14.1.2008, I.3/14-P-2008-10930-00

lichen Kriminalstatistik (PKS) des Landes Nordrhein-Westfalen aufmerksam zu machen, die in der Praxis zu einem rechtlich unhaltbaren Zustand führen. Dem liegt folgender Sachverhalt zugrunde:

Als betroffener Polizeibeamter, der bei der polizeilichen Vorgangsbearbeitung seit Anfang Januar 2008 die neue PKS-Erfassung vornehmen soll, mache ich mir Sorgen, wie diese mit den Vorgaben der unabänderlichen verfassungsrechtlichen Prinzipien in Einklang zu bringen ist. Die Polizei des Landes Nordrhein-Westfalen muss hierbei die entsprechenden Richtlinien umsetzen, so dass die Zuständigkeit des Innenministers, Herrn Dr. Ingo Wolf, als oberster Dienstherr gegeben ist.

Zur Begründung möchte ich Folgendes ausführen:

Neben den handwerklichen Unzulänglichkeiten – die statistische Erfassung in zwei verschiedenen Intranet-Eingabeformularen und spätere Kontrolle durch Vorgesetzte dauert bei Delikten der Massenkriminalität oft länger als die Sachbearbeitung zur Kriminalitätsbekämpfung – ist befremdlich, dass die Personaldaten der ermittelten Tatverdächtigen / Beschuldigten in die Eingabemasken mit den vorgegebenen Begriffen ‚Täter', ‚Mittäter' bzw. ‚Wiederholungstäter' einzufügen sind, wobei die gleichzeitige Verwendung des Wortes ‚Täter' mit den ‚Beschuldigten / Tatverdächtigen' besonders irreführend ist: (…).

Gegen diese PKS-Erfassung bestehen erhebliche verfassungsrechtliche Bedenken[3]:

---

[3] Siehe: Diercks, AnwBl 2002, 147 ff.; ders., AnwBl 1999, 311 ff., jeweils m.w.N.

Im Ermittlungsverfahren gibt es keinen ‚Täter'. Die Feststellung der Täterschaft obliegt allein dem Gericht im Hauptverfahren. Die Unschuldsvermutung verlangt, dass nur im prozessordnungsgemäßen Verfahren und erst, nachdem ein gerichtlicher Nachweis der Schuld erbracht ist, angenommen werden kann, dass ein Tatverdächtiger auch der Täter ist. Darin ist weit mehr als eine bloße Sprachregelung zu sehen.

Das Strafprozessrecht regelt den Gang der Klärung eines Verdachts und ist geprägt von herkömmlichen rechtlichen Standards, die insbesondere im polizeilichen Umgang mit Tatverdächtigen und Beschuldigten zu respektieren sind. Für noch nicht rechtskräftig abgeschlossene Strafverfahren gilt das Prinzip der Unschuldsvermutung, das eine nähere Ausgestaltung in Art. 6 Abs. 2 der Europäischen Konvention zum Schutze der Menschenrechte und Grundfreiheiten (EMRK) erfahren hat. Diese Bestimmung gilt – nach Ratifizierung durch den Bundesgesetzgeber – in Deutschland als unmittelbar geltendes innerstaatliches Recht. Danach wird vermutet, dass der wegen einer strafbaren Handlung Beschuldigte bis zum gesetzlichen Nachweis seiner Schuld unschuldig ist.

Es besteht Übereinstimmung, dass dem heute weltweit in allen Rechtsstaaten anerkannten Prinzip der Unschuldsvermutung verfassungsrechtliche Bedeutung zukommt. Die Unschuldsvermutung – die darauf abzielt, den Verdächtigen vor diskriminierender und willkürlicher Behandlung zu schützen – ist Bestandteil der verfassungsrechtlichen Prinzipien der Unantastbarkeit der Menschenwürde (Art. 1 Abs. 1 GG) und der Rechtsstaatlichkeit (Art. 20 Abs. 3 und Art. 28 Abs. 1 Satz 1 GG). Durch ihre Einbeziehung in den Bürgerrechtspakt gehört sie auch zu den allgemeinen Regeln des Völkerrechts (Art. 25 GG).

Somit kommt der Unschuldsvermutung Verfassungsrang zu. Darüber hinaus gehört sie zu den ‚unabänderlichen' Rechtsprinzipien, die den ‚Kern der Verfassung' ausmachen und die Art. 79 Abs. 3 GG der verfassungsgesetzgebenden Gewalt entzogen hat.

Diese Maxime eines rechtsstaatlichen Strafverfahrens gilt vom Beginn der Ermittlungen an bzw. mit Entstehen des Tatverdachts bis zum rechtskräftigen Verfahrensabschluss, in welchem sie entweder widerlegt oder bestätigt wird.

Während des gesamten Verfahrens ist die Unschuldsvermutung eine konstante Größe. Der Schutz, den sie gewährt, gilt generell; eine Relativierung auf Grund besonderer Umstände des Falles ist ausgeschlossen. Denn bis zum Eintritt der Rechtskraft ist kein normativ hinreichendes Maß an Sicherheit darüber erreicht, wie die Sach-, Rechts- und Beweislage endgültig einzuschätzen ist.

Da die Verhinderung außerjustizieller Schuldzuschreibungen zu den originären Aufgaben der Unschuldsvermutung gehört, darf niemand, kein noch so Verdächtiger außerhalb des prozessordnungsgemäßen Verfahrens oder vor seinem rechtskräftigen Abschluss als Straftäter bezeichnet werden. Erst die rechtskräftige Verurteilung stellt eine feste Beziehung zwischen Tat und Täter her; denn vor der Verurteilung besteht hinsichtlich der Straftat ein Zustand schwebender Unwirksamkeit. Der klare Trennungsstrich zwischen dem Rechtstreuen und dem Rechtsbrecher wird erst mit einem rechtskräftigen Strafurteil gezogen. Somit ist die Widerlegung der Unschuldsvermutung allein dem erkennenden Strafgericht vorbehalten und darf nicht im Vorfeld der gerichtlichen Entscheidung von anderen beteiligten Organen vorweggenommen werden.

Als Adressaten soll die Unschuldsvermutung alle staatlichen Organe – wie Staatsanwaltschaft und Polizei, aber auch Gericht und insbesondere Gesetzgeber – als Verfassungssatz binden.

Vor der rechtskräftigen Verurteilung gebietet die Unschuldsvermutung größtmögliche Zurückhaltung und gesteigerte Sorgfalt bei allen Eingriffen in die Rechtssphäre des Verdächtigen bzw. Beschuldigten.

Niemand ist berechtigt – auch PKS-Erfasser der Polizei nicht –, einen (lediglich) Tatverdächtigen als (bereits überführten und schuldig gesprochenen Straf-) ‚Täter' zu bezeichnen. Denn die Unschuldsvermutung hat die Aufgabe, staatliche Eingriffe in die Rechtssphäre des (bloß) Tatverdächtigen zu begrenzen und ihn gegenüber übermächtiger Staatsgewalt zu schützen.

Insbesondere beim juristisch nicht vorgebildeten Staatsbürger wird der Eindruck vermittelt, dass es sich bei dem als ‚Täter' bezeichneten bzw. gekennzeichneten Menschen um den überführten und verurteilten Straftäter handelt, so dass der Tatverdächtige (vor-)verurteilt, sozial angeprangert und stigmatisiert wird. Damit wird die sozialethisch deklassierende Wirkung der Bestrafung vorweggenommen und die Würde des Tatverdächtigen – über die durch das Schuldfeststellungsverfahren ohnehin bedingten Persönlichkeitseingriffe hinaus – angetastet.

Wegen dieser Suggestivwirkung in noch nicht rechtskräftig abgeschlossenen Strafverfahren darf die Gefahr der psychologischen Beeinflussung der Allgemeinheit und der am Verfahren bzw. an der Rechtsfindung Beteiligten nicht unterschätzt werden.

Die Verwendung der Begriffe ‚Täter', ‚Mittäter' bzw. ‚Wiederholungstäter' bei der PKS-Erfassung im Ermittlungsverfahren hat die bedenkliche Folge, dass die Ermittlungsorgane unter bestimmten Voraussetzungen durch die entsprechenden Richtlinien gewissermaßen dazu amtlich aufgefordert werden, verdächtige bzw. beschuldigte Personen bereits als ‚Täter' anzusehen.

Der leichtfertige Umgang der Sprache in den Richtlinien der PKS-Erfassung – wo Sensibilität, rechtsstaatliche Präzision, Perfektion und eine sachgerechte, jeden Anschein einer unzulässigen Schuldzuweisung vermeidende Polizeiliche Kriminalstatistik-Sprache erwartet werden kann – lässt auf mangelndes Problembewusstsein hinsichtlich der Verwendung des verfassungsrechtlich anstößigen Begriffs ‚Täter' im Ermittlungsverfahren schließen. Denn mit der in Art. 6 Abs. 2 EMRK spezialgesetzlich normierten Unschuldsvermutung als allgemeine Rechtsvermutung – die nur durch eine rechtskräftige strafgerichtliche Verurteilung widerlegt werden kann, im Übrigen aber nicht auf den Strafprozess beschränkt ist, sondern interdisziplinär ernst genommen für das gesamte Rechtsleben Gültigkeit beansprucht – verbindet sich wie mit kaum einer anderen Maxime unseres Verfahrensrechts der Gedanke besonderer rechtsstaatlicher Fairness.

Im Hinblick auf die Reichweite der interdisziplinär ernst genommenen Unschuldsvermutung sind die Ausführungen des Bundesverfassungsgerichts[4] von besonderer Bedeutung:

‚Dem Täter müssen deshalb Tat und Schuld nachgewiesen werden. Bis zum gesetzlichen Nachweis der Schuld wird seine Unschuld vermutet.'

---

[4] BVerfGE 82, 106 (114)

In der Phase des Ermittlungsverfahrens (!) kann somit eine entsprechende Person lediglich Tatverdächtiger bzw. Beschuldigter sein, nicht jedoch ‚Täter'.

Aufgabe der Exekutive ist es, die Gesetze anzuwenden. Hierbei hat die Polizei die Aufgabe, Straftaten zu erforschen (§ 163 Abs. 1 StPO) und Ermittlungen gegen Tatverdächtige durchzuführen.

In unserer freiheitlichen demokratischen Grundordnung repräsentiert die Polizei einen Teil der Staatsgewalt und ist somit Garant für die Innere Sicherheit. In einer Gesellschaft, in der der Mensch im Mittelpunkt steht und die Unantastbarkeit der Menschenwürde oberster Verfassungsgrundsatz ist, wird der Staat gerade auch an seiner unvoreingenommenen, unparteiischen und weder präjudizierenden noch moralisierenden Polizei gemessen. Deshalb ist es geradezu verpflichtend, dass die verfassungsrechtlichen Prinzipien sowohl im polizeilichen Umgang mit Tatverdächtigen bzw. Beschuldigten als auch bei der PKS-Erfassung eingehalten werden.

Einerseits verlangt die verfassungsmäßige Ordnung von jeder Polizeibeamtin bzw. jedem Polizeibeamten Loyalität gegenüber dem Staat mit seinen Gesetzen und Richtlinien. Andererseits binden die unverfügbaren verfassungsrechtlichen Prinzipien der Unantastbarkeit der Menschenwürde und der Rechtsstaatlichkeit sowie die allgemeinen Regeln des Völkerrechts alle Angehörigen der Polizei bei der Ausübung ihres Berufs, so dass auf Grund der Richtlinien zur PKS-Erfassung Gesetzesanwender und PKS-Erfasser in eine Konfliktsituation gebracht werden könnten. Unter Zugrundelegung des straftatsystematischen Sprachgebrauchs – der Verfassungsprinzipien und sonstige Rechtsgrundsätze, wie beispielsweise das Rechtsstaatsprinzip, das Schuldprinzip, den Grundsatz der Unschuldsvermutung in die strafrechtliche Praxis umsetzt – dürften Rechtsanwender und PKS-Erfasser in der Phase des Ermittlungsverfahrens (!) lediglich die Begriffe ‚Verdächtiger' bzw. ‚Beschuldigter' benutzen, während die derzeitige PKS-Erfassungs-Sprache auch die in diesem Verfahrensstadium verfassungsrechtlich anstößigen Begriffe ‚Täter', ‚Mittäter' und ‚Wiederholungstäter' verwendet. Diese Verfahrensweise ist eines Rechtsstaates unwürdig.

Folglich ist eine begriffliche Klarstellung für Grundrechts- und Hoheitsträger dringend erforderlich. Unter Berücksichtigung der rechtstheoretischen und praxisbezogenen Aspekte ist die Verwendung des Betriffs ‚Täter' bei der PKS-Erfassung im Ermittlungsverfahren weder mit dem Grundsatz der Unschuldsvermutung noch mit der Erwartungshaltung der Bürger und Beamten von der ‚Polizei als Säule des Rechtsstaates' in Einklang zu bringen. Deshalb sollte der Sprachgebrauch in den entsprechenden Richtlinien auch im Interesse der europäischen Rechtskultur konventions-, verfassungs- und grundrechtskonform geändert werden.

Als Vorsitzende des Petitionsausschusses und ‚Anwältin des Bürgers' sind Sie, sehr geehrte Frau Howe, in unserer parlamentarischen Demokratie dazu berufen, Unrecht zu unterbinden. Sollten Sie nach Prüfung der Sach- und Rechtslage zu der Auffassung gelangen, dass mein Anliegen begründet und Abhilfe notwendig ist, bitte ich Sie, der Landesregierung eine entsprechende Initiative zu empfehlen."

III. Rechtsauffassung des Petitionsausschusses des Landtages von Nordrhein-Westfalen

Die Präsidentin des Landtages von Nordrhein-Westfalen[5] teilte – unter Einbeziehung der Stellungnahme des Innenministeriums[6] – den vom Petitionsausschuss in seiner Sitzung vom 15.4.2008 gefassten Beschluss – der identisch mit dem IM-Beschlussvorschlag ist – mit:

„Der Maskenname ‚Täter' und die Datenfeldbezeichnung ‚Täter alleinhandelnd' werden im Integrationsverfahren-Polizei (IGVP) / Polizei-Vorgangs-Programm (PVP) in ‚Tatverdächtiger' bzw. ‚Tatverdächtiger alleinhandelnd' geändert. Das Datenfeld ‚Internationaler Straftäter' wird aus beiden Anwendungen ersatzlos entfernt. Hinsichtlich der Katalogbegriffe ‚Wiederholungstäter', ‚Mittäter', ‚Anstifter' und ‚Gehilfe' werden Formulierungen erarbeitet, die den Verdachtsstatus der Zuschreibungen im IGVP/PVP deutlich herausstellen.

In der polizeilichen Kriminalstatistik werden die Begriffe ‚Täter', ‚Mittäter' bzw. ‚Einzeltäter' zur Erläuterung kriminologischer oder strafrechtlicher Definitionen, zur Erklärung von Grenzfällen und zur Verdeutlichung der kriminalstatistischen Zuordnung von Sachverhalten genutzt. Sie dienen, ohne jeden Bezug zu konkreten Personen, lediglich zur Klarstellung von Tatbeständen. Ein Änderungsbedarf ist daher nicht erkennbar.

---

[5] Schreiben der Präsidentin des Landtages von Nordrhein-Westfalen vom 24.4.2008
[6] Stellungnahme des Leitenden Ministerialrats Wesseler (Referatsleiter Organisation und Recht der Polizei) vom 17.3.2008, 42-13.05.03

Der Petitionsausschuss sieht somit keine Veranlassung, der Landesregierung (Innenministerium) darüber hinaus Maßnahmen zu empfehlen.“

IV. Einwände

Hinsichtlich der Stellungnahmen des Innenministeriums des Landes Nordrhein-Westfalen und des Bonner Polizeipräsidenten[7] sowie
des mitgeteilten Beschlusses des Petitionsausschusses gab der Verfasser der Präsidentin des Landtages von Nordrhein-Westfalen R.
van Dinther folgende Einwände[8] zu bedenken:

„1. Beamtenrechtliche Vorgaben

Mein in dieser Angelegenheit ebenfalls am 14.1.2008 auf dem
Dienstweg eingereichtes Schreiben an den Innenminister des Landes Nordrhein-Westfalen Dr. I. Wolf wurde am 30.1.2008 von der
Leitenden Kriminaldirektorin G. Hewer-Brösch mit der befremdlichen Rechtsauffassung – dass ich dazu nicht berechtigt sei – zu-
rückgewiesen, was auf Grund der bestehenden Gesetzeslage (§ 179
Landesbeamtengesetz Nordrhein-Westfalen) nicht nachvollziehbar
ist. Trotz des Hinweises auf das LBG NRW, meiner erneut geäußerten Bitte (Anlage), der übergeordneten Bedeutung und der Eilbe-

---

[7] Schreiben des Bonner Polizeipräsidenten W. Albers vom 11.4.2008, ZA 21.1-
13.05.03
[8] Einwände vom 23.6.2008

dürftigkeit wurde die Weiterleitung dieses Schreibens an den zuständigen obersten Dienstherrn der Polizei vom Bonner Polizeipräsidenten W. Albers für nicht erforderlich erachtet (Anlage). Dieses Schreiben verblieb bis heute beim Polizeipräsidenten Bonn.

Anmerken möchte ich im Übrigen, dass ich die mehrfach vom Innenministerium – insbesondere vom Leitenden Ministerialrat Wesseler – vorgenommene falsche Schreibweise des Namens des Petenten als Missachtung der Person deute (Anlage).

2. Verwendung des Begriffs ‚Täter'

Der Auffassung, dass im Bereich der Polizeilichen Kriminalstatistik (PKS) kein (weiterer) Änderungsbedarf erkennbar sei, kann unter Berücksichtigung der rechtstheoretischen und praxisbezogenen Aspekte[9] meines Erachtens nicht gefolgt werden: Bei der strafprozessrechts-dogmatischen Diskussion um den ‚Täter'-Begriff fällt auf, dass die Lehre[10] davon ausgeht, dass entsprechende Personen –

---

[9] Vgl.: Hassemer, StV 2006, 321 (323 f.); ders., F.-C.-Schroeder-FS (2006), S. 51 (57 ff.); SK-StPO/Paeffgen, 35. Lfg. (2004), EMRK, Art. 6 Rdnr. 192 ff.; ders., StV 1999, 625; ders., DRiZ 1998, 317 (320); Roxin, NStZ 1991, 153 ff.; F.-C. Schroeder, NJW 2000, 2483 ff.; Diercks, AnwBl 2002, 147 ff.; ders., AnwBl 1999, 311 ff.

[10] Achenbach, Alternativkommentar zur StPO, Band 2, Teilband 1, 1992, § 111 Rdnr. 13, § 163 d Rdnr. 8; Artzt, Die verfahrensrechtliche Bedeutung polizeilicher Vorfeldermittlungen, Diss. Tübingen 1999, S. 138; Benfer, Rechtseingriffe von Polizei und Staatsanwaltschaft, 3. Aufl. (2005), S. 23 (zum „mutmaßlichen" Täter); Bernsmann, NStZ 1989, 449 (459); Bernsmann / Jansen, StV 1998, 217; Binder, Rechtsprobleme des Einsatzes technischer Mittel gem. §§ 100 c, d StPO und des Lauschangriffs, Diss. Bonn 1996, S. 22 f.; K. Braun, Handbuch der Gerichtsberichterstattung, 1994, S. 170; Dencker, KJ 1987, 36 (42); Eschke, Die Geltung der Unschuldsvermutung im Zivil- und Zivilverfahrensrecht, 2003, Diss.

Potsdam 2002, S. 1, 10, 25, 36 ff.; Esser, Auf dem Weg zu einem europäischen Strafverfahrensrecht, Diss. Trier 2002, S. 100 f.; Fincke / Zoll, Strafrechtslehrertagung 2005, ZStW 117 (2005), S. 865 (875, 885); Gärditz, Strafprozess und Prävention, 2003, Diss. Bonn 2001, S. 58 („Täter" als sprachliche Verfehlung); Grünwald, StV 1987, 453 (456); Hantschel, Jura 2001, 472 (474 Fn. 36); Hassemer, StV 2006, 321 (323 f.); ders., F.-C.-Schroeder-FS (2006), S. 51 (58); ders., in: Hassemer / Reemtsma, Verbrechensopfer. Gesetz und Gerechtigkeit, 2002, S. 52 ff.; ders., Strafen im Rechtsstaat, 2000, S. 266; ders., KJ 1992, 64 (69); ders., StV 1989, 72 (80); ders. StV 1986, 550 (552 f.); Hohenhaus, Die strafprozessuale Observation, Diss. Trier 2006, S. 221 ff., 241, 284; Hund, ZRP 1995, 334 (336); Jung, JZ 2003, 1096 (1097); Kargl, NStZ 2000, 8 (10); König, Kriminalistik 1998, 349 (351); Kokkinakis, Strafprozessuales operatives Vorgehen und strafrechtliches Rückwirkungsverbot, Diss. Frankfurt a. M. 2001, S. 71; Krauß, Lüderssen-FS (2002), S. 269 (271); Kühl, Müller-Dietz-FS (2001), S. 401 (406 f.); ders., Unschuldsvermutung, Freispruch und Einstellung, 1983, Habil.-Schrift Bielefeld 1981, S. 109; ders., in: Lackner / Kühl, Strafgesetzbuch, 26. Aufl. (2007), § 193 Rdnr. 11; Kühne, Strafprozessrecht, 7. Aufl. (2006), S. 185; Lagodny, 20. Strafverteidigertag, 1996, S. 117 (127); Lamprecht, DRiZ 1989, 32; Lisken, in: Lisken / Denninger, Handbuch des Polizeirechts, 3. Aufl. (2001), S. 925 Fn. 37; Maiwald, GA 2005, 339, 342 f. (zum „vermutlichen" Täter); Marxen, Straftatsystem und Strafprozess, 1984, Habil.-Schrift Frankfurt a. M. 1982, S. 345; ders., GA 1980, 365 (379); Meyer-Ladewig, Nomos-Kommentar, 2. Aufl. (2006), EMRK, Art. 6 Rdnr. 86; E. Müller, Beiträge zum Strafprozessrecht (1969 – 2001), 2003, S. 79; ders., Müller-Dietz-FS (2001), S. 567 (569 f.); Neuling, Inquisition durch Information, 2005, Diss. Berlin 2004, S. 164, 247; Nimtz, Die strafprozessuale Observation nach dem Strafverfahrensänderungsgesetz 1999, 2003, Diss. Köln 2002, S. 27, 116; Nitz, Einsatzbedingte Straftaten Verdeckter Ermittler, Diss. Hannover 1997, S. 121 f.; Ott, Verdeckte Ermittlungen im Strafprozess, Diss. Berlin, 2008, S. 194 Fn. 892; SK-StPO/Paeffgen, 35. Lfg. (2004), EMRK, Art. 6 Rdnr. 193, 202; ders., StV 1999, 625; ders., DRiZ 1998, 317 (320); Prinz / Peters, Medienrecht, 1999, S. 239 f.; Püschel, StraFo 2006, 261; Raum / Palm, JZ 1994, 447 (452 Fn. 45); Riepl, Informationelle Selbstbestimmung im Strafverfahren, 1998, Diss. Tübingen 1994, S. 55; Rieß, StraFo 1999, 1 (9); KK-Schädler, 6. Aufl. (2008), MRK, Art. 6 Rdnr. 44; F.-C. Schroeder, Strafprozessrecht, 4. Aufl. (2007), Rdnr. 368; ders., GA 2005, 73; ders., NJW 2000, 2483 ff. (hinzufügend: „Zielbeschreibungen und Anknüpfungen an den mutmaßlichen Täter sind auch in den Vorschriften über die Regelung des Ermittlungsverfahrens zulässig. ... Eine Formulierung wie ‚Das Strafverfahren dient dem Zweck, den Täter der Bestrafung zuzuführen' wäre durchaus möglich."); U. Schulz, Die rechtlichen Auswirkungen von Medienberichterstattung auf Strafverfahren, 2002, Diss. Frankfurt a. M. 2001, S. 30, 140; Tophinke, Das Grundrecht der Unschuldsvermutung, 2000, Diss. Bern 1999, S. 139, 356, 363 ff., 395 ff., in der Phase des polizeilichen Ermittlungsverfahrens (!) – lediglich Tatverdächtige bzw. Beschuldigte sein können, nicht jedoch ‚Täter'. Auch im Bereich der Polizeilichen Kriminalstatistik gibt es keinen rechts-(staats-)freien Raum. Dies möchte ich nachfolgend verdeutlichen:

3. Kluft zwischen Theorie und Praxis

Bei der PKS-Erfassung besteht eine verfassungsrechtlich fragwürdige Kluft zwischen Theorie (LKA-Richtlinien[11], IM-Runderlass[12]) und Praxis (LZPD-Eingabehinweise[13]):

Einerseits wird – bereits seit 25 Jahren – hervorgehoben, dass die PKS eine Zusammenfassung aller der Polizei bekannt gewordenen strafrechtlichen Sachverhalte unter Beschränkung auf ihre erfassbaren wesentlichen Inhalte sei, wobei sie im Interesse einer wirksamen Kriminalitätsbekämpfung zu einem überschaubaren und möglichst verzerrungsfreien Bild der angezeigten Kriminalität führen solle.[14] Im Einzelnen diene die PKS der

---

468 f.; Wohlers, GA 2005, 11 (12); Zaczyk, StV 1993, 490 (491); Zeller, Zwischen Vorverurteilung und Justizkritik, Diss. Bern 1998, S. 60, 94, 98 f., 265. Ebenso: Diercks, AnwBl 2002, 147 ff. (149); ders., AnwBl 1999, 311 ff. (insbes. 316 Fn. 78)

[11] Landeskriminalamt (LKA) Nordrhein-Westfalen, SG 32.2, Richtlinien für die Führung der Polizeilichen Kriminalstatistik i. d. F. vom 1.1.2008

[12] Innenministerium Nordrhein-Westfalen, Runderlass vom 1.1.2003

[13] Landesamt für Zentrale Polizeiliche Dienste (LZPD) Nordrhein-Westfalen, InteGrationsVerfahren-Polizei, Eingabehinweise, PKS-Meldung aus PVP, Stand: 11/2007

[14] LKA NRW (s. Fn. 11), S. 6 ff.

- Beobachtung der Kriminalität und einzelner Deliktsarten, des Umfangs und der Zusammensetzung des Tatverdächtigenkreises sowie der Veränderung von Kriminalitätsquotienten,

- Erlangung von Erkenntnissen für vorbeugende und verfolgende Verbrechensbekämpfung, organisatorische Planungen und Entscheidungen sowie kriminologisch-soziologische Forschungen und kriminalpolitische Maßnahmen.

In Monatszeiträumen seien die von der Polizei bearbeiteten Verbrechen und Vergehen einschließlich der mit Strafe bedrohten Versuche gemäß Straftatenkatalog und die von der Polizei ermittelten Tatverdächtigen zu erfassen. Tatverdächtig sei dabei jeder, der nach dem polizeilichen Ermittlungsergebnis aufgrund zureichender tatsächlicher Anhaltspunkte verdächtig sei, eine rechtswidrige (Straf-)Tat begangen zu haben. Dazu seien auch ‚Mittäter‘[15] zu zählen.

Verfassungsrechtlich anstößig ist hier die Bezeichnung ‚Mittäter‘; denn wenn es im Stadium des fehleranfälligen Ermittlungsverfahrens[16] noch keinen ‚Täter‘ gibt, kann es bei der PKS-Erfassung erst recht auch keinen ‚Mittäter‘ geben. Sachgerecht könnten hier die Begriffe Mittatverdächtiger bzw. Mitbeschuldigter[17] sein.

---

[15] LKA NRW (s. Fn. 11), S. 8
[16] Hassemer, AnwBl 2008, 413, 420 (spricht hinzufügend von „möglichen Tätern"). Vgl.: Tophinke, Das Grundrecht der Unschuldsvermutung (Fn. 10), S. 425 („Angesichts der Fehleranfälligkeit menschlicher und namentlich auch richterlicher Erkenntnis muss daran festgehalten werden, dass die Unschuldsvermutung erst durch eine rechtskräftige Verurteilung umgestoßen werden kann.")
[17] Zum Begriff des „Mitbeschuldigten" bereits: BGHSt 10, 8 (10 f.)

Andererseits wird bei den – offensichtlich ‚mit heißer Nadel gestrickten' – neuen PKS-Erfassungsvorgaben[18] – mit dem Integrationsverfahren-Polizei (IGVP) und dem Polizei-Vorgangs-Programm (PVP) – darauf hingewiesen, dass durch den Bund eine grundsätzliche Neuschlüsselung der Delikte (sechsstellig) und eine neue Erfassungsweise in Form eines Einzeldatensatzes eingeführt worden sei. Durch die Polizei NRW erfolge die Ersterfassung der notwendigen Daten über das Modul PVP mit anschließendem Export in die Transferdatenbank. Die fachliche Qualitätssicherung sowie der Änderungsdienst seien über PKS-online 2 vorzunehmen.

In verfassungsrechtlich bedenklicher Weise wird sodann die Vorgehensweise zur Eingabe von ‚Täterdaten'[19] beschrieben: ‚Bei Aufruf der Folgemasken erhalten Sie wie gewohnt eine Auswahlmöglichkeit zur Übernahme bereits erfasster Personen oder zur Neuanlage von Personendaten.' Die Eingabemaske ‚Täter erfassen / zuordnen'[20] (mit den vorgeschlagenen personenbezogenen Daten des Beschuldigten) wird erläutert: ‚Neben den Standardfeldern zu Personen befinden sich auf der Maske zu den Täterpersonalien im unteren Bereich PKS-spezifische Felder (Wiederholungstäter, Intern. Straftäter, Mittäter).' Zum Begriff ‚Täter'[21] (-Eingabemaske mit Personalien des Beschuldigten) folgt die Erklärung: ‚… das Feld ‚Tatbeteiligung' steht in Abhängigkeit zu dem korrespondierenden Eintrag bei den Falldaten und der Anzahl der erfassten Täter. (…) Auf der Maske ‚Täter' speichern Sie mit ‚OK' die Daten und gelangen wieder in die Eingabemaske.' Sodann erfolgt die Bestätigung der Anzahl der ‚Täter' (mit den personenbezogenen

---

[18] LZPD NRW (s. Fn. 13), S. 3
[19] LZPD NRW (s. Fn. 13), S. 5
[20] LZPD NRW (s. Fn. 13), S. 5
[21] LZPD NRW (s. Fn. 13), S. 6

Daten). Es wird ferner darauf hingewiesen, dass nach Eingabe aller erforderlichen Daten mit einem ‚OK' in der Einstiegsmaske die automatische Generierung und Übertragung der Datensätze erfolge.[22]

Erklärungsbedürftig und besonders irreführend erscheint – wegen der gleichzeitigen Verwendung der Begriffe ‚Täter' und Tatverdächtige – das vom Landeskriminalamt NRW aufgeführte theoretische Beispiel zu den Grenzen der natürlichen Handlungseinheit:[23] ‚Nach Sachbeschädigung an Kfz wird der Tatverdächtige vom Geschädigten verfolgt, der Täter bedroht und verletzt den Geschädigten.'

Das Landeskriminalamt[24] erläutert, dass es die Aufgabe habe, die statistischen Daten zu sammeln, sie in Zusammenarbeit mit dem Landesamt für Zentrale Polizeiliche Dienste NRW aufzuarbeiten und die erforderlichen Tabellen zu erstellen, wobei es durch entsprechende Kontrollmaßnahmen die Datenqualität gewährleiste. In Verbindung mit dem Begriff ‚echte Tatverdächtigenzählung'[25] wird erwähnt, dass – um den datenschutzrechtlichen Belangen zu genügen – für die PKS die Datenfelder (Geburts- und Vornamen, Geburtsdatum) bundeseinheitlich anonymisiert würden. Unverständlich erscheint jedoch, warum in der Praxis die ‚echte Täterzählung' vorgenommen und weitergeleitet wird.

Mitgeteilt werden ferner die technischen Schnittstellen zu den Landeskriminalämtern anderer Bundesländer sowie die Anlieferung der Einzeldatensätze an das Bundeskriminalamt, das die Jahresstatistik

---

[22] LZPD NRW (s. Fn. 13), S. 8
[23] LKA NRW (s. Fn. 11), S. 24
[24] LKA NRW (s. Fn. 11), S. 30
[25] LKA NRW (s. Fn. 11), S. 31

der PKS der Bundesrepublik Deutschland zusammenfasse und sie Berechtigten zur Verfügung stelle sowie den Beitrag für die Internationale Kriminalpolizeiliche Statistik erstelle.[26]

Im März 2008 wurde die Kriminalstatistik 2007 für Nordrhein-Westfalen vom Innenminister[27] und – exemplarisch für die Kreispolizeibehörde Bonn – vom Bonner Polizeipräsidenten[28] sowie einer Leitenden Kriminaldirektorin der Öffentlichkeit vorgestellt: Die Presse berichtete (unwidersprochen) darüber, dass sich die Zahl der betrunkenen jugendlichen und heranwachsenden ‚Gewalttäter'[29] mehr als verdoppelt habe und im Bereich der Straßenkriminalität 52,6 Prozent der ‚Täter'[30] unter 21 Jahren alt gewesen seien.

Insbesondere herausragende Repräsentanten aus dem Bereich der Inneren Sicherheit – mit Vorbildfunktion für Bürger und Beamte –

---

[26] LKA NRW (s. Fn. 11), S. 30, 32 f. Vgl. zur Amtshilfe im Bereich der Inneren Sicherheit: Schlink, Die Amtshilfe. Ein Beitrag zu einer Lehre von der Gewaltenteilung in der Verwaltung, 1982, Habil.-Schrift Freiburg 1981, S. 261 ff.; ders., Jura 1999, 169 (171, zu den Aufgaben der Exekutive)

[27] Innenminister I. Wolf, (Bonner) General-Anzeiger vom 4.3.2008, S. 1, sowie Presse-Information des Innenministeriums des Landes Nordrhein-Westfalen vom 3.3.2008

[28] Polizeipräsident W. Albers und Leitende Kriminaldirektorin G. Hewer-Brösch, (Bonner) General-Anzeiger vom 4.3.2008, S. 6

[29] Innenminister I. Wolf (s. Fn. 27). Der (Bonner) General-Anzeiger berichtete am 24./25.5.2008 (S. 1) auch über die Vorstellung der Polizeilichen Kriminalstatistik 2007 durch Bundesinnenminister W. Schäuble, der (verfassungskonform) von „tatverdächtigen Jugendlichen" und „heranwachsenden Verdächtigen" sprach (s. BMI, PKS 2007, S. 9 f.; NJ 2008, 300 ff.). Bei den Pressemitteilungen zur Veröffentlichung der PKS 2007 wird für Sachsen-Anhalt ebenfalls (verfassungskonform) von „Jungtatverdächtigen" gesprochen, während für Mecklenburg-Vorpommern über „Jungtäter", „Intensivtäter" und „Straftäter" berichtet wird (NJ 2008, 253 ff.).

[30] Leitende Kriminaldirektorin G. Hewer-Brösch (s. Fn. 28), ebenso im (Bonner) General-Anzeiger vom 2.10.2007, S. 6

sollten – da sie sich auf Grund ihrer Stellung einen ‚Amtsbonus‘ verschaffen und folglich ihren Aussagen eine erhöhte Aufmerksamkeit sowie ein besonderes Gewicht zugemessen wird[31] – die von der Polizei ermittelten Personen als Tatverdächtige bzw. Beschuldigte bezeichnen und nicht als ‚Täter‘ kennzeichnen. Denn die Polizeiliche Kriminalstatistik ist nicht mit der Strafverfolgungsstatistik der Justiz[32] vergleichbar, bei deren Vorstellung berechtigterweise von (überführten und schuldig gesprochenen Straf-) ‚Tätern‘[33] gesprochen werden kann.

Die alte Frage: ‚Quis custodiet custodientes? – Wer überwacht die Wächter?‘[34] ist heute berechtigter denn je.

---

[31] Vgl.: Benda, ZRP 2008, 63 (zum „Richteramtsbonus“); ders., Zeidler-FS (1987), S. 43 ff.
[32] So auch das LKA NRW (s. Fn. 11), S. 6. Allgemein zum strafrechtlichen „Täter“-Begriff: F.-C. Schroeder, Der Täter hinter dem Täter, Diss. München 1962, S. 13, 58 ff., 221 f.; Welzel, Das Deutsche Strafrecht, 11. Aufl. (1969), § 7 I, § 8 I, § 10
[33] Justizministerin R. Müller-Piepenkötter, (Bonner) General-Anzeiger vom 27.3.2008, S. 5 (zu verurteilten Tätern)
[34] Vgl.: Frowein, FS 50 Jahre BVerfG (2001), S. 209 (218 ff.); Limbach, AnwBl 2002, 454 (457); dies., NJW 2001, 2913; Mahrenholz, in: Badura / Scholz, Verfassungsgerichtsbarkeit und Gesetzgebung, 1998, S. 23 (29 ff.); Paeffgen, Küper-FS (2007), S. 389 ff.; ders., ZStW 118 (2006), S. 275 (354); ders., Dahs-FS (2005), S. 143 ff.; ders., StV 2002, 336 ff.; Schlink, JZ 2007, 157 ff. (zum Verhältnis des EGMR zum BVerfG); von Weber, ZStW 65 (1953), S. 334 ff.; Wildhaber, EuGRZ 2002, 569 ff.; Diercks, (Bonner) General-Anzeiger vom 8.10.1991, S. 14

4. Gesetzliche Vorgaben

Als Teil der öffentlichen Verwaltung ist die amtliche Statistik – die für die politische Willensbildung in der Gesellschaft die notwendigen Informationen liefert – an die gesetzlichen Regeln für das Verwaltungshandel gemäß Art. 20 Abs. 3 GG gebunden und hat somit Gesetz und Recht[35] zu beachten.

Die amtliche Statistik findet ihre rechtliche Verankerung insbesondere im Bundesstatistikgesetz (BStatG). Für die amtliche Statistik gelten gemäß § 1 BStatG – dieser Vorschrift kommt insoweit grundrechtssichernde Funktion zu[36] – die Grundsätze der Neutralität, Objektivität und wissenschaftlichen Unabhängigkeit, wobei sie die Daten unter Verwendung wissenschaftlicher Erkenntnisse und unter Einsatz der jeweils sachgerechten Methoden und Informationstechniken gewinnt.

Vorliegend werden sowohl der sich hieraus – auf Bundesebene – ergebende Rechtsanspruch der Öffentlichkeit auf Wahrheit, Neutralität und Objektivität als auch die geforderte Daten-Gewinnung unter Verwendung wissenschaftlicher Erkenntnisse und Anwendung sachgerechten Methoden missachtet.

Zudem werden aber auch – auf Landesebene – die Vorgaben der PKS-Richtlinien (,wesentlicher Inhalt', ,verzerrungsfreies Bild',

---

[35] Vgl.: Hirsch, Nehm-FS (2006), S. 61 (64 ff.); Papier, EuGRZ 2006, 1; Stuckenberg, StV 2007, 655, 663 („Denn die Beachtung der EMRK in der Auslegung des EGMR durch deutsche Gerichte, die das BVerfG im Görgülü-Beschluss als Ausfluss der Bindung an Recht und Gesetz (Art. 20 Abs. 3 GG) nachdrücklich angemahnt hat, lässt im Gebiet des Strafverfahrens immer noch zu wünschen übrig.")
[36] BVerfGE 65, 1 (60) „Volkszählungsgesetz"

‚fachliche Qualitätssicherung', ‚Datenqualität gewährleisten', ‚Tatverdächtigenkreis', ‚Erkenntniserlangung für … kriminalpolitische Maßnahmen')[37] nicht sachgerecht erfüllt. Soweit Eingabehinweise und Bedienungsanleitung der PKS nicht die technischen Datenfeldbezeichnungen widerspiegeln, dürfte ein Verstoß gegen die Grundsätze der ordnungsgemäßen Datenverarbeitung nach § 10 Abs. 2 Nr. 3 Datenschutzgesetz Nordrhein-Westfalen vorliegen. Für die Kontrolle der Einhaltung dieser Vorschrift durch die Landesbehörden ist die Landesbeauftragte für Datenschutz und Informationsfreiheit zuständig.

Die polizeilich erhobenen personenbezogenen Daten der Tatverdächtigen bzw. Beschuldigten werden hier meines Erachtens im Rahmen der Polizeilichen Kriminalstatistik – beim Einarbeiten, Verwalten, Weiterleiten und bei der Vorstellung in der Öffentlichkeit – in unzulässiger Weise mit den in der Phase des Ermittlungsverfahrens verfassungsrechtlich anstößigen Begriffen ‚Täter', ‚Mittäter' bzw. ‚Wiederholungstäter' verknüpft.

Im strafrechtlichen Ermittlungsverfahren sind die strafprozessualen Grundsätze[38] – insbesondere der Rechtsstatus[39] des Tatverdächtigen

---

[37] LKA NRW (s. Fn. 11), S. 6, 30; LZPD NRW (s. Fn. 13), S. 3
[38] Vgl.: A. Arndt, NJW 1960, 1191 (1193); Diercks, AnwBl 2002, 147 (151 ff.); ders., AnwBl 1987, 154 (168 ff.); Geppert, F.-C.-Schroeder-FS (2006), S. 675 (679 ff.); Groß, Dahs-FS (2005), S. 249 ff.; Hassemer, in: Pieth / Seelmann, Prozessuales Denken als Innovationsanreiz für das materielle Strafrecht, 2006, S. 9 (20 ff.); ders., JuS 1991, 256 f.; E. Müller, Hamm-FS (2008), S. 489 ff.; Paeffgen, Seebode-FS (2008), S. 245 ff.; ders., StV 2007, 648 ff.; ders., NK-Paeffgen, 2. Aufl. (2005), Vor § 32 Rdnr. 75; ders., GA 2003, 647 ff.; ders., in Wolter / Schenke, Zeugnisverweigerungsrechte bei (verdeckten) Ermittlungsmaßnahmen, 2002, S. 215 (218 ff.); ders., Vorüberlegungen zu einer Dogmatik des Untersuchungshaft-Rechts, 1986, Habil.-Schrift Mainz 1982, S. 8 (Prozessrecht als „angewandtes Verfassungsrecht"); Rieß, JR 2006, 269 ff.; ders., StraFo 1999, 1 (9); ders., NJW 1998, 3240 (3243); Roxin, Strafverfahrensrecht, 25. Aufl. (1998), § 2

bzw. Beschuldigten – zu beachten. Gerade in diesem sensiblen Bereich haben Bürger und Beamte einen Anspruch auf Wahrheit. Wahr ist jedoch, dass die hier erwähnten Personen in diesem konkreten Strafverfahren und in diesem Stadium des Ermittlungsverfahrens nicht (bzw. noch nicht) rechtskräftig verurteilt[40] wurden und somit auch nicht als ‚Täter' ausgewiesen werden dürfen. Der Öffentlichkeit wird ein falsches, verzerrtes Bild[41] vermittelt, näm-

---

Rdnr. 1 (Strafverfahrensrechts als „Seismograph der Staatsverfassung"); Salditt, in: Widmaier, Münchener Anwalts-Handbuch, Strafverteidigung, 2006, § 1 Rdnr. 89 ff.; F.-C. Schroeder, Roxin-FS (2001), S. 33 (41); Tolksdorf, Grünwald-FS (1999), S. 731 ff.; Wohlers, Rudolphi-FS (2004), S. 713 (715 ff.); Zaczyk, Otto-FS (2007), S. 191 ff.; ders., StV 1993, 490 (492)

[39] Roxin, JR 2008, 16 ff.; Eisele, JR 2004, 12 ff.; Krack, Rehabilitierung des Beschuldigten im Strafverfahren, 2002, Habil.-Schrift Göttingen 2001, S. 102 f.; Lindner, StV 2008, 210 ff.; BGHSt 37, 48 ff.; BGH, JA 2008, 151 f., m. Anm. von Heintschel-Heinegg

[40] Zur Unschuldsvermutung, die nur durch eine rechtskräftige strafgerichtliche Verurteilung widerlegt werden kann: BVerfGE 35, 202 (232); 74, 358 (371); Blumenstein, Der Widerruf der Strafaussetzung zur Bewährung wegen der Begehung einer neuen Straftat nach § 56 f Abs. 1 Satz 1 Nr. 1 StGB, Diss. Gießen 1995, S. 137 f.; Dahs, Handbuch des Strafverteidigers, 7. Aufl. (2005), Rdnr. 1; Gerhardt / Steffen, Kleiner Knigge des Presserechts, 2. Aufl. (1997), S. 48; Hassemer, in: Hassemer / Reemtsma (Fn. 10), S. 53; Krauß, Lüderssen-FS (2002), S. 269 (271); Kühl, Meyer-Gossner-FS (2001), S. 715 (730 f.); ders., Hubmann-FS (1985), S. 241 (251); ders., NJW 1980, 806 (809); ders., JR 1978, 94 (96 ff.); Mahrenholz, in: Mahrenholz / Hilf / Klein, Entwicklung der Menschenrechte innerhalb der Staaten des Europarates, 1987, S. 73 (76); Nierwetberg, NJW 1989, 1978 f.; Paeffgen, Vorüberlegungen (Fn. 38), S. 51; ders., Haftgründe, Haftdauer und Haftprüfung, in: Viertes deutsch-polnisches Kolloquium über Strafrecht und Kriminologie, 1991, S. 113 Fn. 85; ders., DRiZ 1998, 317 (318); Peukert, EuGRZ 1980, 247 (259); Pfeiffer, Geiß-FS (2000), S. 147 (152); Stuckenberg, ZStW 111 (1999), S. 422 (445); ders., Untersuchungen zur Unschuldsvermutung, 1998, Diss. Bonn 1997, S. 85; Tophinke, Das Grundrecht der Unschuldsvermutung (Fn. 10), S. 363 ff., 425, 468 f.

[41] Zum „verzerrten Bild vom Straftäter, der Kriminalität und der Struktur der Delinquenz": Jung, in: Kleines Kriminologisches Wörterbuch, 3. Aufl. (1993), S. 345 (346); zustimmend: Hassemer, Burgstaller-FS (2004), S. 325 (327, 329). Vgl.: OLG Celle, NJW 2004, 1461 f. (zur schuldhaften Amtspflichtverletzung nach § 839 Abs. 1 BGB i.V.m. Art. 34 GG, wenn Polizeibeamte bei Pressekonfe-

lich dass es der Polizei gelungen sei, alle bekannt gewordenen Straftaten bestimmten ‚Tätern' zuzuordnen. Eigentlich steht zu diesem Zeitpunkt auch noch nicht fest, ob die behauptete Straftat tatsächlich auch eine Straftat ist. Das Gleiche gilt für das Opfer. Deshalb sollten Sensibilität, Wahrheit, Präzision und eine sachgerechte, jeden Anschein einer unzulässigen Schuldzuschreibung vermeidende (Amts-) Sprache[42] bei den Richtlinien, der Erfassung und der Vorstellung (in der Öffentlichkeit) der PKS geradezu verfassungsrechtlich verpflichtend sein.

5. Konventions-, verfassungs- und grundrechtliche Vorgaben

Um einen Eingriff in die Rechtssphäre des Bürgers zu vermeiden, sind bei den Richtlinien, der Erfassung und der Vorstellung der PKS die konventions-, verfassungs- und grundrechtlichen Vorgaben zu beachten:

5.1 Unschuldsvermutung, Menschenwürde und Rechtsstaatlichkeit

Insbesondere die personenbezogene datenmäßige Verknüpfung von Tatverdächtigen bzw. Beschuldigten im Rahmen der PKS-Erfassung mit den – in der Phase des Ermittlungsverfahrens (!) – anstößigen Begriffen ‚Täter', ‚Mittäter' bzw. ‚Wiederholungstäter' verletzt die mit Verfassungsrang ausgestattete Unschuldsvermutung

---

renzen statt von einem begründeten Tatverdacht von einem Schuldnachweis – als „Täter" überführt – sprechen)
[42] BVerfGE 82, 106 (117). Vgl.: Diercks, AnwBl 2002, 147 (152 m. w. N.)

(Art. 6 Abs. 2 EMRK)[43] sowie die verfassungsrechtlichen Prinzipien der Unantastbarkeit der Menschenwürde (Art. 1 Abs. 1 GG) und der Rechtsstaatlichkeit (Art. 20 Abs. 3 und Art. 28 Abs. 1 GG);

---

[43] Allgemein zur Unschuldsvermutung: EGMR, NJW 2006, 1645; NJW 2006, 1113 f.; StV 2003, 82; EuGRZ 1987, 399 (404), Abw. M. Cremona; EuGRZ 1983, 475 (479); BVerfGE 19, 342 (347 f.); 20, 144 (147); 22, 254 (265); 25, 327 (331); 35, 202 (232) „Lebach"; 35, 311 (319 f.); 71, 206 (216 f.); 74, 358 (370); 82, 106, 122 (124 f.), Abw. M. Mahrenholz; 110, 1 (22 f.); BVerfG, NJW 2002, 3231 f.; NJW 1994, 377; NJW 1992, 2011; NJW 1992, 1612; NJW 1991, 1530 ff.; NJW 1988, 1715 f.; BGHSt 14, 358 (364); 24, 125 (131); Achenbach, in: Historisches Wörterbuch der Philosophie, Band 11, 2001, Sp. 266 f.; A. Arndt, NJW 1966, 869 ff.; ders., NJW 1960, 1191 f.; Benda, AnwBl 2005, 602 ff.; Dahs, NStZ 1986, 563; ders., NJW 1976, 2145 f.; K.-S. von Danwitz, Staatliche Straftatbeteiligung, 2005, Habil.-Schrift Bonn 2001, S. 85 ff.; Demko, HRRS 2007, 286 ff.; Dencker, JZ 1973, 144 (150); Gaede, Fairness als Teilhabe – Das Recht auf konkrete und wirksame Teilhabe durch Verteidigung gemäß Art. 6 EMRK, 2007, Diss. Zürich 2005, S. 228 ff.; Gropp, JZ 1991, 804 ff.; Hoffmann, Die Polizei 2006, 170 (171 f.); Kieschke, Die Praxis des Europäischen Gerichtshofs für Menschenrechte und ihre Auswirkungen auf das deutsche Strafverfahrensrecht, 2003, Diss. Halle-Wittenberg 2002, S. 229 ff.; Kühl, Jung-FS (2007), S. 433 (441 f.); ders., NJW 1988, 3233 ff.; ders., Hubmann-FS (1985), S. 241 (251); ders., NJW 1984, 1264 (1267); ders., JR 1978, 94; Lilie, F.-C.-Schroeder-FS (2006), S. 829 (835, 839 f.); Limbach, EuGRZ 2000, 417 f.; Löwe-Rosenberg/Gollwitzer, 25. Aufl. (2005), MRK, Art. 6 Rdnr. 106 ff.; Mauz, in: Unschuldsvermutung in der Mediengesellschaft, 1990, S. 40, 44 (behauptet: „wir stehen ... am Sarg der Unschuldsvermutung"); E. Müller, Koch-Festgabe (1989), S. 191 (193); Neubacher, GA 2004, 402 ff.; Paeffgen, Fezer-FS (2008), S. 35 ff.; ders., StV 2007, 487 (492 f.); ders., NStZ 2007, 142 (147 f.); SK-StPO/Paeffgen, 54. Lfg. (2007), Vor § 112 Rdnr. 21 ff.; ders., StV 2004, 160 (162 ff.); ders., Vorüberlegungen (Fn. 38), S. 42 ff., 62 ff., 77; Paeffgen / Seebode, ZRP 1999, 524 (525 f.); Roxin, StPO (Beck-Texte), 43. Aufl. (2008), Einführung, S. IX; ders., NStZ 1991, 153 (156); Salditt, 4. Petersberger Tage 2007; F.-C. Schroeder, GA 2003, 293; ders., JZ 2000, 409 f.; ders., in: Wolter (Hrsg.), 140 Jahre Goltdammer`s Archiv für Strafrecht, 1993, 205 (209); L. Schulz, Normiertes Misstrauen. Der Verdacht im Strafverfahren, 2001, Habil.-Schrift Frankfurt a. M. 1997, S. 483, 486; ders., GA 2001, 226 f.; Soehring, Vorverurteilung durch die Presse. Der publizistische Verstoß gegen die Unschuldsvermutung, Diss. Hamburg 1999, S. 27, 45, 58 ff., 238; Stuckenberg, Hilger-Festgabe (2003), S. 25 (40 ff.); Szczekalla, in: Heselhaus / Nowak, Handbuch der Europäischen Grundrechte, 2006, § 52 Rdnr. 3

denn niemand ist berechtigt, einen (lediglich) Tatverdächtigen bzw. Beschuldigten als (bereits überführten und schuldig gesprochenen Straf-) ‚Täter' zu bezeichnen bzw. zu kennzeichnen.[44]

5.2 Allgemeines Persönlichkeitsrecht und Recht auf informationelle Selbstbestimmung

Die dargestellte personenbezogene datenmäßige Verknüpfung von Tatverdächtigen bzw. Beschuldigten mit dem Begriff ‚Täter' verletzt ferner das zum allgemeinen Persönlichkeitsrecht (Art. 2 Abs. 1 GG in Verbindung mit Art. 1 Abs. 1 GG) zählende und verfassungsrechtlich gewährleistete Recht auf informationelle Selbstbestimmung[45], das den Schutz des Einzelnen gegen unbegrenzte Erhebung, Speicherung, Verwendung und Weitergabe seiner persönlichen Daten umfasst.

Im Mittelpunkt der grundgesetzlichen Ordnung stehen Wert und Würde der Person, die in freier Selbstbestimmung als Mitglied einer freien Gesellschaft wirkt.[46] Mit dem Recht auf informationelle Selbstbestimmung wären eine Gesellschaftsordnung und eine diese ermöglichende Rechtsordnung nicht vereinbar, in der Bürger nicht mehr wissen können, wer was wann und bei welcher Gelegenheit über sie weiß.[47]

---

[44] Britz, Fernsehaufnahmen im Gerichtssaal, Diss. Saarbrücken 1999, S. 255; Diercks, AnwBl 2002, 147 (150); ders., AnwBl 1999, 311 (314 f.); Höpfel, Staatsanwalt und Unschuldsvermutung, 1988, Habil.-Schrift Innsbruck 1986, S. 21
[45] Vgl.: BVerfGE 65, 1 (43, 48) „Volkszählungsgesetz"
[46] BVerfGE 65, 1 (41) „Volkszählungsgesetz"
[47] BVerfGE 65, 1 (43) „Volkszählungsgesetz". Vgl.: Paeffgen, Hilger-Festgabe (2003), S. 153 ff. (zu den Kompetenzen zur (präventiven und repressiven) Datenübermittlung); ders., Rieß-FS (2002), S. 413 ff. (zur heimlichen Informationserhebung)

Die PKS-Erfassung führt zu einer mit der Würde der betroffenen Menschen unvereinbaren personenbezogenen datenmäßigen Verknüpfung (von Tatverdächtigen bzw. Beschuldigten mit dem Begriff ‚Täter') ihrer Persönlichkeit.

Die bei der PKS-Erfassung entstehende dargestellte Datenverknüpfung hat Beunruhigung und Unbehagen auch in solchen Teilen der Bevölkerung hervorgerufen, die als loyale Staatsbürger und Beamte das Recht und die Pflicht des Staates respektieren, die für rationales und planmäßiges staatliches Handeln erforderlichen Informationen zu beschaffen. Diese PKS-Verfahrensweise kann bei Bürgern und Beamten Furcht vor einer unkontrollierbaren Persönlichkeitserfassung auslösen; denn der Einzelne wird durch die nicht sachgerechte Erhebung, Speicherung, Verwendung und Weitergabe seiner persönlichen Daten der freien Willensbestimmung beraubt und zum Gegenstand fremder Willensausübung.[48]

Beschränkungen dieses Rechts auf informationelle Selbstbestimmung sind nur im überwiegenden Allgemeininteresse zulässig; sie bedürfen einer (verfassungsgemäßen) gesetzlichen Grundlage, die dem rechtsstaatlichen Gebot der Normenklarheit entsprechen muss.[49] Es liegt weder im überwiegenden Allgemeininteresse, verdächtige oder beschuldigte Personen rechtsstaatswidrig als ‚Täter' zu bezeichnen bzw. zu kennzeichnen, noch dürfte eine entsprechende gesetzliche Grundlage die Unschuldsvermutung beschränken.

In den PKS-Richtlinien fehlen sachgerechte, klar definierte organisatorische und verfahrensrechtliche Vorkehrungen, um der Gefahr

---

[48] Vgl.: BVerfGE 65, 1 (4, 17) „Volkszählungsgesetz"
[49] BVerfGE 65, 1 (44) „Volkszählungsgesetz"

einer Persönlichkeitsrechts-Verletzung entgegen zu wirken.[50] Somit konnte es zu den dargestellten persönlichkeitsfeindlichen Datenverknüpfung kommen, bei denen die Betroffenen zum bloßen (Informations-)Objekt staatlichen Handelns herabgewürdigt[51] und als ‚Täter' (vor-)verurteilt, stigmatisiert und sozial angeprangert werden.

Bei den verfahrensrechtlichen Anforderungen an derartige Einschränkungen wird zwar unterschieden zwischen personenbezogenen Daten, die in individualisierter, nicht anonymer Form erhoben und verarbeitet werden, und solchen, die für statistische Zwecke bestimmt sind.[52] Diese Unterscheidung kann hier jedoch unberücksichtigt bleiben; denn vorliegend ist zumindest von einer personenbezogenen datenmäßigen Verknüpfung mit dem Begriff ‚Täter' in den Erhebungs-, Speicherungs- und Verwendungs-Phasen auszugehen.

Im Übrigen ist auch die vom Grundgesetz selbst in Art. 73 Nr. 11 vorgesehene und damit schutzwürdige amtliche Statistik gefährdet; denn für deren Funktionsfähigkeit ist ein möglichst hoher Grad an Genauigkeit und Wahrheitsgehalt der erhobenen Daten notwendig[53], was hier nicht gegeben ist.

Eine Staatspraxis, die sich nicht um die Bildung des Vertrauens durch Offenlegung des Datenverarbeitungs-Prozesses bemühte und weiterhin derartige Datenverknüpfungen vornähme, würde bei

---

[50] Vgl.: BVerfGE 65, 1 „Volkszählungsgesetz"
[51] Vgl.: BVerfGE 57, 250 (275); Eschke, Die Geltung der Unschuldsvermutung (Fn. 10), S. 31; Radbruch, Sauer-FS (1949), S. 121 (126); Schilling, Illegale Beweise, 2004, Diss. Frankfurt a. M. 2003, S. 234; Wulf, Strafprozessuale und kriminalpraktische Fragen der polizeilichen Beschuldigtenvernehmung auf der Grundlage empirischer Untersuchungen, Diss. Hamburg 1984, S. 7 ff., 129
[52] BVerfGE 65, 1 „Volkszählungsgesetz"
[53] BVerfGE 65, 1 (50) „Volkszählungsgesetz"

Bürgern und Beamten Misstrauen gegenüber staatlichem Handeln[54] provozieren.

5.3 Verhältnismäßigkeit

Die personenbezogene datenmäßige Verknüpfung von Tatverdächtigen bzw. Beschuldigten mit dem Begriff ‚Täter' missachtet den mit Verfassungsrang ausgestatteten Grundsatz der Verhältnismäßigkeit, der bereits aus dem Wesen der Grundrechte selbst folgt, die als Ausdruck des allgemeinen Freiheitsanspruchs des Staatsbürgers gegenüber dem Staat von der öffentlichen Gewalt jeweils nur insoweit beschränkt werden dürfen, als es zum Schutz öffentlicher Interessen unerlässlich ist[55]: Die Maßnahme war zur Erreichung des angestrebten Zweckes ungeeignet, weil sie Unvereinbares miteinander verknüpfte (Tatverdächtige bzw. Beschuldigte mit dem Begriff ‚Täter'), was in ihrer Tragweite für Bürger und Beamte unverständlich bleibt. Die Maßnahme war ferner nicht erforderlich; der mit ihr verbundene Eingriff stand auch außer Verhältnis zur Bedeutung der Sache und den vom Betroffenen hinzunehmenden Einbußen.

5.4 Rechtsschutzgarantie

Diese personenbezogene datenmäßige Verknüpfung von Tatverdächtigen bzw. Beschuldigten mit dem Begriff ‚Täter' verletzt ebenfalls die Rechtsschutzgarantie (Art. 19 Abs. 4 GG), die nicht nur das formelle Recht und die Möglichkeit, die Gerichte anzurufen, garantiert, sondern auch die Effektivität des Rechtsschutzes; der Bürger hat einen substanziellen Anspruch auf eine tatsächlich wirksame gerichtliche Kontrolle[56]: Da durch die PKS-Verfahrensweise verhindert wird, dass der Betroffene (normalerweise) Kennt-

---

[54] Vgl.: BVerfGE 65, 1 (50) „Volkszählungsgesetz"
[55] Vgl.: BVerfGE 19, 342 (348); 65, 1 (44) „Volkszählungsgesetz"
[56] Vgl.: BVerfGE 53, 115 (127 f.); 65, 1 (70) „Volkszählungsgesetz"

nis davon erlangt, wer wo über welche seiner personenbezogenen Daten in welcher Weise und zu welchen Zwecken verfügt, ist sein Rechtsschutz verfassungsrechtlich unzureichend.[57] Einmal weitergegebene Daten sind im komplex verbundenen und vernetzten System der Polizei unterwegs, so dass sie nicht mehr zurückgehalten werden können, was die Rechtsschutzgarantie ebenfalls leerlaufen lässt.[58]

6. Gebot einer konventions-, verfassungs- und grundrechtskonformen (Amts-) Sprache

Seitdem der Bundesgesetzgeber in seiner Gesetzessprache in den §§ 98 a, 100 i, 111, 153 e, 163 d, 163 e, 163 f StPO, § 4 BKA-Gesetz sowie § 31 a BtM-Gesetz den hier verfassungsrechtlich anstößigen Begriff ‚Täter' verwendet, ist es zu einem begriffsjuristischen Dammbruch gekommen.[59]

---

[57] Vgl.: BVerfGE 65, 1 (70) „Volkszählungsgesetz"
[58] Vgl.: BVerfGE 65, 1 (20 f.) „Volkszählungsgesetz"
[59] Vgl.: Hassemer, F.-C.-Schroeder-FS (2006), S. 51, 61 („Absenkung der Eingriffsschwellen von Tatbestand oder Unschuldsvermutung"); F.-C. Schroeder, NJW 2000, 2483 ff. („weitere Einbruchstelle"); Marxen / Tiemann, ZIS 2008, 188 ff. (äußern verfassungsrechtliche Bedenken zum geplanten Gesetzesvorhaben – § 362 Nr. 5 StPO; BR-Drs. 655/07 – der Wiederaufnahme zu Ungunsten des Angeklagten und dokumentieren, wie notwendig das Beharren auf einer umfassenden Respektierung der Unschuldsvermutung ist; denn das Gesetzesvorhaben zielt auf eine Erweiterung der Möglichkeit, die Wiederaufnahme eines rechtskräftig abgeschlossenen Verfahrens zu Ungunsten des Freigesprochenen zu betreiben. Im Zusammenhang mit einer rechtskräftig freigesprochenen Person wird hier von „Täter" und „Täterschaft" gesprochen.); Diercks, AnwBl 2002, 147 ff.

Nunmehr wurde diese den Rechtsstatus des Tatverdächtigen bzw. Beschuldigten missachtende Ausdrucksweise auch in Nordrhein-Westfalen bei der Polizeilichen Kriminalstatistik etabliert:

In der Praxis geben Polizeibeamte personenbezogene Daten in die vom LZPD zur Verfügung gestellten Erfassungsmasken bzw. Datenfelder der IGVP- und PVP-Programme ein, die die Grundlage der PKS-Erfassung bilden. In diesen Programmen soll nunmehr – als Resultat der Eingabe – der Begriff ‚Täter' (im weitesten Sinne) entfernt bzw. durch andere Begriffe ersetzt werden. Dies ist im Wesentlichen bis heute nicht geschehen, sollte aber in einem Rechtsstaat – der in ausgewogener Weise die Grundrechte der Bürger respektiert[60] – eine Selbstverständlichkeit sein.

Jedoch soll der Begriff ‚Täter' (i. w. S.) offensichtlich in den PKS-Richtlinien – für die das Landeskriminalamt federführend ist – weiterhin Bestand haben; ein (weiterer) Änderungsbedarf sei nicht erkennbar.[61] Dies ist weder sachgerecht noch überzeugend. Gleichzeitig widersprechen diese LKA-Richtlinien den rechtsstaatlichen Grundsätzen. Da sie meines Erachtens die dogmatische Grundlage für die technisch-praktische Umsetzung (Datenerfassung) der LZPD-Programme darstellen, müssten Richtlinien – und PKS-Vorstellung – erst recht durch eine auf äußerste Rechtsstaatlichkeit bedachte Sprache Orientierung und Sicherheit geben. Gerade bei der Polizei sollte jeder Anschein einer Vorverurteilung vermieden werden.

---

[60] Vgl.: Schünemann, ZIS 2007, 528

[61] Der nachfolgenden Argumentation im Beschluss des Petitionsausschusses kann aus den zuvor genannten Gründen nicht gefolgt werden: „In der polizeilichen Kriminalstatistik werden die Begriffe ‚Täter', ‚Mittäter' bzw. ‚Einzeltäter' zur Erläuterung kriminologischer oder strafrechtlicher Definitionen, zur Erklärung von Grenzfällen und zur Verdeutlichung der kriminalstatistischen Zuordnung von Sachverhalten genutzt. Sie dienen, ohne jeden Bezug zu konkreten Personen, lediglich zur Klarstellung von Tatbeständen."

Im Interesse der europäischen Rechts- und Polizeikultur[62] ist eine konventions-, verfassungs- und grundrechtskonforme, einheitliche Sprachregelung[63] – auch in den Richtlinien, der Erfassung und der

[62] Zur (europäischen) Rechtskultur: Dilcher, NJW 1998, 3690 (3692); Gläser, Die Sprache in der Rechtsprechung des Reichsgerichts in Strafsachen, Diss. Bonn 1955, S. 3, 6; Hamacher, AnwBl 6/2008, S. I; Hassemer, AnwBl 2008, 413 ff. (zur „Sicherheitsorientierung unserer derzeitigen Rechtskultur"); ders., Der Spiegel, Nr. 12/2008, S. 38 ff.; ders., in: Höffe, Vernunft oder Macht, 2006, S. 171 ff., 181 (Der Schutz der Menschenwürde sei ein Pfeiler der Leitkultur des „Alten Europa".); ders., StraFo 2005, 312 (317 f.); ders., Strafen im Rechtsstaat, 2000, S. 265 f.; ders., KJ 1992, 64 (67); Höland, in: Renzikowski, Die EMRK im Privat-, Straf- und Öffentlichen Recht, 2004, S. 11 ff.; Hoffmann-Riem, EuGRZ 2002, 473 (479); Jung, JZ 2003, 1096, 1099 („Prozesskultur"); Kerscher, DRiZ 1983, 439 (442); Kirchhof, NJW 2002, 2760 f.; Köhler, Der Spiegel, Nr. 1/2007, S. 22 f. (regt an, dass wir „einen Blick auf die Gesetzgebungskultur werfen sollten, wenn wir uns auf die Suche nach den Ursachen für die Distanz zwischen Bürgern und Politik machen. Gründlichkeit und Transparenz sollten jedenfalls selbstverständliche Standards in der Gesetzgebung sein."); Kokkinakis, Strafprozessuales operatives Vorgehen (Fn. 10), S. 266 (Unschuldsvermutung als „Rechtsinstitut mit kulturkreisübergreifender und intertemporaler Geltung"); Lamprecht, NJW 2007, 2744 (2746); Paeffgen, ZStW 118 (2006), S. 275 (357); Roxin, Strafverfahrensrecht, 25. Aufl. (1998), § 2 Rdnr. 1; Seher, ZStW 118 (2006), S. 101, 122 (zur „judikativen Sprachkultur" im Zusammenhang mit der Unschuldsvermutung); Sommer, StraFo 2002, 309, 311, 315 (zur transnationalen und europäischen Rechtskultur); Uerpmann, Die Europäische Menschenrechtskonvention und die deutsche Rechtsprechung, 1993, Diss. Berlin 1991, S. 132, 245 f.; Wohlers, GA 2005, 11 (26, 35). Siehe auch: A. Arndt, Gesammelte juristische Schriften, 1976; G. Mauz, Die großen Prozesse der Bundesrepublik Deutschland, 2005; R. Schmid, Letzter Unwille, 1984; ders., Das Unbehagen an der Justiz, 1975; ders., Einwände, 1965.
[63] Vgl.: BVerfGE 82, 106, 122 (124 f.), Abw. M. Mahrenholz; A. Arndt, NJW 1960, 1191 (1192 f.); Beradt, Der Deutsche Richter, 1979, S. 219 ff.; Y. Braun, Medienberichterstattung über Strafverfahren im deutschen und englischen Recht, Diss. Gießen 1997, S. 108; Bornkamm, Pressefreiheit und Fairness des Strafverfahrens, Diss. Freiburg 1980, S. 223; Diercks, AnwBl 1987, 154 (168 ff.); ders., Die Polizei 1985, 161 (168); ders., Die Polizei 1985, 256; Ennuschat, DVBl. 2004, 986 ff.; Gläser, Die Sprache in der Rechtsprechung (Fn. 62), S. 1 ff., 37 f., 40 ff., 90 ff., 101 ff.; Grabenwarter, Europäische Menschenrechtskonvention, 2003, § 24 Rdnr. 78 (82); Gossfeld, Unsere Sprache: Die Sicht der Juristen, 1990, S. 7, 31 ff., 40 ff.; Hassemer, F.-C.-Schroeder-FS (2006), S. 51, 57 f. („Der Strafgesetzgeber läßt sich vom aggressiven und punitiven Stil des kriminalpoliti-

Vorstellung (in der Öffentlichkeit) der PKS – geradezu verpflichtend. Insbesondere Sicherheitsbehörden und Verfassungsorgane sollten einen Sensor für die unverfügbaren, abwägungsfesten Rechtspositionen – wie den Schutz der Menschenwürde und der Unschuldsvermutung[64] – haben.

---

schen Diskurses beeindrucken, gibt die ihm angemessene Zurückhaltung auf und bedient sich zunehmend einer Rhetorik der ‚Bekämpfung' von Kriminalität, flankiert von einer schlampigen Redeweise, die schon in Regelungen des Ermittlungsverfahrens schlicht von ‚Tätern' spricht, als hätte die Unschuldsvermutung nicht auch Konsequenzen für die Art und Weise, wie sich ein Verfassungsorgan in den Strafgesetzen ausdrückt."); ders., StV 2006, 321, 323 („Das Strafrecht ... wird ausgerüstet als Kampfinstrument. Die derzeitige gängige Rhetorik des Strafgesetzgebers, die auch bei scheinbar randständigen Gesetzen nicht auf die militante Überschrift ‚Bekämpfung' verzichten mag und die auch im Strafprozessrecht trotz der Unschuldsvermutung ungeniert von Tätern spricht, sind dafür nur eine Grundierung"); ders., in: Sieber, Internationale Organisierte Kriminalität, 1997, S. 213 (218); Hohenhaus, Die strafprozessuale Observation (Fn. 10), S. 221 ff., 241; Hirschberg, Das Fehlurteil im Strafprozess, 1960, S. 96 ff.; Isensee, in: Ipsen / Rengeling, Verfassungsrecht im Wandel, 1995, S. 571 ff.; Keller, ZRP 2002, 524 ff.; Kirchhof, NJW 2002, 2760; Kühl, ZStW 100 (1988), S. 406 (414 f.); ders., Unschuldsvermutung (Fn. 10), S. 124, 133; ders., NStZ 1981, 114 f.; ders., NJW 1980, 806 (810); Kühne, Schneider-FS (1998), S. 3; Ludwig, Persönlichkeitsrechtsverletzungen durch identifizierende Presseverlautbarungen der Staatsanwaltschaft, Diss. Bonn 1998, S. 144; Lüke, NJW 1995, 1067 f.; Marxen, Schneider-FS (1998), S. 297 (302); ders., Straftatsystem (Fn. 10), S. 345; ders., GA 1980, 365 (373); Mertin, ZRP 2004, 266 ff.; E. Müller, Müller-Dietz-FS (2001), S. 567 ff.; Paeffgen, JR 1999, 89 (96); ders., NJ 1996, 455; ders., Vorüberlegungen (Fn. 38), S. 54, 77; Redeker, ZRP 2004, 160 ff.; ders., NJW 2002, 2756 ff.; R. Schmid, Einwände (Fn. 62), S. 132 ff.; Schmidhäuser, Dünnebier-FS (1982), S. 407 ff.; Schnapp, JZ 2004, 473 ff.; F.-C. Schroeder, NJW 2000, 2483 f.; ders., Zipf-Gedächtnisschrift (1999), S. 153; ders., Peters-FS (1974), S. 411 (418, 421); Simon, Die Beschuldigtenrechte nach Art. 6 Abs. 3 EMRK, Diss. Tübingen 1998, S. 227; Tophinke, Das Grundrecht der Unschuldsvermutung (Fn. 10), S. 139 ff., 365, 395 ff., 468; Wagner, Strafprozessführung über Medien, 1987, S. 48 f.; Walter, JR 2007, 61 ff.; Westerdiek, EuGRZ 1987, 393 f. (397); Wildhaber, Der Spiegel, Nr. 47/2004, S. 50, 54 (zur „angelsächsischen Präzision und Klarheit in Gerichtsurteilen")
[64] Vgl.: Hassemer, F.-C.-Schroeder-FS (2006), S. 51 (58, 60 ff.); SK-StPO/Paeffgen, 54. Lfg. (2007), Vor § 112 Rdnr. 26

Deshalb möchte ich Sie bitten, Ihre Bewertung der Sach- und Rechtslage zu überdenken. (…)."

V. Entscheidung des Landtages von Nordrhein-Westfalen

Die Präsidentin des Landtages von Nordrhein-Westfalen[65] teilte den vom Petitionsausschuss in seiner Sitzung vom 23.9.2008 gefassten Beschluss mit:

„Auch nach erneuter Prüfung der Sach- und Rechtslage sieht der Petitionsausschuss keinen Anlass, seinen Beschluss vom 15.04.2008 zu ändern. Darüber hinaus hat der Petitionsausschuss die durchgeführten und geplanten Begriffsänderungen zur Kenntnis genommen. Der Petent erhält eine Kopie der ergänzenden Stellungnahme des Innenministeriums vom 29.08.2008."

Die Stellungnahme des Innenministeriums des Landes Nordrhein-Westfalen[66] hat folgenden Wortlaut:

„Den *grundsätzlichen* Ausführungen in meinem Schreiben vom 17.03.2008 – 42 – 13.05.03 – habe ich nichts hinzuzufügen. Darüber hinaus gehend nehme ich zu den *neuen* Vorbringen des Petenten folgt Stellung:

---

[65] Schreiben der Präsidentin des Landtages von Nordrhein-Westfalen vom 25.9.2008, I.3/14-P-2008-10930-01
[66] Stellungnahme des Leitenden Ministerialrats Wesseler (Referatsleiter Organisation und Recht der Polizei) vom 29.8.2008, 42-13.05.03

1. Beamtenrechtliche Vorgaben

Hierzu nimmt der Polizeipräsident Bonn wie folgt Stellung:

‚Im Rahmen der erneuten Petition führt Herr Uwe Diercks auch an, dass seine ursprüngliche Petition vom 14.01.2008 von der Leiterin der Direktion Kriminalität nicht weitergeleitet worden sei. Herr Diercks hatte seine Petition vom 14.01.2008 parallel als *Eingabe* auf dem Dienstweg an das Innenministerium adressiert. Das als *Petition* zu wertende Schreiben mit gleichem Datum, welches Herr Diercks an die Vorsitzende des Petitionsausschusses gerichtet hatte, lag dem Petitionsausschuss bereits am 15. 01.2008 vor. Das Innenministerium des Landes NRW hat diese Petition dem Landeskriminalamt als fachlich zuständige Behörde zur Prüfung und Stellungnahme zugeleitet. Eine Weiterleitung der inhaltlich identischen Eingabe war nicht erforderlich, da die von Herrn Diercks geschilderte Problematik ja bereits von der fachlich zuständigen Behörde (LKA) geprüft wurde und auch dem Innenministerium dieser Vorgang bereits vorlag.'

Dieser Einschätzung des Polizeipräsidenten Bonn schließe ich mich an.

2. Verwendung des Begriffs ‚Täter'

Der Petent bemängelt, dass der Begriff ‚Täter' noch nicht in allen Datenfeldbezeichnungen bzw. Katalogen der zur PKS-Erfassung eingesetzten DV-Anwendungen entfernt bzw. ersetzt wurde.

Dazu teilte das LZPD NRW mit, dass bisher Anpassungen der Eingabehinweise und der Maskenbeschriftungen erfolgten, soweit sie im Rahmen der Möglichkeiten des LZPD NRW realisierbar waren. Dabei handele es sich im Einzelnen um folgende Änderungen:

Bereits mit der Einführung der DV-Anwendung PKS-online 2 zum 01.01.2008 wurde dort das Datenfeld ‚Internationaler Straftäter' entsprechend der bundesweiten Regelung ersatzlos gestrichen. Im Datenfeld ‚bereits polizeilich in Erscheinung getreten' wurde der Katalogbegriff ‚Wiederholungstäter' in der 30. KW gestrichen. Als Katalogbegriffe sind dort jetzt ‚polizeilich in Erscheinung getreten' und ‚nein/unbekannt' erfassbar. Im Datenfeld ‚Art der Tatbeteiligung' wurde in der 30. KW der Katalogbegriff ‚Mittäter' durch den Katalogbegriff ‚weiterer Tatverdächtiger' ersetzt.

Die Maskenbeschriftungen ‚Täter' und die Datenfeldbezeichnung ‚Täter alleinhandelnd' in IGVP/PVP wurden – mit dem Update vom 04.08.2008 – in ‚Tatverdächtiger' bzw. ‚Tatverdächtiger alleinhandelnd' geändert. Das Datenfeld ‚Internationaler Straftäter' wurde ersatzlos entfernt. Die Katalogbegriffe ‚Mittäter', ‚Gehilfe' und ‚Anstifter' werden in ‚weiterer Tatverdächtiger' umbenannt. Dazu sind Vereinbarungen auf KOOP-Ebene (DV-Kooperation mit den Ländern Bayern und Thüringen) herbeizuführen. Davon wird der Realisierungszeitpunkt im Wesentlichen bestimmt.

Die verbliebenen Beschriftungen in den PKS-relevanten Erfassungsmasken der Vorgangsverwaltung mit dem Begriff ‚Täter' gehören zum so genannten ‚PVP-Kern', dessen Änderung nur mit Zustimmung der beiden Kooperationsländer Bayern und Thüringen möglich ist. Daher konnte das LZPD NRW eine kurzfristige Anpassung nicht vornehmen. Diese kann erst mit PVP-Release 6 Anfang

Dezember 2008 durchgeführt werden. Damit sind die notwendigen Anpassungen mit Bezug zum PKS-Erfassungsvorgang initiiert.

Darüber hinaus habe ich festgestellt, dass auch andere Datenfelder, Kataloge und Formulare den Begriff ‚Täter' enthalten. Ich werde prüfen, inwieweit auch in diesen Fällen der Begriff ersetzt werden kann.

Die Prüfung der über die dv-technischen Bezüge hinausgehenden Ausführungen des Petenten führte nicht zu anderen Ergebnissen als denen, die ich bereits mit meiner Stellungnahme vom 17.03.2008 dargelegt habe."

VI. Schlussbetrachtung

Wenn es stimmen sollte, was der angesehenste deutsche Justiz- und Kriminalreporter der Nachkriegszeit G. Mauz bereits im Jahre 1990 behauptete – „wir stehen an einem Sarg, am Sarg der Unschuldsvermutung"[67] –, dann wären die „Totengräber der Unschuldsvermutung" unter uns. Dann wäre unserem Rechtsstaat sowie der europäischen Rechts- und Polizeikultur ein unermesslicher Schaden zugefügt worden.

Trotz alledem hoffe ich sehr, dass sich G. Mauz in seiner Einschätzung geirrt haben möge, wenngleich die bekannten Tatsachen darauf hindeuten, dass er die Realität treffend beschrieben haben bzw. der Wahrheit sehr nahe gekommen sein dürfte.

---

[67] G. Mauz, in: Unschuldsvermutung in der Mediengesellschaft, 1990, S. 40 (44)

Eine „Wiederbelebung" der für verdächtige bzw. beschuldigte Personen einzufordernden Unschuldsvermutung erscheint meines Erachtens nur möglich, wenn sie von den Sicherheitsbehörden[68], den Verfassungsorganen und der Presse nicht auf den Strafprozess beschränkt, sondern interdisziplinär ernst genommen und ihre Gültig-

---

[68] Bereits 1971 (!) äußerte schon einmal ein Bonner Polizeibeamter erhebliche Bedenken an der PKS: Ritgen, Die Polizeiliche Kriminalstatistik – unter besonderer Berücksichtigung ihrer Fehlerquellen, Diss. Bonn 1971, S. 29, 31, 34 (kritisiert, dass im Stadium des (kriminal-)polizeilichen Ermittlungsverfahrens von einer „Überführung des Täters" jedenfalls nicht die Rede sein dürfte und hier der Umgang mit dem Begriff „Täter" erheblichen Bedenken begegne. Aus dem „Erfordernis unzweideutiger Begriffsinhalte im statistischen Bereich" resultiert sein Begriffsvorschlag „Tatperson" für eine neue PKS-Regelung.). Vgl.: Doka, Die Kontrolle von Vertrauenspersonen im Strafprozess, 2008, Diss. Bielefeld 2007, S. 374, 381 (zur eingeschränkten Unschuldsvermutung, die sich nicht mehr an rechtsstaatlichen Grundsätzen orientiere: „Zugespitzt hat ein Polizeibeamter die in der Praxis vorherrschende Auffassung formuliert, er habe noch keine Telefonüberwachung erlebt, in der sich nachher die Unschuld des Tatverdächtigen herausgestellt habe. Diese Ansicht hat jedoch zur Folge, dass in bestimmten Milieus eine Art Umkehr der Beweislast stattfindet und der Tatverdächtige als schuldig gilt bis zum Beweis des Gegenteils."); Artkämper, Polizeibeamte als Zeugen vor Gericht, 2007, S. 3 (Gemeinsames Verfahrensziel von Polizei, Staatsanwaltschaft und Gericht sei – bis zur Rechtskraft des Urteils – „die Verurteilung des Täters, ggf. die Freisprechung eines zu Unrecht in Verdacht geratenen Beschuldigten."); Förster, Der Täterschwund zwischen der Polizeilichen Kriminalstatistik und der Strafverfolgungsstatistik, Diss. Kiel 1986, S. 90 f. („Während die Polizei gegen den Verdächtigen unter der Annahme ermittelt, er sei der Täter, ist die Justiz eher von der Unschuldsvermutung geprägt."); Heger, GA 2009, 45 (47 f.); Lindner, AöR 133 (2008), S. 235 (240 f.). Die Presse berichtete (unwidersprochen) über das öffentlich geäußerte Vorhaben des Innenministers I. Wolf, wonach die Polizei in NRW gezielt gegen „jugendliche Gewalttäter" vorgehen wolle. Knapp 1.500 Kinder und junge Heranwachsende würden derzeit von der Polizei als „Intensivtäter" eingestuft (Bonner General-Anzeiger, 30.7.2008, S. 5; s. Presse-Information des IM NRW vom 3.3.2008 zur PKS-Vorstellung, S. 4 ff.). Die Erfassung von schuldunfähigen Kindern als Tatverdächtige in der PKS sollte unterbleiben. Entsprechend verfährt etwa die Schweiz, um junge Menschen – die sich noch entwickeln und noch erzogen werden – vor einer Stigmatisierung als „Kriminelle" zu schützen (Kunz, Kriminologie, 4. Aufl. (2004), § 27 Rdnr. 47 m.w.N.).

keit für das gesamte Rechtsleben anerkannt[69] werden würde. Zudem müsste dies durch eine rechtsstaatlich faire[70] und jeden Anschein einer unzulässigen Schuldzuweisung vermeidende[71] (Amts-)

---

[69] Marxen, GA 1980, 365, 373 (zur Unschuldsvermutung als ein „übergreifendes, für die neuzeitliche Form gesellschaftlichen Zusammenlebens konstitutives Rechtsprinzip"); ders., Straftatsystem (Fn. 10), S. 345; Paeffgen, Vorüberlegungen (Fn. 38), S. 42 ff.; Köster, Die Rechtsvermutung der Unschuld, Diss. Bonn 1979, S. 144 ff., 173 ff.; Lindner, AöR 133 (2008), S. 235 (247 ff., 257 ff.); L. Schulz, Normiertes Misstrauen (Fn. 43), S. 486 m.w.N.

[70] Vgl.: BVerfGE 82, 106, 122, 124, Abw. M. Mahrenholz („Die Unschuldsvermutung verbietet jede Zweideutigkeit ..."); Frommel, Präventionsmodelle in der deutschen Strafzweck-Diskussion. Beziehungen zwischen Rechtsphilosophie, Dogmatik, Rechtspolitik und Erfahrungswissenschaften, 1987, Habil.-Schrift München 1986, S. 41, 192 f. (mit einem historischen Rückblick auf die „Verwendung kriminalstatistischer Daten, die zufällig, bisweilen demagogisch, fast immer unkritisch wirkten."); dies., in: Frommel / Löhr u. a. (Hrsg.), Neue Wege in der Kriminalpolitik, 2001, S. 4 ff., 7 ff.; Paeffgen, JR 1999, 89, 96 (zum Anspruch der Juristen, Sprache sachgerecht zu verwenden); ders., Amelung-FS (2009), S. 81, 122 (zum „Feindstrafrecht" und zur zentralen Aufgabe von Juristen, grundsätzlich auch des Gesetzgebers, für massiv grundrechtsinvasive Befugnisse eine Grenze festzulegen).

[71] Vgl.: BVerfGE 82, 106, 117 („Unabhängig davon sollten die Gerichte im Hinblick auf den verfassungsrechtlichen Rang der Unschuldsvermutung darauf Bedacht nehmen, nur solche Formulierungen zu verwenden, die von vornherein jeden Anschein einer unzulässigen Schuldzuweisung vermeiden ..."); BVerfG, NJW 2009, 350 („Die bis zur rechtskräftigen Verurteilung zu Gunsten des Angeklagten sprechende Unschuldsvermutung gebietet eine zurückhaltende, mindestens aber eine ausgewogene Berichterstattung durch die Medien."). Kühl, NJW 1984, 1264 (1267), hebt unter Berufung auf zwei EGMR-Entscheidungen hervor, dass sogar Begründungen von Einstellungsentscheidungen oder damit verbundenen Kostenentscheidungen, die „den Eindruck erwecken" (Fall Adolf, EuGRZ 1982, 297, 302 Ziff. 38) bzw. „den Gedanken aufkommen" lassen (Fall Minelli, EuGRZ 1983, 475, 479 Ziff. 37), der Beschuldigte sei vom Gericht für schuldig betrachtet worden, die Unschuldsvermutung gemäß Art. 6 Abs. 2 EMRK verletzen. Siehe auch: Salditt, E.-Müller-FS (2008) S. 611 (615, 620 f.: „Schon heute leidet der von Gerichten und Staatsanwälten verwendete lakonische Formularwortlaut vorläufiger Einstellungen (nach § 153 a StPO) daran, dass schlicht, inhaltslos und ohne Verwendung konjunktivistischer Sprachform behauptet wird, der Beschuldigte sei der ihm vorgeworfenen Straftat hinreichend verdächtig. (...) Nach der Einstellung gegen Auflagen bleibt der vormals Beschuldigte, wenn wir ihn schon nicht für schuldig halten dürfen, noch erwiesen verdächtig. Das klingt

Sprache auch glaubhaft dokumentiert werden.

---

nach ungefähr unschuldig oder fast schon nach ungefähr schuldig. (…) Unter solchen Einflüssen atrophiert die Unschuldsvermutung."); Haeusermann, Der Verband als Straftäter und Strafprozeßsubjekt, Diss. Freiburg im Breisgau 2003, S. 226 f., 260, 264 ff., 271 (Fn. 227); Paeffgen, GA 2009, 450 (454 Fn 22: zur Unschuldsvermutung und „zu der Gedankenlosigkeit, mit der der Gesetzgeber mit dem Begriff ‚Täter' im Strafprozessrecht um sich wirft, noch bevor ein rechtskräftiges Urteil vorliegt.").

D

Die Sprache der Juristen, die Sprache des Rechts

(zu *Leutheusser-Schnarrenberger/Gerhardt*, ZRP 2012, 93)

Bundesjustizministerin *Sabine Leutheusser-Schnarrenberger* äußerte sich zur „Sprache der Juristen, Sprache des Rechts": Rechtsnormen sollten adressatengerecht, klar und verständlich sein. Der Gesetzgeber müsse sich an der juristischen Fachsprache orientieren und sprachliche Unklarheiten vermeiden. Entscheidungen der obersten Gerichte seien oft richtungsweisend. – Soweit die Theorie, die Rechtssprache in der Praxis sieht jedoch anders aus:

Eine begründete Skepsis ist angebracht, wenn Verfassungsorgane und Sicherheitsbehörden ihre rechtsstaatliche Bodenhaftung zu verlieren drohen. Staatliches Handeln der Bundesministerien der Justiz und des Innern sowie des Bundeskriminalamtes lässt zunehmend Zweifel aufkommen, ob ihr Verhältnis zur Unschuldsvermutung noch rechts- und kriminalpolitisch tragbar sowie konventions-, verfassungs- und grundrechtskonform ist. Seitdem der Bundesgesetzgeber in seiner Gesetzessprache in den §§ 98 a, 100 i, 111, 131 b, 153 e, 163 d, 163 e, 163 f StPO, § 4 BKA-Gesetz sowie § 31 a BtMG den hier verfassungsrechtlich anstößigen Begriff „Täter" verwendet, ist es zu einem begriffsjuristischen Dammbruch gekommen. Mittlerweile wurde diese den Rechtsstatus des Tatverdächtigen bzw. Beschuldigten missachtende Ausdrucksweise auch im BKA-Publikationsorgan, dem Bundeskriminalblatt (BK-Blatt), etabliert. Im Interesse der europäischen Rechts- und Kriminalpolitik wandte sich der Verfasser an den Petitionsausschuss des Deutschen Bundestags (Pet 1-17-06-2190-019154), dessen Entscheidung seit über 18 Monaten (!) auf sich warten lässt.

I. BK-Blatt:

Nach einer vergeblich durchgeführten Öffentlichkeitsfahndung (§ 131 b StPO) ließ der Verfasser die Abbildung eines Tatverdächtigen samt Sachverhalt im BK-Blatt (Nr. 128/2010) veröffentlichen. Der Sachverhalt wurde jedoch entstellend wiedergegeben, und zwar unter der Rubrik „Tataufklärung / Täterermittlung", wobei die unbekannte männliche Person als „Täter" bezeichnet und unterhalb der Abbildung als „Hoteldieb" ausgewiesen wurde. Gegen diese Darstellungsweise bestehen erhebliche verfassungsrechtliche Bedenken: Im Ermittlungsverfahren gibt es keinen „Täter" (*Diercks, AnwBl. 2002, 147; ders., NK 2009, 150*). Die Feststellung der Täterschaft obliegt allein dem Gericht im Hauptverfahren. Die Unschuldsvermutung (Art. 6 II EMRK) verlangt, dass nur im prozessordnungsgemäßen Verfahren und erst, nachdem ein gerichtlicher Nachweis der Schuld erbracht ist, angenommen werden kann, dass ein Tatverdächtiger auch der Täter ist. Diese Maxime eines rechtsstaatlichen Strafverfahrens zielt darauf ab, den Verdächtigen vor diskriminierender und willkürlicher Behandlung zu schützen. Sie soll alle staatlichen Organe – wie Staatsanwaltschaft und Polizei, Gericht und insbesondere Gesetzgeber – binden. Niemand ist berechtigt, einen (lediglich) Tatverdächtigen als (bereits überführten und schuldig gesprochenen Straf-) „Täter" zu bezeichnen. Der leichtfertige Umgang mit der Sprache – wo Sensibilität, rechtsstaatliche Präzision, Perfektion und eine sachgerechte Rechtssprache erwartet werden kann – lässt auf mangelndes Problembewusstsein schließen. In unserer freiheitlichen demokratischen Grundordnung repräsentiert die Polizei einen Teil der Staatsgewalt und ist somit Garant für die Innere Sicherheit. In einer Gesellschaft, in der die Unantastbarkeit der Menschenwürde oberster Verfassungsgrundsatz ist, wird der Staat auch an seiner unvoreingenommenen, unparteiischen und weder präjudizierenden noch moralisierenden Polizei gemessen. Gerade bei der Polizei darf es keinen rechts-(staats-)freien Raum geben. Insbesondere herausragende Repräsentanten und Bundesbehörden aus dem Bereich der Inneren Sicherheit mit Vorbildfunktion („Amtsbonus") sollten, da ihren Aussagen erhöhte Aufmerksamkeit sowie besonderes Gewicht zugemessen wird, die von der Polizei ermittelten Personen als Tatverdächtige/Beschuldigte bezeichnen und nicht als „Täter" kennzeichnen.

II. § 4 BKA-Gesetz:

In § 4 I Nr. 2 BKA-Gesetz ist die Formulierung („wenn anzunehmen ist, dass der Täter aus politischen Motiven gehandelt hat und die Tat bundes- oder außenpolitische Belange berührt") bedenklich; denn diese Regelung bezieht sich auf die Motive einer Person zur Zeit des Ermittlungsverfahrens, und zu diesem Zeitpunkt ist noch niemand „Täter".

III. § 131 b StPO:

Darf die StPO – vor dem Nachweis der Schuld – von „Tätern" sprechen? In § 131 b I StPO ist die Formulierung („Feststellung der Identität eines unbekannten Täters") bedenklich; denn diese Regelung bezieht sich auf die Veröffentlichung von Abbildungen einer Person zur Zeit des Ermittlungsverfahrens. Die Bestimmung hat hier die bedenkliche Folge, dass die Ermittlungsorgane denjenigen, dessen Identität sie durch die Veröffentlichung von Abbildungen ermitteln, bereits als „Täter" ansehen, sie werden vom Gesetz gewissermaßen dazu aufgefordert. Orientierung und Sicherheit kann – auch dem Bundesgesetzgeber – die europäische Rechts- und Polizeikultur geben. Lehre und Schrifttum (*Gerhardt/Steffen*, Kleiner Knigge des Presserechts, 2. Aufl. (1997), S. 48; *F.-C. Schroeder*, NJW 2000, 2483) verwenden deshalb in der Phase des fehleranfälligen Ermittlungsverfahrens die Begriffe „Tatverdächtiger", „Beschuldigter" oder „mutmaßlicher Täter". Gerade der Bundesgesetzgeber muss sich gegenüber seinen juristisch nicht vorgebildeten Bürgerinnen und Bürgern durch eine von rechtsstaatlicher Präzision geprägte und an der Unschuldsvermutung orientierte Rechtssprache klar und eindeutig ausdrücken. Dies gilt auch für die Eingriffsbefugnisse der Ermittlungsorgane. Dass der Bundesgesetzgeber gewichtige verfassungsrechtliche und rechtspolitische Bedenken aus Wissenschaft und Praxis ignoriert und seiner legislatorischen Verantwortung nicht nachkommt, deutet darauf hin, dass er den Grundsatz der Unschuldsvermutung als Konventionsgarantie auch 58 Jahre (!) nach dessen Inkrafttreten nicht ernst (genug) nimmt.

IV. Fazit:

Wer „Ross und Reiter(in)" nennt, versetzt offensichtlich alle Beteiligten in erhebliche Verlegenheit. Die mitgeteilten bzw. verweigerten Stellungnahmen deuten auch auf die Sprachlosigkeit der in Bedrängnis Geratenen hin und lassen das Unbehagen bei den Grundrechts- und Hoheitsträgern bestehen. Dieses Unbehagen wird durch die Grundsatzentscheidung des *EGMR* (NJW 2011, 1789) zur Verletzung der Unschuldsvermutung durch einen voreingenommenen Ermittler noch verstärkt. Zur Aufrechterhaltung des Rechtsfriedens muss die polizeiliche Praxis auch hierzulande den Gewährleistungen der EMRK und den Entscheidungen des *EGMR* gerecht werden. Im Interesse der europäischen Rechts- und Polizeikultur sind neue Wege in der Rechts- und Kriminalpolitik erforderlich. Die Beachtung einer rechtsstaatlich fairen und jeden Anschein einer unzulässigen Schuldzuweisung vermeidenden einheitlichen Rechtssprache durch die Verfassungsorgane und Sicherheitsbehörden könnte diesen Anfang glaubhaft dokumentieren.

Uwe Diercks, Bonn

E

Darf der Gesetzgeber die Unschuldsvermutung vernachlässigen?

Uwe Diercks, Bonn

I. Einleitung

In Wissenschaft und Praxis ist nahezu unumstritten, dass das Gebot der Unschuldsvermutung sich nicht nur auf Gerichte und Verwaltungsbehörden, sondern auch auf Gesetzgebungsorgane erstreckt.[1] „Für diese wird die Unschuldsvermutung insbesondere thematisch, wenn es um die Aufhebung der parlamentarischen Immunität beschuldigter Abgeordneter geht. – Eigentlich sollte es den Gesetzgeber aber auch in seiner Wortwahl bei der Gesetzes-Formulierung erfassen; doch gerade in Deutschland erfreut sich die Etikettierung des Beschuldigten als ‚Täter‘ in neueren Normen der StPO zunehmender Beliebtheit."[2]

---

[1] Hassemer, StV 2006, 321 (323); Kühne, in: LR-StPO, 27. Aufl. (2016), Einl. J Rn 74 (Adressat sei „in erster Linie der Gesetzgeber"); K. Meyer, FS Tröndle (1989), S. 61 (64); SK-StPO/Paeffgen, 4. Aufl. (2012), Band X, EMRK, Art. 6 Rn 193; F.-C. Schroeder, NJW 2000, 2483 f.
[2] SK-StPO/Paeffgen (Fn 1), Art. 6 Rn 193.

Denn niemand ist berechtigt, einen (lediglich) Tatverdächtigen als (bereits überführten und schuldig gesprochenen Straf-) „Täter" zu bezeichnen.[3]

Oder ist der Bundesgesetzgeber berechtigt – vor dem rechtsstaatlichen, prozessordnungsgemäßen Verfahren zur Schuldfeststellung –, von „Tätern" zu sprechen? Darf die StPO – vor dem Nachweis der Schuld – von „Tätern" sprechen?[4]

II. Ermittlungs- und Gerichtsverfahren

Im Spannungsverhältnis zwischen Rechtspolitik und Presse, Polizei und (Straf-)Justiz herrschen bei Ermittlungs- und Gerichtsverfahren im Vorfeld einer rechtskräftigen Verurteilung zunehmend unerträgliche Zustände – mit oft verheerenden Folgen für den betroffenen Bürger: Zwischen Tat und Tatverdacht wird häufig nicht mehr unterschieden. Der Tatverdächtige wird als überführter, schuldiger „Täter" gekennzeichnet. Er wird unter Namensnennung und Abbildung eines Lichtbildes aus seiner Privat- bzw. Intimsphäre herausgerissen und der öffentlichen (Vor-)Verurteilung schutzlos ausgelie-

---

[3] Diercks, AnwBl 1999, 311 (314 f.); AnwBl 2002, 147 (150); NK 2009, 150 (154); ZRP 2012, 184, jeweils m.w.N.

[4] F.-C. Schroeder, NJW 2000, 2483; ders., Der Täter hinter dem Täter, Diss. München 1962, S. 13, 58 ff., 221 f. (allgem. zum strafrechtlichen „Täter"-Begriff). Den Begriff „Täter" in der StPO rechtfertigen: Rieß, in: LR-StPO, 25. Aufl. (1999), Einl. B. Rn 22, und 25. Aufl. (2004), § 163d Rn 16, § 163e Rn 15 Fn 48, Rn 21; Hilger, NStZ 2000, 561 (563); ders., in: LR-StPO, 26. Aufl. (2007), § 131b Rn 2; Erb, in: LR-StPO, 26. Aufl. (2008), § 163d Rn 16, und 27. Aufl. (2018), § 163d Rn 18 Fn 47, § 163e Rn 16 Fn 56; SK-StPO/Meyer, 5. Aufl. (2019), Band X, EMRK, Art. 6 Rn 343.

fert. Mit diskriminierenden Schuldzuweisungen wird der Beschuldigte grausam wie im Mittelalter öffentlich angeprangert. Der so Gebrandmarkte bleibt irreparabel gesellschaftlich geächtet und wirtschaftlich ruiniert – selbst wenn sich später seine Unschuld herausstellt. Seine Existenz ist gnadenlos vernichtet.

Bereits im Jahre 1959 beanstandete Hans Dahs sen. die unerträglichen Hauptverhandlungen in Sensationsprozessen, die als „Schauprozesse" einer unseligen Vergangenheit angenähert empfunden werden, und sah den Tempel der Justitia geschändet.[5] Klaus Marxen hat schon 1980 beklagt, dass die Vernachlässigung der Unschuldsvermutung in einem großen Teil der Presse zu den Darstellungsprinzipien der Kriminalberichterstattung gehöre („standgerichtliches Verfahren").[6]

---

[5] Dahs sen., AnwBl 1959, 171, 180 f. („In Deutschland ist ein Angeklagter in den Augen der Öffentlichkeit häufig ein gerichteter oder schon zugrundegerichteter Mann, ehe die Hauptverhandlung und das richterliche Richten überhaupt angefangen haben. (…) Schon vor dem Eintritt des Gerichts in den Saal sind Angeklagte (…) einem knallenden Beschuss von Fotoreportern ausgeliefert. Diese wilde Schießerei steigert sich bis zur Unerträglichkeit, wenn das Gericht erscheint und die Verhandlung beginnen will. Minutenlang umlagern die Pressefotografen und die Bildreporter Richter und Angeklagte, die das Kreuzfeuer der Blitze über sich ergehen lassen müssen. (…) Die Kameras richten sich auf alle Gesichter, besonders der Angeklagten, bei denen jede Regung festgehalten und dann in die ganze Welt hineinverbreitet wird. (…) Die Angeklagten stehen an einem technischen Pranger, der schlimmer ist als der Pranger auf dem Markt im Mittelalter. Ich sehe diese Vorgänge als eine Verachtung der Menschenwürde an, die kein Gerichtsvorsitzender in dieser Verzerrung dulden dürfte. Die Würde des Gerichts wird auf ‚Bild'-Ebene degradiert. Der Tempel der Justitia wird geschändet. (…) Bei allem muss beachtet werden, dass diese Tortur Menschen betrifft, die zunächst nur verdächtig und nicht überführt sind, die also möglicherweise ganz ohne Fehl und Tadel schuldlos in diese würdelose Situation geraten sind.").
[6] Marxen, GA 1980, 365, 366 f. („Die Vernachlässigung der Unschuldsvermutung gehört in einem großen Teil der Presse zu den Darstellungsprinzipien der Kriminalberichterstattung. Täglich werden in einer Vielzahl von Fällen Beschul-

III. Dammbruch der Unschuldsvermutung

Seitdem jedoch der Bundesgesetzgeber in seiner Gesetzessprache, insbesondere in den strafprozessualen Eingriffsermächtigungen der §§ 98a, 100c, 100i, 111, 131b, 163d, 163e, 163f StPO[7], den hier verfassungsrechtlich anstößigen Begriff „Täter" verwendet(e), ist es zu einem begriffsjuristischen Dammbruch[8] gekommen.

---

digte als Täter hingestellt. Vor und während des justiziellen Strafverfahrens läuft für viele Tatverdächtige in der Presse ein Sonderverfahren ab, das sich von einem standgerichtlichen Verfahren, sieht man einmal von der physischen Exekution ab, nur wenig unterscheidet. Dass die Justiz das entscheidende Wort noch nicht gesprochen hat, wird allenfalls beiläufig erwähnt. Dass dieses Wort überhaupt entscheidet, muss man angesichts dieser Art der Berichterstattung bezweifeln.").

[7] Sowie in den Vergünstigungen vor dem Schuldspruch gemäß § 153e StPO, § 31a BtMG, ferner in § 4 BKA-Gesetz und Art. 4 § 1, Art. 5 Kronz-Gesetz. Auf europäischer Ebene siehe: Art. 280a Abs. 1 EGV („Der europäische Staatsanwalt hat die Aufgabe, gegen Täter von Straftaten ... zu ermitteln, sie zu verfolgen und ... öffentliche Anklage ... zu erheben.").

[8] Vgl. Hassemer, FS F.-C. Schroeder (2006), S. 51, 61 („Absenkung der Eingriffsschwellen von Tatbestand oder Unschuldsvermutung"); Jung, JZ 2012, 303 („die Dämme der Unschuldsvermutung und des Persönlichkeitsschutzes immer wieder überspült werden."); SK-StPO/Paeffgen (Fn 1), Art. 6 Rn 190 („Jedwede Schuldvermutung ist mit Art. 6 Abs. 2 unvereinbar."); F.-C. Schroeder, NJW 2000, 2483 ff. („weitere Einbruchstelle"); Diercks, NK 2009, 150 (154); ders., ZRP 2012, 184 f. Seit dem OrgKG vom 15.7.1992 (BGBl I (1992), S. 1302 ff.) werde in manchen Neuregelungen der StPO terminologisch durch den Begriff „Täter" die Unschuldsvermutung verletzt, vgl. Boehme-Neßler, Die Öffentlichkeit als Richter? 2010, S. 26; Kelker, ZStW 118 (2006), S. 389 (404).

Danach ist die Kritik[9] an der Vernachlässigung der Unschuldsvermutung zunehmend heftiger geworden:

- „Skandal",[10]
- „schlampige Redeweise",[11]

---

[9] AE-ASR, GA 2019, 1 (5); Ahlbrecht, StV 2016, 257 ff.; Albers, Straftäter oder stigmatisierte Fußballfans? Diss. Bochum 2017, S. 17; Albrecht, Die vergessene Freiheit, 2. Aufl. (2006), S. 141 ff.; Bock, in: Prozessrecht in nationaler, europäischer und globaler Perspektive, 2017, S. 155 ff.; Boehme-Neßler, ZRP 2009, 228 ff.; Danziger, Die Medialisierung des Strafprozesses, Diss. Berlin 2008, S. 244 f. (368 ff.); Eisele, JZ 2014, 932 (938 f.); Esser, StV 2019, 492 ff.; Fink, Bild- und Tonaufnahmen im Umfeld der strafgerichtlichen Hauptverhandlung, Diss. Halle-Wittenberg 2005, S. 232 ff., 325 ff., 529 f.; N. Fischer, Die Medienöffentlichkeit im strafrechtlichen Ermittlungsverfahren, Diss. Berlin 2013, S. 21 ff.; Th. Fischer, Die Zeit v. 27.2.2014, S. 4, und 6.3.2014, S. 4 ff.; Gounalakis, NJW 2012, 1473 ff.; Haarmann, Die individualisierende Verdachtsberichterstattung über den Beschuldigten eines Strafverfahrens, Diss. Münster 2012, S. 95; Herrmann, StraFo 2016, 89 ff.; Isfen, StV 2009, 611 ff.; Jäger, FS Roxin (2011), S. 71 (84 ff.); Jung, GA 2014, 257, 262; Lehr, NJW 2013, 728 (731 ff.); Lindner, AöR 133 (2008), S. 235 ff.; Mansdörfer, ZStW 123 (2011), S. 570 ff.; M. Meyer, Der Gerichtsprozess in der medialen Berichterstattung, Diss. Hamburg 2013, S. 19 ff., 432 ff.; Meyer-Ladewig/Nettesheim/von Raumer, EMRK, 4. Aufl. (2017), Art. 6 Rn 213 f.; E. Müller, Beiträge zum Strafprozessrecht, 2003, S. 77 (79); Natsch, Dopingbekämpfung und Unschuldsvermutung, Diss. Bern 2008, S. 15 ff., 149, 237 ff.; Pananis, in: AG Strafrecht des DAV, Strafverteidigung im Rechtsstaat, 2009, S. 721 ff.; HK/Pollähne, 5. Aufl. (2012), Vor § 403 ff. Rn 2; Salditt, FS E. Müller (2008), S. 611 ff.; Schick, ZIS 2012, 46 („legislatorische Hemdsärmeligkeit"); Schlothauer, StraFo 2009, 104 f. (Warnung vor einem „blutleeren" Verständnis der Unschuldsvermutung); ders., StV 2016, 607 ff.; O. Schlüter, Verdachtsberichterstattung, Diss. Berlin 2010, S. 23 ff., 40 ff., 273 ff.; ders., AfP 2009, 557 ff.; Schubert, Die Untersuchungshaft und der Untersuchungshaftvollzug im Lichte der Unschuldsvermutung, Diss. Jena 2016, S. 321 ff.; Staudinger, Welche Folgen hat die Unschuldsvermutung im Strafprozess? Diss. Regenburg 2015, S. 87; Trüg, NJW 2011, 1040 ff.; Wehner, FS Richter II (2006), S. 563 ff.; Zabel, Schuldtypisierung als Begriffsanalyse, Diss. Leipzig 2005, S. 484 ff.

[10] Lagodny, 20. Strafverteidigertag, 1996, S. 117 (127); F.-C. Schroeder, in: Schroeder/Verrel, Strafprozessrecht, 7. Aufl. (2017), § 45 Rn 357 („Skandalös ist es, dass einige neue Vorschriften der StPO vor dem Nachweis der Schuld vom ‚Täter' sprechen."); Zaczyk, StV 1993, 490 (491).

[11] Hassemer, FS F.-C. Schroeder (2006), S. 51, 57 f. („Der Strafgesetzgeber lässt sich vom aggressiven und punitiven Stil des kriminalpolitischen Diskurses be-

- „Gesetzgeber, der sich freilich immer wieder (wohl vom geistigen Jagdtrieb beseelt) bemüßigt fühlt, in Strafprozessnormen schon von ‚Tätern' zu sprechen, bevor das Verfahren zu einem rechtskräftigen Urteil geführt hat",[12]
- „ … an den Pranger stellt",[13]
- „Gesetzgeber … auch im Strafprozessrecht trotz der Unschuldsvermutung ungeniert von Tätern spricht",[14]
- „Übergang von der Unschulds- zur Schuldvermutung",[15]
- „wir stehen an einem Sarg, am Sarg der Unschuldsvermutung",[16]
- „Totengräber der Unschuldsvermutung".[17]

---

eindrucken, gibt die ihm angemessene Zurückhaltung auf und bedient sich zunehmend einer Rhetorik der ‚Bekämpfung' von Kriminalität, flankiert von einer schlampigen Redeweise, die schon in Regelungen des Ermittlungsverfahrens schlicht von ‚Tätern' spricht, als hätte die Unschuldsvermutung nicht auch Konsequenzen für die Art und Weise, wie sich ein Verfassungsorgan in den Strafgesetzen ausdrückt."); ders., ZIS 2006, 266 (269).
[12] SK-StPO/Paeffgen (Fn 1), Art. 6 Rn 203b. Ebenso kritisch: ders., DRiZ 1998, 317 (320); ders., StV 1999, 625; ders., FS Th. Fischer (2018), S. 61, 71 Fn 47.
[13] Gerhardt/Steffen, Kleiner Knigge des Presserechts, 2. Aufl. (1997), S. 49; Hamm, NJW 2018, 2099 (2103); ders., in: Rode/Leipert, Das moderne Strafrecht in der Mediengesellschaft, 2009, S. 59 (62 ff.); Hestermann, FS Pfeiffer (2014), S. 261 (266); Baur/Burkhardt/Kinzig, JZ 2011, 131 ff.; Dannecker, JR 2013, 924 ff.; Stieper, JZ 2014, 271 (279, 281); Zabel, GA 2011, 347 ff.
[14] Hassemer, StV 2006, 321 (323); ders., HRRS 2006, 130 (132).
[15] Bernsmann/Jansen, StV 1998, 217.
[16] Bereits vor dem OrgKG: G. Mauz, in: Unschuldsvermutung in der Mediengesellschaft, 1990, S. 40 (44).
[17] Diercks, NK 2009, 150 (156).

Die Waagschalen der Justitia „Unschuld" und „Schuld"[18] befinden sich zunehmend nicht mehr im Gleichgewicht: Sie sind einseitig schuldvermutungslastig. Die römische Göttin der Gerechtigkeit hat ihre Strahlkraft verloren.[19]

Da die Unschuldsvermutung (Art. 6 Abs. 2 EMRK) – die darauf abzielt, den Verdächtigen vor diskriminierender und willkürlicher Behandlung zu schützen – noch nicht einmal im GG verankert ist, erfolgt ihre verfassungsrechtliche Herleitung aus der Unantastbarkeit der Menschenwürde, dem Rechtsstaats- und Schuldprinzip sowie dem Allgemeinen Persönlichkeitsrecht mit Anerkennung als (justiz)grundrechtgleiches Recht.[20]

---

[18] Siehe BVerfGE 82, 106, 122, 124, Abw. M. Mahrenholz („Sie ist Schutz des Unschuldigen bis zur endgültigen Feststellung von Schuld. Bis zu diesem Zeitpunkt ist er ‚ohne Schuld', er ist nicht ‚wahrscheinlich schuldig' oder ‚höchstwahrscheinlich schuldig'. Die Unschuldsvermutung verbietet jede Zweideutigkeit neben der verfassungsrechtlich gewährleisteten Alternative ‚unschuldig oder schuldig' und ist damit mehr als bloß die prozessrechtliche Voraussetzung von Urteilsfolgen strafrechtlicher Art. Sie begleitet, mit den Worten des Richters des Europäischen Gerichtshofs für Menschenrechte Cremona, den Angeklagten während des gesamten Verfahrens bis zur Verurteilung (EuGRZ 1987, S. 404, Abw. M.)").
[19] Vgl. Jung, GA 2014, 257 (259).
[20] SK-StPO/Paeffgen (Fn 1), Art. 6 Rn. 176 m.w.N. Vgl. Stuckenberg, Untersuchungen zur Unschuldsvermutung, Diss. Bonn 1997, S. 578 ff.

IV. Gefahr der Vorverurteilung

Die verfassungsrechtlich anstößige Formulierung „Täter"[21], insbesondere in zahlreichen strafprozessualen Eingriffsermächtigungen – in der Phase des fehleranfälligen Ermittlungsverfahrens (!) –,[22] begründet meines Erachtens eine erhebliche Gefahr der Vorverurteilung durch die Öffentlichkeit und die Gesetzesanwender. Beispielsweise

---

[21] Altermann, Medienöffentliche Vorverurteilung – strafjustizielle Folgerungen für das Erwachsenen- und das Jugendstrafverfahren? Diss. Berlin 2008, S. 40, 58, 118, 175 ff., 280 ff.; Arzt, NJW 2011, 352 ff.; ders., DVBl 2010, 816 ff.; Berka, Medienfreiheit und Persönlichkeitsschutz, Habil.-Schrift Salzburg 1982, S. 357 f.; ders., Kriminalberichterstattung zwischen Medienfreiheit und Medienverantwortung. Der Persönlichkeitsschutz im strafprozessualen Vorverfahren, 1985, S. 8, 33 ff.; ders., MR 1987, H. 1, S. 6 ff.; KK-Diemer, 8. Aufl. (2019), § 155a Rn 2 f, 5; Diercks (Fn 3); Esser, in: LR-StPO, 26. Aufl. (2012), Art. 6 Rn 486, 490; Gounalakis, NJW 2016, 737 f.; Hamm, netzwerk recherche-Werkstatt: Presserecht in der Praxis, Chancen und Grenzen für den Recherche-Journalismus, 2005, S. 16 ff.; Hassener (Fn 11 u. 14); Heine, Die Rechtsstellung des Beschuldigten im Rahmen der Europäisierung des Strafverfahrens, Diss. Augsburg 2008, S. 44; König, StraFo 2016, 221 (226); Kühne, StPO, 9. Aufl. (2015), § 17 Rn 304, § 30 Rn 519, § 57 Rn 966.2; Marzahn, Das Feindstrafrecht als Komponente des Präventionsstaats? Diss. Augsburg 2010, S. 207; Meyer-Mews, NJW 2016, 3672 f.; Mitsch, Medienstrafrecht, 2012, § 4 Rn 15 f.; E. Müller, GA 2016, 702 (705); ders., FS Müller-Dietz (2001), S. 567 (583); Paeffgen, GS Weßlau (2016), S. 217 (226, 232); ders., GA 2014, 638 (652); Ricker/Weberling, Handbuch des Presserechts, 6. Aufl. (2012), 42. Kap. Rn 13a; Saliger, KritV 2013, 173 (179 ff.); F.-C. Schroeder, NJW 2000, 2483 ff.; 40. Strafverteidigertag (2016), StV 2016, 400 f.; Weigend, FS Rogall (2018), S. 739 ff.; Xiong, Massenmedien und Strafurteil, Diss. Freiburg 2010, S. 2 f.

[22] Hassemer, AnwBl 2008, 413 (420); Tophinke, Das Grundrecht der Unschuldsvermutung, Diss. Bern 1999, S. 425; Velten, GA 2015, 387 („fehlurteilsträchtig unser Strafverfahren ist"). Das Vorverfahren hat eine das Urteil vorprägende Bedeutung; denn bereits im Ermittlungsverfahren werden die Weichen für das richtige oder falsche Urteil gestellt (E. Müller, AnwBl 1986, 50 (51); ähnlich: Hassemer, NJW 1985, 1921 (1927)). Hirschberg, Das Fehlurteil im Strafprozess, 1960, S. 9, 12 („Fehlurteile als Pathologie der Strafjustiz" … „schon Montaigne nennt in seinen ‚Essais' die Justizirrtümer ‚Verurteilungen, die verbrecherischer sind als das Verbrechen selbst'."). Es ist besser, zehn Schuldige freizusprechen als einen Unschuldigen zu verurteilen (ähnlich: Sir William Blackstone).

ist in § 131b Abs. 1 StPO die Formulierung („Feststellung der Identität eines unbekannten Täters") bedenklich; denn diese Regelung bezieht sich auf die Veröffentlichung von Abbildungen einer bestimmten und erkennbaren, allerdings namentlich noch unbekannten Person zur Zeit des Ermittlungsverfahrens. In diesem Zeitraum ist jedoch noch niemand „Täter". Die Bestimmung hat hier die bedenkliche Folge, dass die Ermittlungsorgane denjenigen, dessen Identität sie durch die Veröffentlichung von Abbildungen ermitteln, bereits als „Täter" ansehen; sie werden vom Gesetz(geber) gewissermaßen dazu aufgefordert. Deshalb muss der Gesetzgeber bei der Formulierung von Vorschriften der Strafrechtsordnung darauf achten, dass sie den Rechtsanwender nicht zu Vorverurteilungen und damit möglichen Verletzungen der Unschuldsvermutung „einladen".[23] Sonst wird die abgebildete Person weiterhin auch von Staatsanwaltschaft und Gericht, Polizei und Presse sowie Bevölkerung und Politikern als „Täter" bezeichnet bzw. gekennzeichnet werden.

V. Unwürdige Verfahrensweisen

Die Art und Weise, wie ein Staat mit denjenigen Personen umgeht, die einer Straftat verdächtigt sind, ist ein Indikator für die Rechtsstaatlichkeit einer Gesellschaft.[24] Die kritisierten Verfahrensweisen sind sowohl rechts- und kriminalpolitisch unverantwortlich als auch konventions-, verfassungs- und grundrechtswidrig. Sie sind eines Rechtsstaats unwürdig und fügen der europäischen Rechtskultur einen unermesslichen Schaden zu!

---

[23] Kühl, FS Stöckel (2010), S. 117 (119).
[24] Heine, Rechtsstellung des Beschuldigten (Fn 21), S. 47, 238.

VI. Europäische Rechts- und Sprachkultur

Orientierung und Sicherheit können – auch dem Bundesgesetzgeber – die europäische Rechtskultur[25] und die Sprachkultur[26] geben. Lehre und Schrifttum verwenden deshalb im Ermittlungsverfahren die Begriffe „Tatverdächtiger", „Beschuldigter" oder „mutmaßlicher Täter"[27]. Gerade der Bundesgesetzgeber muss sich gegenüber

[25] Deiters, Legalitätsprinzip und Normgeltung, Habil.-Schrift Düsseldorf 2005, S. 142 ff., 163 ff.; Th. Fischer, FS Kühne (2013), S. 203 (206 ff.); Frommel, NK 2014, 205 ff.; Gerhardt/Steffen (Fn 13), S. 48; Hassemer, AnwBl 2008, 413 ff.; ders., FS Volk (2009), S. 207 ff.; ders., StV 2010, 394 (396 ff.); H. J. Hirsch, FS Puppe (2011), S. 105 ff.; Jung, JZ 2012, 303 (306); ders., GA 2014, 257 (262 ff.); König, StraFo 2016, 221 ff.; Kühl, Unschuldsvermutung, Freispruch und Einstellung, Habil.-Schrift Bielefeld 1981, S. 109; ders., FS Stöckel (2010), S. 117 (119); Kühne, StPO (Fn 21); ders., FS Krey (2010), S. 299 ff.; Limbach, FS Wildhaber (2007), S. 1399 (1401 ff.); Marxen, Straftatsystem und Strafprozess, Habil.-Schrift Frankfurt a. M 1982, S. 345; Paeffgen, Vorüberlegungen zu einer Dogmatik des Untersuchungshaft-Rechts, 1986, Habil.-Schrift Mainz, 1982, S. 42 ff.; ders., ZStW 118 (2006), S. 275 ff.; ders., GA 2009, 450 ff.; Rostalski, HRRS 2015, 315 ff.; Roxin, NStZ 1991, 153 ff.; ders., FS Hanack (1999), S. 1 ff.; Saliger, KritV 2013, 173 ff.; F.-C. Schroeder, NJW 2000, 2483; Schünemann, ZStW 119 (2007), S. 945 (950 ff.); Vogler, FS Tröndle (1989), S. 423 ff.; Werwie-Haas, Die Umsetzung der strafrechtlichen Entscheidungen des Europäischen Gerichtshofs für Menschenrechte in Deutschland, Österreich, der Schweiz und im Vereinigten Königreich, Diss. Trier 2008, S. 348 ff.; Zerbes, Spitzeln, Spähen, Spionieren, Habil.-Schrift Wien 2009, S. 170.

[26] Dreesen/Hoffmann, KritV 2011, 194, 197 (zur Rechts- und Sprachkultur); Limbach, ZRP 2010, 61 („Die Sprache muss das Recht verständlich machen."); Gläser, Die Sprache in der Rechtsprechung des Reichsgerichts in Strafsachen, Diss. Bonn 1955, S. 2 ff., 37 ff., 87 ff.

[27] Achenbach, AK-StPO, 1992, § 111 Rn 13, § 163d Rn 8; Ambos/Poschadel, GA 2013, 673 (693); A. Arndt, JZ 1965, 145 ff.; Aschner, Grenzen strafverfolgungsbehördlicher Medienarbeit im Ermittlungsverfahren, Diss. Siegen 2017, S. 269 ff.; P. von Becker, Straftäter und Tatverdächtige in den Massenmedien: Die Frage der Rechtmäßigkeit identifizierender Kriminalberichte, 1979, S. 264 ff.; Bentele, Zulässigkeit und Grenzen von Litigation-PR durch die Staatsanwaltschaft, Diss. Tübingen 2015, S. 239 f.; Bernsmann, NStZ 1989, 449 (459); Y. Braun, Medienberichterstattung über Strafverfahren im deutschen und englischen Recht, Diss. Gießen 1997, S. 60; Conen, FS Eisenberg (2009), S. 459 (463); Dalbkermeyer,

seinen juristisch nicht vorgebildeten Bürgerinnen und Bürgern durch eine von rechtsstaatlicher Präzision geprägte und an der Unschuldsvermutung orientierte einheitliche Gesetzes- und Rechtssprache klar und eindeutig ausdrücken. Dass der Bundesgesetzgeber gewichtige verfassungsrechtliche und rechtspolitische Bedenken aus Wissenschaft und Praxis ignoriert und seiner legislatorischen Verantwortung nicht nachkommt, deutet darauf hin, dass er den Grundsatz der Unschuldsvermutung als Konventionsgarantie auch 66 Jahre (!) nach dessen Inkrafttreten nicht ernst (genug)

Der Schutz des Beschuldigten vor identifizierenden und tendenziösen Pressemitteilungen der Ermittlungsbehörden, Diss. Bonn 1993, S. 112; K.-S. von Danwitz, Staatliche Straftatbeteiligung, Habil.-Schrift Bonn 2001, S. 85 ff.; Dencker, KJ 1987, 36 (42); Diercks (Fn 3); Gleß, in: LR-StPO, 27. Aufl. (2019), § 131b Rn 2; Gostomzyk, AfP 2012, 122 ff.; Grave, NJW 1981, 209 ff.; Haeusermann, Der Verband als Straftäter und Strafprozeßsubjekt, Diss. Freiburg 2003, S. 226, 271 Fn 227; Hamm, StV 2011, S. I; Hassemer, KJ 1992, 64 (69); ders., StV 1989, 72 (80); ders., StV 1986, 550 ff.; Heger, ZStW 117 (2005), S. 865 (875, 883 ff.); Hoven, NStZ 2014, 361 (365); Hunecke, NK 2011, 85 ff.; Jäger, FS Roxin (2011), S. 71, 79, 84 ff.; Keil, Verdachtsberichterstattung, Diss. Marburg 2012, S. 304 ff.; Kindhäuser, FS Wolter (2013), S. 979 (989 ff.); Knauer, JZ 2013, 558, 565; Lehr, AfP 2013, 7 ff.; G. Mauz, Die großen Prozesse der Bundesrepublik Deutschland, 2005, S. 223; Nguyen, Die Unschuldsvermutung im Verfahren vor den internationalen Strafgerichten, Diss. Hamburg 2012, S. 124, 164, 189 ff., 230 ff.; Ostendorf/Frahm/Doege, NStZ 2012, 529 f.; Paeffgen, Vorüberlegungen (Fn 25), S. 67 f., 75 ff., 183; ders., StV 2007, 648 f.; Pollähne, StV 2015, 784 ff.; Raabe, Medienöffentlichkeit im Ermittlungsverfahren, Diss. Wiesbaden 2016, S. 126 ff.; Rau, Rechtlich und ethisch verantwortungsvolle Kriminalberichterstattung, Diss. Tübingen 2012, S. 168 f., 173 ff.; Riklin/Höpfel, AE-StuM, 2004, S. 53 (57 ff., 62 ff.); Rogall, FS Frisch (2013), S. 1199 ff.; Sponbiel, Die Macht der Medien und ihre Folgen – eine Untersuchung der medialen Darstellung von Straftaten von Asylbewerberinnen und Asylbewerber in Deutschland, 2016, S. 39 f.; Strebel, Grenzen medialer Öffentlichkeitsarbeit der Staatsanwaltschaft. Zum Schutz der Persönlichkeitsrechte der beschuldigten Person im Vorverfahren, Diss. Luzern 2010, S. 119, 126 ff., 211 f.; Stuckenberg, FS Paeffgen (2015), S. 483 (491); Teitler, Der rechtskräftig verurteilte Straftäter und seine Persönlichkeitsrechte im Spannungsfeld zwischen öffentlichem Informationsinteresse, Persönlichkeitsschutz und Kommerz, Diss. Zürich 2007, S. 52 f. – a. A.: Soehring/Hoene, Presserecht, 6. Aufl. (2019), Rn 19.73.

nimmt.[28] Deshalb sah sich der EGMR mehrmals veranlasst, die Bundesrepublik Deutschland wegen der Verstöße gegen die Unschuldsvermutung zu verurteilen.[29] Um weitere Völkerrechtsverstöße zu vermeiden, sollte der Gesetzgeber den Gewährleistungen der EMRK und den Entscheidungen des EGMR endlich gerecht werden.

VII. Gesetzgeberischer Handlungsbedarf

Bemerkenswert ist, dass der Bundesgesetzgeber die auch von mir in den Eingaben an den Petitionsausschuss des Deutschen Bundestages beanstandeten Formulierungen „Ergreifung und Ermittlung des ... Täters" in den §§ 100c, 100i StPO[30] im Rahmen der Neufassung

---

[28] Vgl. Kühl, Unschuldsvermutung (Fn 25), S. 109, 124; ders., NStZ 1981, 114 (115); ders., NJW 1980, 806, 810 (rät, „nach Erschöpfung des innerstaatlichen Rechtswegs eine Individualbeschwerde bei der Europäischen Kommission für Menschenrechte in Straßburg einzulegen. Wie verschiedene Verfahren zeigen, wird dort die Unschuldsvermutung des Art. 6 II MRK ernster genommen."); A. Arndt, NJW 1960, 1191 (1192); Dencker, JZ 1973, 144 (150).

[29] EGMR (El Kaada/Deutschland), Urt. v. 12.11.2015; EGMR (C./Deutschland), NJW 2016, 3225 ff.; (E./Deutschland), NJW 2016, 3645 ff.; (Böhmer/Deutschland), NJW 2004, 43 ff.; (Lutz/Deutschland), StV 1986, 281. Vgl.: Esser, NStZ 2016, 697; ders., FS Paeffgen (2015), S. 503, 521 („Gleichwohl tun Gesetzgeber und Rechtsprechung gut daran, die Zeichen aus Straßburg richtig zu deuten, d. h. Recht und Praxis von vornherein, präventiv auf das richtige menschenrechtliche Gleis zu setzen, um künftige Verurteilungen Deutschlands zu vermeiden."); Perkuhn/Brill, JuS 2016, 682; Seher, ZStW 118 (2006), S. 101 ff.

[30] Diercks, Eingaben an die Petitionsausschüsse des Deutschen Bundestages (Pet 4-14-07-3120-013178: zur StPO; Pet 1-17-06-2190-019154: Bundeskriminalblatt wurde geändert) und des Landtages von Nordrhein-Westfalen (I.3/14-P-2008-10930-00: Polizeiliche Kriminalstatistik wurde geändert). Vgl. ders., AnwBl 2002, 147 ff.; NK 2009, 150 ff.; ZRP 2012, 184 f.

durch Gesetz vom 24.6.2005 (BGBl. II, 1841) dann doch wieder gegen neutrale Begriffe ausgetauscht hat.[31] Dieser späten Einsicht des Gesetzgebers kann entnommen werden, dass die konstruktive Kritik an ihm und seinen rechtsstaatlich anstößigen Formulierungen in den beanstandeten Gesetzestexten berechtigt waren. Befremdlich sind jedoch sein halbherziges Handeln und die Tatsache, dass eine umfangreiche Novellierung bisher nicht stattgefunden hat.

Recht ist mehr als die Summe der Paragrafen: Insbesondere ist es Aufgabe des Bundesgesetzgebers, Gesetz, Recht und Gerechtigkeit weitestgehend in Übereinstimmung zu bringen.[32]

Die unverfügbare und abwägungsfeste Unschuldsvermutung[33] wird jedoch weiterhin in der Praxis häufig nicht konventions-, verfassungs- und grundrechtskonform beachtet.[34] Um die erhebliche Ge-

---

[31] Vgl. Kühne (Fn 21), § 30 Rn 519 Fn 2.

[32] G. Hirsch, ZRP 2012, 205 (209). Vgl. Zaczyk, StV 1993, 490, 492 („Die StPO ist gesetztes Recht, und deren Qualität bestimmt sich ausschließlich danach, ob es als richtige Konkretisierung gültiger Allgemeinheit verstanden werden kann. Diese Qualität gewinnt es nicht etwa schon durch die parlamentarische Form der Gesetzgebung; vielmehr muß sie einen begriffenen Inhalt haben, der den verschiedenen beteiligten Rechtssphären gerecht wird und nur dann auch praktisches Handeln im Verfahren gültig und einsehbar bestimmen kann."); Eb. Schmidt, Lehrkommentar zu StPO und zum GVG, Teil I, 2. Aufl. (1964), 2. Kap. G III. Rn 507.

[33] Hassemer, StV 1984, 40 („Vor rechtskräftiger Verurteilung gilt die Unschuldsvermutung immer, oder sie gilt gar nicht."); ders., KJ 1992, 64 (67); Mankowski, JZ 2009, 321 (331).

[34] Zur (mutmaßlichen) Vernachlässigung der Unschuldsvermutung: EGMR (Bikas/Deutschland), StV 2019, 440; (Axel Springer u. RTL TV/Deutschland), NJW 2018, 2461 ff.; (Abdulla Ali/Vereinigtes Königreich), NJW 2016, 3147; (Müller/Deutschland), NJW 2015, 539 ff.; (Karaman/Deutschland), NJW 2015, 37 ff.; (Pocelet/ Belgien), NJW 2011, 1789 ff.; (Krumholz/Österreich), HRRS 1/2011, S. 1; (A.L./Deutschland), NJW 2006, 1113 f.; (Pedersen u. Baadsgaard/Dänemark), NJW 2006, 1645 ff.; (Selahattin Erdem/Deutschland), EuGRZ 2001, 391 ff.; (Schenk/ Schweiz), NJW 1989, 654 ff.; (Minelli/Schweiz), EuGRZ

fahr der Vorverurteilung[35] zu vermeiden, sollte sich der Bundesgesetzgeber[36] gegenüber seinen Grundrechts- und Hoheitsträgern klar und eindeutig ausdrücken.

1983, 475 ff.; (Adolf/ Österreich), EuGRZ 1982, 297 ff.; BVerfGE 133, 168 (199, 202); 110, 1 (22 f.); 82, 106 ff.; 74, 358 (370 ff.); 35, 202 (232); 19, 342 (347 f.); BVerfG, StV 2017, 712 f.; ZUM 2010, 243 ff.; NJW 2009, 2117 ff.; NJW 2009, 3569 f.; NJW 2009, 350 ff.; NJW 2002, 3231 f.; NStZ-RR 1996, 168 f.; NJW 1994, 377; NJW 1992, 2011 f.; NJW 1992, 1612 f.; NJW 1991, 1530 ff.; NStZ 1988, 21; BGHSt 14, 358 (364); BVerwG, NJW 2011, 405 ff.; OVG Bautzen, StV 2019, 79; VerfGH Berlin, NStZ-RR 2013, 242; JR 2007, 412 ff.; KG Berlin, NJW 1968, 1969 f.; JR 1966, 109; LRE 24, 62 (64); LG Berlin, AfP 2002, 62 ff.; AfP 1994, 332; NJW 1986, 1265 f.; VfG Brandenburg, JR 2003, 101; OLG Braunschweig, AfP 1981, 292; NJW 1975, 651 ff.; LG Bremen, StraFo 2013, 21 f.; OLG Celle, MMR 2008, 180 ff.; StV 1990, 504; NJW 1971, 1665; OLG Dresden, StV 2007, 639 f.; OLG Düsseldorf, NJW 2005, 1791 ff.; NStZ 2004, 269; NJW 1980, 597 ff.; OLG Frankfurt, NJW-RR 1990, 989 f.; NJW 1980, 597 ff.; HansOLG, StraFo 2017, 198 f.; OLG Hamburg, AfP 2012, 392 ff.; NJW 1980, 842 f.; OLG Hamm, NStZ 2013, 174 f.; LG Heidelberg, NJW 1959, 1932; OLG Karlsruhe, Die Justiz 1980, 450 ff.; Die Justiz 1974, 223 ff.; OLG Köln, AfP 2019, 74 ff.; AfP 2014, 155 ff.; AfP 2013, 144 ff.; ZUM 2012, 337 ff.; NJW 1991, 506 f.; AfP 1989, 683 ff.; NJW 1987, 2682 ff.; AfP 1985, 293 ff.; LG Köln, AfP 2016, 177 ff.; OVG Münster, StV 2018, 210; OLG Oldenburg, NJW 1963, 920 ff.; LG Oldenburg, AfP 1987, 720; OLG Saarbrücken, AfP 2017, 65 (68); SchlHOLG, SchlHA III/1991, 42 f.; OLG Stuttgart, UFITA 29 (1959), 111 ff.; Thür. OLG, StV 2003, 574; StV 2003, 575.

[35] A. A.: SK-StPO/Meyer (Fn 4), Art. 6 Rn 343: „Die Etikettierung des Beschuldigten als ‚Täter' (…) begründet (…) keine erhebliche Gefahr der Vorverurteilung durch die Öffentlichkeit (…)." Kritische Besprechung dieser Aufl. von Hettinger, GA 2019, 573 f., und Wasserburg, ZIS 2019, 461 f.

[36] Rieß, StraFo 1999, 1, 9 (zum Zeugenschutzgesetz: „Weitaus kritischer muss freilich die Bewertung ausfallen, wenn man dieses Gesetz als Teil einer Langzeitentwicklung betrachtet, die einen rechtspolitischen Klimawechsel signalisieren könnte. Liest man die das Gesetzgebungsverfahren abschließende Debatte des Deutschen Bundestages, so wird diese Gefahr deutlich, wenn die Konzentration der Blickrichtung und damit des Verfahrens auf den Täter (Richtiger, aber von den Rednern so nicht gesehen, ‚den Beschuldigten', für den die Unschuldsvermutung in Anspruch genommen werden kann.) als ‚professionelle Verbiegung' gekennzeichnet wird (…). Deshalb ist anzumahnen und zu verteidigen, dass der wesentliche – nicht der alleinige – Zweck des Strafverfahrens nicht aus dem Bewusstsein geraten darf, dem Beschuldigten ein rechtsstaatliches Verfahren und effektive Verteidigungsmöglichkeiten zu gewährleisten.").

Da dies jedoch bisher nicht ausreichend geschehen ist, sollte es auch (weiterhin) vordringlichste Aufgabe von Lehre und Schrifttum sein, das durch legislatorische Unzulänglichkeiten begünstigte Fehlverhalten in der Praxis zu beanstanden, Lösungswege aufzuzeigen und die Initiative des Gesetzgebers einzufordern.[37]

Indem der parlamentarische Gesetzgeber das Feld nicht der Exekutive, Judikative und „vierten Gewalt" (Presse) überlässt, sondern dort eingreift, wo dies unerlässlich ist und den drei handelnden Gewalten rechtliche Schranken setzt, bewährt sich der Rechtsstaat (auch) als Gesetzgebungsstaat.[38]

VIII. Schlussbetrachtung

Deshalb würde eine von rechtsstaatlicher Präzision geprägte und an der Unschuldsvermutung orientierte einheitliche Gesetzes- und Rechtssprache – von unschätzbarem Wert für unsere europäische Rechts- und Sprachkultur – zur Verwirklichung der Menschenrechte, des Rechtsfriedens[39] und der Atmosphäre der Anständigkeit[40] wesentlich beitragen.

---

[37] Die Schaffung einer praxistauglichen gesetzlichen Regelung sei sowohl aus Gründen der Rechtsklarheit und Rechtssicherheit geboten als auch rechtsdogmatisch unerlässlich, vgl. Zöller/Esser (Hrsg.), Justizielle Medienarbeit im Strafverfahren, 2019, S. 13 f.; Hund, S. 17 (25); Gesetzentwurf des ASP, S. 27 (31 f., 37); Mavany, S. 237 (255 f.); Zöller, S. 279 (299).
[38] Ähnlich Vogel, NJW 1978, 1217 (1228); Diercks, AnwBl 1987, 154 (171).
[39] Vgl. Lamprecht, Vom Untertan zum Bürger, 1999, 356 (zur „Erwartung des Bürgers, dass Recht etwas mit Gerechtigkeit und beides mit Menschenwürde zu tun hat"); ders., NJW 2007, 2744 ff.
[40] Eb. Schmidt, Justiz und Publizistik, in: Recht und Staat, Nr. 353/354 (1968), S. 55 f.

„Auch in einer stabilen Demokratie bedarf es treuer Wächter, die der Politik Paroli bieten, wenn diese in Zeiten der Krise versucht ist, den liberalen Rechtsstaat in seinem Kernbestand einzuengen."[41]

---

[41] Limbach, AnwBl 2012, 454 (458).

Erstveröffentlichungsbeiträge

Folgende Kapitel wurden bereits publiziert:

A. AnwBl 1999, S. 311-316
B. AnwBl 2002, S. 147-155
C. NK 2009, S. 150-159
D. ZRP 2012, S. 184-185
E. StraFo 2020, S. 318-310 – mit vollständigen Fußnoten

Schrifttum

Um sowohl dem interessierten Leser einen tieferen Einblick in die dargestellte Problematik zu ermöglichen als auch den besonderen Interessen von Wissenschaft und Praxis – für die die entsprechenden Literatur- und Rechtsprechungshinweise fast so wichtig sein dürften wie die Ausführungen in den Beiträgen – gerecht zu werden, wurde das vorliegende Buch mit einer weiterführenden, sehr umfangreichen Dokumentation des Schrifttums ergänzt.

A

Achenbach, Hans: Zweiteilung des Strafverfahrens – Plädoyer für die „kleine Lösung", JR 1974, S. 401-406

ders.: Vorläufige Festnahme, Identifizierung und Kontrollstelle im Strafprozess, JA 1981, S. 660-666

ders.: in: Alternativkommentar zur StPO, Band 2, Neuwied 1992

ders.: Unschuldsvermutung, in: Historisches Wörterbuch der Philosophie, Basel 2001, Sp. 266-267

Ackermann, Jürg-Beat: Tatverdacht und Cicero – in dubio contra suspicionem maleficii, FS Riklin, Zürich 2007, S. 319-335

Ahlbrecht, Heiko: Unschuldig schuldig – zur Unschuldsvermutung in der EU, StV 2016, S. 257-264

Ahmed, Adam: Untersagung von Foto-, Film- und Fernsehaufnahmen im Sitzungssaal, Anmerkung (zu: LG Augsburg, Verf. v. 22.2.2012), StV 2013, S. 202-206

Aksöz, Erkan: Strafjustiz im Spannungsfeld zwischen Informationsinteresse und Persönlichkeitsschutz, Hamburg 2020

Albers, Simon: Straftäter oder stigmatisierte Fußballfans? Zur Delinquenz von Personen mit Stadionverboten, Diss. Bochum 2017

Albrecht, Peter-Alexis: Prävention als problematische Zielbestimmung im Kriminaljustizsystem, KritV 1986, S. 55-82

ders.: Die neu verfasste Polizei: Grenzverwischung und Geheimverfahren, KritV-Sonderheft 2000, S. 17-24

ders.: Vom Ende des Unverfügbaren – Anmerkungen zur Politik tektonischer Zerstörungen menschlicher Würde –, KritV 2004, S. 123-128

ders.: Die vergessene Freiheit. Strafrechtsprinzipien in der europäischen Sicherheitsdebatte, 2. Aufl., Berlin 2006

Allfeld, Philipp: Kommentar zu dem Gesetze betreffend das Urheberrecht an Werken der bildenden Künste und der Photographie vom 9. Januar 1907, München 1908

ders.: Recht am eigenen Bilde, DJZ 1920, Sp. 702-703

ders.: Rechtsanwälte im Bilde, DJZ 1926, Sp. 1467-1469

Alsberg, Max: Justizirrtum und Wiederaufnahme, 1913

ders.: Die Philosophie der Verteidigung, 1930

ders.: Das Weltbild des Strafrichters, 1930

Altermann, Christian: Medienöffentliche Vorverurteilung – strafjustizielle Folgerungen für das Erwachsenen- und für das Jugendstrafverfahren? Eine rechtsdogmatische Analyse auf der Grundlage einer empirischen Erhebung (Experteninterviews), Diss. Berlin 2008

Alternativ-Entwurf Reform des Ermittlungsverfahrens (AE-EV)*:* Entwurf eines Arbeitskreises deutscher, österreichischer und schweizerischer Strafrechtslehrer (Arbeitskreis AE), München 2001

Alternativ-Entwurf Strafjustiz und Medien (AE-StuM): Entwurf eines Arbeitskreises deutscher, österreichischer und schweizerischer Strafrechtslehrer (Arbeitskreis AE), München 2004

Alternativ-Entwurf Abgekürzte Strafverfahren im Rechtsstaat (AE-ASR): Entwurf eines Arbeitskreises deutscher, österreichischer und schweizerischer Strafrechtslehrer, GA 2019, S. 1 ff.

Ambos, Kai: Zur Stellung von Verteidiger und Beschuldigtem vor dem UN-Jugoslawiengerichtshof, NStZ 1998, S. 123-126

ders.: Der Europäische Gerichtshof für Menschenrechte und die Verfahrensrechte. Waffengleichheit, partizipatorisches Vorverfahren und Art. 6 EMRK, ZStW 115 (2003), S. 583-637

ders.: Europarechtliche Vorgaben für das (deutsche) Strafverfahren – Teil II – Zur Rechtsprechung des EGMR von 2000-2002, NStZ 2004, S. 14-17

Ambos, Kai / *Poschadel,* Annika Maleen: Terrorismus und faires Verfahren. Zum Recht auf ein faires Verfahren für mutmaßliche Terroristen, GA 2013, S. 673-693

Amelung, Kurt: Strafrechtlicher Grundrechtsschutz gegen die Polizei, ZRP 1991, S. 143 ff.

Amelung, Knut / *Tyrell,* Christoph: Zur Behandlung des Rechts am eignen Bild in der neueren strafrechtlichen Rechtsprechung, NJW 1980, S. 1560

Appel, Ehrhard: Die Europäische Konvention zum Schutz der Menschenrechte und Grundfreiheiten in ihrer Bedeutung für das deutsche Strafrecht und Strafverfahrensrecht, Diss. Marburg 1961

Arndt, Adolf: Das Bild des Richters, Juristische Studiengesellschaft Karlsruhe, Schriftenreihe Heft 27, 1957, S. 3-20

ders.: Umwelt und Recht. Eröffnungsbeschluss, rechtliches Gehör und Menschenrechts-Konvention; Erschöpfung des Rechtswegs; die Wahrheitsfrage und das demokratische Rechtsstaatsprinzip, NJW 1960, S. 1191-1193 *ders.*: Umwelt und Recht. Das Öffentliche: 1. Gerichtsöffentlichkeit, 2. Die Verbände im Bereich des Öffentlichen, NJW 1960, S. 423-425

ders.: Rechtsprechende Gewalt und Strafkompetenz, Festgabe Carlo Schmid, Tübingen 1962, S. 5-32

ders.: Umwelt und Recht. 1. Fall „Blinkfüer" (Art. 5 GG). – 2. Die Last der Freiheit oder Justiz und Presse, NJW 1964, S. 23 f.

ders.: Zum Problem der strafrechtlichen Verjährung, JZ 1965, S. 145-149

ders.: Umwelt und Recht. 1. Ohne Kommentar. – 2. Das Schweigen vor Gericht (§§ 52, 243 Abs. 4, 261 StPO; Art. 2 und 6 Abs. 1 GG; Art. 6 Abs. 2 MRK). – 3. Zur Güterabwägung bei Grundrechten (Art. 5 GG), NJW 1966, S. 869-872

ders.: Die Rolle der Massenmedien in der Demokratie, in: Löffler, Martin (Hrsg.), Die Rolle der Massenmedien in der Demokratie, München 1966, S. 1-21

ders.: Umwelt und Recht. „Vor unserer eigenen Tür" – Eine Besprechung der Entscheidung des BGH v. 16.9.1966 zu dieser Fernsehsendung, NJW 1967, S. 1845-1847

ders.: Gesammelte juristische Schriften, Ausgewählte Aufsätze und Vorträge 1946 – 1972, München 1976

Arnold, Rainer: Verfassungsidentität und Europäische Integration. Die Perspektive der mittel- und osteuropäischen Verfassungsgerichte, FS F.-C. Schroeder, Frankfurt am Main 2011, S. 309-319

Arzt, Clemens: Verbunddateien des Bundeskriminalamts – Zeitgerechte Flurbereinigung, NJW 2011, S. 352-354

Arzt, Clemens / *Eier,* Jana: Zur Rechtmäßigkeit der Speicherung personenbezogener Daten in „Gewalttäter"-Verbunddateien des Bundeskriminalamts, DVBl 2010, S. 816-824

Arzt, Gunther: Der strafrechtliche Schutz der Intimsphäre vom zivilrechtlichen Persönlichkeitsschutz aus betrachtet, Habil.-Schrift Tübingen 1969

Aschner, Nico: Grenzen strafverfolgungsbehördlicher Medienarbeit im Ermittlungsverfahren, Diss. Siegen 2017

Aulmann, Heinz: Die Persönlichkeitsverletzung – insbesondere durch die Personendarstellung im Film – in rechtsvergleichender Sicht, Diss. Würzburg 1964

B

Backes, Otto: Kriminalpolitik ohne Legitimität, KritV 1986, S. 315 ff.

Bäcker, Matthias: Terrorismusabwehr durch das Bundeskriminalamt, Berlin 2009

Balogh, Elemér: Die Verdachtsstrafe als Erscheinungsform der Schuldvermutung. Das Problem der Verdachtsstrafe nach der Abschaffung der Folter bis zur Einführung der freien Beweiswürdigung, Diss. Freiburg i. Br. 1992

Barfuß, Walter: Sprache und Recht, DRiZ 1987, S. 49-54

Barrot, Johannes: Die Unschuldsvermutung in der Rechtsprechung des EGMR, ZJS 2010, S. 701-706

Bartsch, Hans-Jürgen: Einstellung gegen Bußzahlung – Unzulässiger Freikauf von der Strafsanktion, ZRP 1969, S. 128-130

Battis, Ulrich: Staatsanwälte in die Dritte Gewalt, NJW Heft 12/2014, S. III

Bauhofer, Arthur: Wer vor Gericht gestellt wird, muss freigesprochen oder verurteilt werden. Ein Beitrag zur Geschichte der Verdachtsstrafe und der Instanzenbindung im züricherischen Strafprozess, FS Pfenninger, Zürich 1956, S. 15 ff.

Baum, Gerhart Rudolf / *Schantz,* Peter: Die Novelle des BKA-Gesetzes. Eine rechtspolitische und verfassungsrechtliche Kritik, ZRP 2008, S. 137-140

Baumann, Ulrich: Das Verbrechensopfer in Kriminalitätsdarstellungen der Presse. Eine empirische Untersuchung der Printmedien, Diss. Freiburg i. Br. 1998

Baur, Alexander / *Burkhardt,* Anika / *Kinzig,* Jörg: Am Pranger: Kriminalprävention durch Information? Über die Zulässigkeit und kriminalpolitische Wirksamkeit eines Präventivprangers für gefährliche Straftäter, JZ 2011, S. 131-139

Baur, Fritz: Justizaufsicht und richterliche Unabhängigkeit. Eine gerichtsverfassungsrechtliche Untersuchung, Tübingen 1954

Beater, Axel / *Habermeier,* Stefan (Hrsg.): Verletzungen von Persönlichkeitsrechten durch die Medien, Tübingen 2005

Beck, Thomas: § 169 Satz 2 GVG – ein Fossil in der heutigen Mediengesellschaft oder wichtiger denn je? Festgabe Graßhof, Heidelberg 1998, S. 129-138

Becker, Bernhard von: Können Bilder lügen? Anmerkung zu BVerfG AfP 2005 S. 171 – Fotomontage, AfP 2005, S. 247-251

ders.: Voraussetzungen einer Verdachtsberichterstattung. Anmerkung (zu: OLG München, Urt. v. 7.4.2009), ZUM 2009, S. 777-781

Becker, Carina: Das Recht auf Vergessenwerden, Tübingen 2019

Becker, Florian: Die verurteilungsunabhängige Einziehung – ein Wolf im Schafspelz, StV 4/2020, S. I

Becker, Peter von: Straftäter und Tatverdächtige in den Massenmedien: Die Frage der Rechtmäßigkeit identifizierender Kriminalberichte. Eine Untersuchung zur beispielhaften Konkretisierung von Medienverantwortung im demokratisch-sozialen Rechtsstaat, Baden-Baden 1979

Becker-Toussaint, Hildegard: Schmerzensgeldansprüche Beschuldigter bei Medieninformationen der Staatsanwaltschaften, NJW 2004, S. 414-418

Behr, Jürgen: Der Sensationsprozess. Eine kriminologische Untersuchung, Diss. Mainz 1968

Behrschmidt, Ewald: Justiz und Presse – Anmerkungen aus der Sicht eines Justizpressesprechers, in: Dölling / Gössel / Waltoś (Hrsg.), Kriminalberichterstattung in der Tagespresse, Heidelberg 1998, S. 335-357

Beiner, Friedhelm / *Breuer,* Ingolf: Verständlichkeit von Sprache und Text, DÖV 1984, S. 49-55

Beling, Detlev W.: Die Verdachtskündigung, FS Kissel, München 1994, S. 11 ff.

Beling, Ernst: Unschuld, Schuld und Schuldstufen im Vorentwurf zu einem Deutschen Strafgesetzbuch, Leipzig 1910, Nachdruck 1971

Bélorgey, Harald: Gegebener und gebotener Einfluss des Art. 6 EMRK auf das deutsche Bußgeldverfahren, Diss. Heidelberg 2002

Benda, Ernst: Privatsphäre und „Persönlichkeitsprofil"-Entscheidung – Ein Beitrag zur Datenschutzdiskussion, FS Geiger, Tübingen 1974, S. 23-44

ders.: Nachteile des Richteramtsbonus, FS Zeidler, Band 1, Berlin 1987, S. 43-65

ders.: Tatort Schlossbezirk, NJW 1999, S. 1524-1525

ders.: Die Bindungswirkung von Entscheidungen des Europäischen Gerichtshofs für Menschenrechte, AnwBl 2005, S. 602-608

ders.: Zwischenruf. Ein überflüssiger Streit, ZRP 2008, S. 63-64

Benfer, Jost / *Bialon,* Jörg: Rechtseingriffe von Polizei und Staatsanwaltschaft, 4. Aufl., München 2010

Bentele, Christoph: Zulässigkeit und Grenzen von Litigation-PR durch die Staatsanwaltschaft, Diss. Tübingen 2015

Beradt, Martin: Der deutsche Richter, Erstausgabe Frankfurt a. M. 1930, Königstein 1979

Berg, Klaus: Fahndung und Ermittlung mit Hilfe der Medien, AfP 1989, S. 416-418

Berger, Nikolaus: Fordert prozessbegleitende Krisen-PR die Strafjustiz neu heraus? DRiZ 2012, S. 70-74

Bergmann, Jan: Das Bundesverfassungsgericht in Europa, EuGRZ 2004, S. 620-627

Berka, Walter: Medienfreiheit und Persönlichkeitsschutz. Die Freiheit der Medien und ihre Verantwortung im System der Grundrechte, Habil.-Schrift Salzburg 1982

ders.: Kriminalberichterstattung zwischen Medienfreiheit und Medienverantwortung. Der Persönlichkeitsschutz im strafprozessualen Vorverfahren, Wien 1985

ders.: Unschuldsvermutung und Recht auf Anonymität. Aktuelle höchstrichterliche Rechtsprechung zum Schutz des Einzelnen vor einer präjudizierenden Kriminalberichterstattung, MR 1987, S. 6-8, 36

ders.: Das Recht der Massenmedien, Wien 1989

ders.: Persönlichkeitsschutz und Massenmedien im Lichte der Grundfreiheiten und Menschenrechte, in: Koziol, Helmut / Warzilek, Alexander, Persönlichkeitsschutz gegenüber Massenmedien, Wien 2005

Berneith, Daniel: „Die Presse und ihr Interesse", JA 2020, S. 298-308

Bernhardt, Rudolf: Bundesverfassungsgericht und völkerrechtliche Verträge, in: Bundesverfassungsgericht und Grundgesetz, Festgabe aus Anlass des 25jährigen Bestehens des Bundesverfassungsgerichts, 2. Band, Tübingen 1976, S. 154-186

ders.: Die Europäische Menschenrechtskonvention und die deutsche Rechtsordnung, EuGRZ 1996, S. 339-341

ders.: Die Entscheidungen des Europäischen Gerichtshofs für Menschenrechte im deutschen Rechtsraum, in: Geiger, Rudolf (Hrsg.), Völkerrechtlicher Vertrag und staatliches Recht vor dem Hintergrund zunehmender Verdichtung der internationalen Beziehungen, Baden-Baden 2000, S. 147-155

ders.: Die Erschöpfung der innerstaatlichen Rechtsbehelfe vor der Anrufung internationaler Organe zum Schutz der Menschenrechte, insbesondere des Europäischen Gerichtshofs für Menschenrechte, FS Rauschning, Köln 2001, S. 293-300

ders.: Völkerrechtskonforme Auslegung der Verfassung? Verfassungskonforme Auslegung völkerrechtlicher Verträge? FS Steinberger, Berlin 2002, S. 391-400

Bernsmann, Klaus: Kronzeugenregelung des geltenden Rechts. – Dogmatische Anmerkungen zu einer (kriminal-)politischen Auseinandersetzung –, JZ 1988, S. 539-545

Bernsmann, Klaus / *Jansen,* Kirsten: Heimliche Ermittlungsmethoden und ihre Kontrolle – Ein systematischer Überblick, StV 1998, S. 217-231

Bertillon, Alphonse: Die gerichtliche Photographie, Halle 1895

Bettermann, Karl August: Vom Rechtsschutz und Rechtsweg des Bürgers gegen Rundfunk-Rufmord. Bemerkungen zu BGHZ 66, 182, NJW 1977, S. 513-519

ders.: Publikationsfreiheit für erschlichene Informationen? Kritische Bemerkungen zum Wallraff-Urteil des BGH, NJW 1981, S. 1065-1069

Beukelmann, Stephan: Europäisierung des Strafrechts – Die neue strafrechtliche Ordnung nach dem Vertrag von Lissabon, NJW 2010, S. 2081-2086

ders.: Die Unschuldsvermutung, NJW-Spezial 2016, S. 696

Beukelmann, Stephan / *Sacher,* Marianna: Zeig mal! – Der Einsatz von Multimedia im Gerichtssaal –, FS Volk, München 2009, S. 33-43

Beulke, Werner: Der prozessuale Tatbegriff. Anmerkungen zur neueren Entwicklung des Verhältnisses des prozessualen zum materiell-rechtlichen Tatbegriff, Festgabe aus Anlass des 50-jährigen Bestehens des BGH, Band IV, 2000, S. 781-807

ders.: Konfrontation und Strafprozessreform. Art. 6 Abs. 3 lit. d EMRK und ein „partizipatorisches" Vorverfahren anstelle einer Hauptverhandlung in ihrer bisherigen kontradiktorischen Struktur, FS Rieß, Berlin 2002, S. 3-29

Beulke, Werner / *Ruhmannseder,* Felix: Der Strafverteidiger als Täter und (strafloser) Teilnehmer einer Strafvereitelung, FS Volk, München 2009, S. 45-60

Bewier, Martin: Über das Recht am eigenen Bilde, Diss. Leipzig 1916

Bigler-Eggenberger, Margrith: Überinterpretation der Unschuldsvermutung gemäß Art. 6 Ziff. 2 EMRK? recht 1995, S. 20 ff.

Bilinsky, Andreas: Die Präsumtion der Unschuld in der sowjetischen Rechtslehre, ROW 1962, S. 55 ff.

Binder, Detlev: Rechtsprobleme des Einsatzes technischer Mittel gem. §§ 100 c, d StPO und des Lauschangriffs, Diss. Bonn 1996

Blazko, Linda-Sue: Medienöffentlichkeit des Strafverfahrens. Betrachtung des Öffentlichkeitsgrundsatzes im Lichte des gesellschaftlichen und straftheoretischen Wandels, Berlin 2019

Bleckmann, Albert: Grundgesetz und Völkerrecht, Berlin 1975

ders.: Die Völkerrechtsfreundlichkeit der deutschen Rechtsordnung, DÖV 1979, S. 309-318

ders.: Europäische Kommission für Menschenrechte – Rechtsprechungsbereicht 1982 Nr. 1-97, EuGRZ 1983, S. 415-421

ders.: Die Bindung der Europäischen Gemeinschaft an die Europäische Menschenrechtskonvention, Köln 1986

ders.: Verfassungsrang der Europäischen Menschenrechtskonvention? EuGRZ 1994, S. 149-155

ders.: Der Grundsatz der Völkerrechtsfreundlichkeit der deutschen Rechtsordnung, DÖV 1996, S. 137-145

Blesel, Dagmar: Verkehrspolizist bremst Minister aus. Ein Streit zwischen dem Bonner Siegfried Hahlbohm und Franz Josef Strauß geht 1958 um die ganze Welt, (Bonner) General-Anzeiger v. 11.3.2009, S. 12

Blum, Peter: Wege zu besserer Gesetzgebung – sachverständige Beratung, Begründung, Folgeabschätzung und Wirkungskontrolle, Gutachten für den 65. Deutschen Juristentag, München 2004

Blumenstein, Thomas: Der Widerruf der Strafaussetzung zur Bewährung wegen der Begehung einer neuen Straftat nach § 56f Abs. 1 Nr. 1 StGB, Diss. Gießen 1995

Bock, Stefanie: Unschuldsvermutung und Entscheidungsbegründung, in: Prozessrecht in nationaler, europäischer und globaler Perspektive, Tübingen 2017, S. 155-171

Bockemühl, Jan: Das Ermittlungsverfahren – Sonderopfer des Tatverdächtigen, StraFo 2016, S. 60-63

Böhme, Toni: Das strafgerichtliche Fehlurteil – Systemimmanenz oder vermeidbares Unrecht? Eine Untersuchung zu den Ursachen von Fehlurteilen im Strafprozess und den Möglichkeiten ihrer Vermeidung, Diss. Tübingen 2018

*Boehme-*Neßler, Volker: Die Öffentlichkeit als Richter? – Litigation-PR als Herausforderung für das Recht, ZRP 2009, S. 228-231

ders. (Hrsg.): Die Öffentlichkeit als Richter? Litigation-PR als neue Methode der Rechtsfindung, Baden-Baden 2010

Böse, Martin: Der Beitritt der EG zur EMRK aus der Sicht des Strafrechts, ZRP 2001, S. 402-404 *ders.*: Die verfassungsrechtlichen Grundlagen des Satzes „Nemo tenetur se ipsum accusare", GA 2002, S. 98-128

Böttcher, Hans-Ernst: Rechtskultur – Ein Essay für Richard Schmid, FS Richard Schmid, Baden-Baden 1985, S. 221-230

ders.: Richard Schmid (1899-1986). Recht für die Menschen, nicht für den Staat, in: Kritische Justiz (Hrsg.), Streitbare Juristen, FS Seifert, Baden-Baden 1988, S. 487-495

Böttcher, Reinhard: Zur Instrumentalisierung des Ermittlungsverfahrens im politischen Meinungskampf, GS Schlüchter, Köln 2002, S. 435-450

Boetticher, Axel: Zum Widerruf der Strafaussetzung zur Bewährung, NStZ 1991, S. 1-6

Bohnert, Joachim: Die Abschlussentscheidung des Staatsanwalts, Berlin 1992

Bommarius, Christian: Der „perp walk" auf Deutsch. Warum die Staatsanwaltschaft als objektivste Behörde der Welt es mit der Unschuldsvermutung nicht so ernst nimmt, AnwBl 2014, S. 431

Bongartz, Wilfried: Das Recht am eigenen Bilde und seine Reform, Diss. Köln 1966

Boos, H.: Keine Schuldvermutung im Verkehrsstrafrecht! NJW 1960, S. 373 ff.

Borchers, Andreas / *Scholing,* Michael: Halbgötter in Rot. Karlsruher Richter: Hüter oder Herren der Verfassung? Bundesverfassungsrichter: Umstrittene Wahl, kritisierte Urteile. Die „Übergesetzgeber" von Karlsruhe, Vorwärts, Nr. 47/1987, S. 1, 16-22

Bornkamm, Joachim: Pressefreiheit und Fairness des Strafverfahrens. Die Grenzen der Berichterstattung über schwebende Strafverfahren im englischen, amerikanischen und deutschen Recht, Diss. Freiburg 1980

ders.: Die Berichterstattung über schwebende Strafverfahren und das Persönlichkeitsrecht des Beschuldigten, NStZ 1983, S. 102-108

Bosch, Nikolaus: Aspekte des nemo-tenetur-Prinzips aus verfassungsrechtlicher und strafprozessualer Sicht. Ein Beitrag zur funktionsorientierten Auslegung des Grundsatzes „nemo tenetur seipsum accusare", Diss. Augsburg 1997

ders.: Der strafrechtliche Schutz vor Foto-Handy-Voyeuren und Paparazzi, JZ 2005, S. 377-385

Bossi, Rolf: Ich fordere Recht. Erinnerungen eines Strafverteidigers, München 1975

Bottke, Wilfried: Strafprozessuale Rechtsprobleme massenmedialer Fahndung. Zur Teilnahme von Strafverfolgungsorganen an der Fernsehsendung „Aktenzeichen XY ... ungelöst", ZStW 93 (1981), S. 425-451

ders.: Wahrheitspflicht des Verteidigers, ZStW 96 (1984), S. 726-760

ders.: Materielle und formelle Verfahrensgerechtigkeit im demokratischen Rechtsstaat, Berlin 1991

Branahl, Udo: Medienrecht. Eine Einführung, Opladen 1992

ders.: Justizberichterstattung. Eine Einführung, 3. Aufl., Wiesbaden 2005

Brandts, Ricarda: „Hier wurden die Grenzen des Rechtsstaates ausgetestet." Zum Fall Sami A., dem öffentlichen Druck durch die Politik und zur Unabhängigkeit der Justiz, (Bonner) General-Anzeiger v. 17.8.2018, S. 3

Brangsch, Heinz: Vorleben und Vorstrafen des Angeklagten als Indizien im englischen Strafprozess, Bonn 1953

Braun, Kurt: Handbuch der Gerichtsberichterstattung, Bonn 1994

Braun, Yvonne: Medienberichterstattung über Strafverfahren im deutschen und englischen Recht. Zugleich eine Erörterung der Fernsehöffentlichkeit der Hauptverhandlung, Diss. Gießen 1997

Bredel, Frank: Polizei und Presse. Rechtsprobleme der polizeilichen Öffentlichkeitsarbeit, Wiesbaden 1997

Brinkmann, Tomas: Verdachtsberichterstattung und Umkehr der Beweislast. Beweislasten des investigativen Journalismus in der Praxis, AfP 2015, S. 290-295

Britz, Guido: Fernsehaufnahmen im Gerichtssaal. Ein rechtsvergleichender Beitrag zum Öffentlichkeitsgrundsatz im Strafverfahren, Diss. Saarbrücken 1999

Brost, Lucas / *Conrad,* Christian / *Rödder,* Felix Justus: Einholung und Berücksichtigung der Stellungnahme bei der Verdachtsberichterstattung, AfP 2018, S. 287-290

Brost, Lucas / *Conrad,* Christian: Verdachtsberichterstattung und Selbstöffnung. Mediale Selbstverteidigung ohne Verlust des Anonymitätsschutzes, AfP 2020, S. 290-294

Brüggemann, Bernd: Zur Berichterstattung über Ermittlungs- und Gerichtsverfahren, AfP 1971, S. 155-158

Bruns, Hans-Jürgen: Ungeklärte verfahrensrechtliche Fragen des Contergan-Prozesses, FS Maurach, Karlsruhe 1972, S. 469-486

ders.: Tatverdacht und Schlüssigkeitsprüfung im strafprozessualen Ermittlungsverfahren – Rechtsdogmatische Randbemerkungen zu einem politischen Thema: „Vorverurteilung und Vorfreispruch", GS Kaufmann, Berlin 1986, S. 863-873

Buch, Gustav Friedrich von: Das Recht am eigenen Bilde, Diss. Leipzig 1906

Bussmann, Kai-D.: Konservative Anmerkungen zur Ausweitung des Strafrechts nach dem Sechsten Strafrechtsreformgesetz, StV 1999, S. 613-622

Bussmann, Kurt: Persönlichkeitsrecht und Berichterstattung in Presse, Film und Funk, JR 1955, S. 202-205

ders.: Reichen die geltenden gesetzlichen Bestimmungen insbesondere im Hinblick auf die modernen Nachrichtenmittel aus, um das Privatleben gegen Indiskretion zu schützen? Gutachten für den 42. DJT, Verhandlungen d. 42. DJT (1957), Band I

ders.: Gedanken zur Ton- und Bildberichterstattung, UFITA 40 (1963), S. 21-38

C

Callewaert, Johan: Die Europäische Menschenrechtskonvention und die Verfahrensgarantien. Probleme der Anwendung des Art. 6 EMRK, EuGRZ 1996, S. 366-369

Coelln, Christian von: Zur Medienöffentlichkeit der Dritten Gewalt. Rechtliche Aspekte des Zugangs der Medien zur Rechtsprechung im Verfassungsstaat des Grundgesetzes, Habil.-Schrift, Tübingen 2005

ders.: Der Zutritt von Journalisten zu öffentlichen Gerichtsverhandlungen, DÖV 2006, S. 804-811

ders.: Justiz und Medien. Rechtliche Anforderungen an das Verhältnis zwischen der Justiz und den Medien, insbesondere an die Berichterstattung über Gerichtsverfahren, AfP 2014, S. 193-202

Cohn, Georg: Neue Rechtsgüter. Das Recht am eigenen Namen. Das Recht am eigenen Bilde, Berlin 1902

Conen, Stefan: Zur Disziplinierung der Strafverfolgungsorgane durch Beweisverwertungsverbote, FS Eisenberg, München 2009, S. 459-471

Conrad, Christian / *Brost*, Lucas: Der „geschwätzige" Staatsanwalt – Rechtliche Möglichkeiten gegen Presseauskünfte der Ermittlungsbehörden, StraFo 2018, S. 45-50

Cremer, Hans-Joachim: Zur Bindungswirkung von EGMR-Urteilen – Anmerkung zum Görgülü-Beschluss des BVerfG vom 14.10.2004, EuGRZ 2004, 741 –, EuGRZ 2004, S. 683-700

Cremona, J.: Abweichende Meinung (zu: EGMR, Urt. v. 25.8.1987 – Lutz gegen Bundesrepublik Deutschland), EuGRZ 1987, S. 399-405

ders.: Abweichende Meinung (zu: EGMR, Urt. v. 25.8.1987 – Englert gegen Bundesrepublik Deutschland), EuGRZ 1987, S. 405-410

ders.: Abweichende Meinung (zu: EGMR, Urt. v. 25.8.1987 – Nölkenbockhoff gegen Bundesrepublik Deutschland), EuGRZ 1987, S. 410-415

Cremona, J. / *Liesch*, L. / *Pettiti*, L.-E.: Gemeinsame abweichende Meinung (zu: EGMR, Urt. v. 26.3.1982 – Adolf gegen Österreich), EuGRZ 1982, 297-303

Czerner, Frank: Inter pares- versus erga omnes-Wirkung der EGMR-Judikate in den Konventionsstaaten gemäß Art. 46 EMRK, AVR 46 (2008), S. 345-367

D

Dahs sen., Hans: Der Anwalt im Strafprozess, AnwBl 1959, S. 171-189

ders.: Zur Amtspflichtverletzung von Staatsanwaltschaft und Haftrichter. Anmerkung (zu: BGH, Urt. v. 29.5.1958), NJW 1959, S. 35-38

ders.: Recht und Unrecht der Untersuchungshaft, NJW 1959, S. 505 ff.

ders.: Unzulässigkeit von Bild- und Rundfunk im Gerichtssaal, NJW 1961, S. 1755-1757

ders.: Handbuch des Strafverteidigers, 1. Aufl., Köln 1969

Dahs, Hans: Rechtliches Gehör im Strafverfahren, Diss. Bonn 1963 *ders*: Das „Anti-Terroristen-Gesetz" – eine Niederlage des Rechtsstaats, NJW 1976, S. 2145-2151

ders.: Zum Persönlichkeitsschutz des „Verletzten" als Zeuge im Strafprozess, NJW 1984, S. 1921-1927

ders.: Zur Verteidigung im Ermittlungsverfahren, NJW 1985, S. 1113-1118

ders.: Schadensersatz wegen unrichtiger Pressemitteilungen. Anmerkung (zu: BGH, Urt. v. 16.1.1986), NStZ 1986, S. 562-564

ders.: Absprachen im Strafprozess – Chancen und Risiken –, NStZ 1988, S. 153-159

ders.: „Wahrheitserforschung" contra Unmittelbarkeitsprinzip? StV 1988, S. 169-172

ders.: Der Bürger im Strafverfahren – Zwischen Vorverurteilung und Persönlichkeitsschutz, in: Vorträge zur Rechtsentwicklung der achtziger Jahre, Köln 1991, S. 367-381

ders.: Der Zeuge – zu Tode geschützt? NJW 1998, S. 2332-2333

ders.: Das Auskunftsverweigerungsrecht des § 55 StPO – immer wieder ein Problem, NStZ 1999, S. 386-388

ders.: Peter Rieß zum 70. Geburtstag, NJW 2002, S. 1776

ders.: Handbuch des Strafverteidigers, 8. Aufl., Köln 2015

Dalbkermeyer, Birgit: Der Schutz des Beschuldigten vor identifizierenden und tendenziösen Pressemitteilungen der Ermittlungsbehörden, Diss. Bonn 1993

Dallmeyer, Jens: Der weisungsgebundene Staatsanwalt zwischen Strafvereitelung im Amt und Verfolgung Unschuldiger, FS Neumann, Heidelberg 2017, S. 1287-1294

Damm, Renate: „Von der ausgemolkenen Ziege bis zum rasenden Reporter", FS Raue, Köln 2006, S. 401-413

Dannecker, Christoph: Internet-Pranger auf Verdacht: Zur Bedeutung der Unschuldsvermutung für die Information der Öffentlichkeit über lebensmittelrechtliche Verstöße nach § 40 Abs. 1a Nr. 2 LFGB, JR 2013, S. 924-933

Danwitz, Klaus-Stephan von: Staatliche Straftatbeteiligung. Die Bestimmung der Grenzen staatlicher Machtausübung in Form von Tatprovokation und Straftatbegehung, Habil.-Schrift Bonn 2001

Danwitz, Thomas von: Wege zu besserer Gesetzgebung in Europa, JZ 2006, S. 1-9

Danziger, Christine: Die Medialisierung des Strafprozesses. Eine Untersuchung zum Verhältnis von Medien und Strafprozess, Diss. Berlin 2008

Dasch, Norbert: Die Einwilligung zum Eingriff in das Recht am eigenen Bild, Diss. München 1990

Daude, Paul: Das Reichsgesetz betreffend das Urheberrecht an Werken der bildenden Künste und der Photographie. Vom 9. Januar 1907, Stuttgart 1907

Deiters, Mark: Legalitätsprinzip und Normgeltung, Habil.-Schrift Düsseldorf 2005

Demirel, Naim: Individualbeschwerde vor der Europäischen Menschenrechts-kommission, Diss. Münster 1997

Demko, Daniela: Zur Unschuldsvermutung nach Art. 6 Abs. 2 EMRK bei Ein-stellung des Strafverfahrens und damit verknüpften Nebenfolgen, HRRS 7/2007, S. 286-292

Dencker, Friedrich: Strafrechtsreform im Einführungsgesetz? Die Bagatelldelikte im Entwurf eines EGStGB, JZ 1973, S. 144-151

ders.: Kronzeuge, terroristische Vereinigung und rechtsstaatliche Strafgesetzge-bung, KritJ 1987, S. 36-53

ders.: Gefährlichkeitsvermutung statt Tatschuld? – Tendenzen der neueren Straf-rechtsentwicklung –, StV 1988, S. 262-266

ders.: Über Heimlichkeit, Offenheit und Täuschung bei der Beweisgewinnung im Strafverfahren – Anmerkungen aus Anlass zweier Entscheidungen des BGH –, StV 1994, S. 667-683

Denninger, Erhard: Zehn Thesen zum Ethos der Polizeiarbeit, JA 1987, S. 131-133

ders.: Lauschangriff – Anmerkungen eines Verfassungsrechtlers, StV 1998, S. 401-406

Der Spiegel: Affären. Unglaubliche Geschichte. Der Chef der Bonner Steuer-fahndung musste gehen, nachdem er den Spendenskandal der Parteienfinan-zierung aufgedeckt hatte, Nr. 46/1982, S. 60-62

ders.: 50 Jahre Spiegel-Affäre. „Sie kamen in der Nacht." Dokumente zur Spie-gel-Affäre 1962/63, Der Spiegel v. 1.10.2012

Detter, Klaus: Der Zeuge vom Hörensagen – eine Bestandsaufnahme, NStZ 2003, S. 1-9

Deutsch, Erwin: Fernsehfahndung und öffentliche Tatbeschreibung, GRUR Int. 1973, S. 463-469

Deutsch, Markus: Die heimliche Erhebung von Informationen und deren Aufbe-wahrung durch die Polizei, Diss. Mannheim 1991

Diehl, Jörg / *Lehberger,* Roman / *Schmid,* Fidelius: Under Cover. Ein V-Mann packt aus, München 2020

Diehm, Dirk: Die Menschenrechte der EMRK und ihr Einfluss auf das deutsche Strafgesetzbuch, Diss. Würzburg 2006

Diemer, Herbert: in: Hannich, Rolf (Hrsg.), Karlsruher Kommentar zur StPO, 7. Aufl., München 2013

Diercks, Linda: „Straftäter" vor dem richterlichen Urteil – Vorverurteilung durch die Presse? Vergleichende Analysen von Text- und Bildaussagen ausge-wählter Zeitungen im Mordfall Marwa El-Sherbini, Köln 2010

Diercks, Uwe: Möglichkeiten und Grenzen von polizeilich verwendeten V-Leuten, undercover-agents und agent provocateurs aus strafrechtlicher Sicht, Die Polizei 1985, S. 161-168

ders.: Anmerkungen zu den Ausführungen von F. Pfiszter, Die Polizei 1985, S. 256

ders.: Die Zulässigkeit des Einsatzes von V-Leuten, undercover-agents und Lockspitzeln im Vorverfahren, AnwBl 1987, S. 154-171

ders.: Der verfassungsrechtlich anstößige Begriff „Täter" im Ermittlungsverfahren, AnwBl 1999, S. 311-316

ders.: Das verfassungsrechtlich befremdliche Verhältnis des Gesetzgebers zur Unschuldsvermutung, AnwBl 2002, S 147-155

ders.: Staatliche Schuldvermutung statt verfassungsrechtlicher Unschuldsvermutung. Wer überwacht die Wächter? NK 2009, S. 150-159

ders.: Die Sprache der Juristen, die Sprache des Rechts (Echo), ZRP 2012, S. 184-185

ders.: Darf der Gesetzgeber die Unschuldsvermutung vernachlässigen? StraFo 2020, S. 318-320

Di Fabio, Udo: Medienfreiheit: Kontinuität und Wandel, AfP-Sonderheft 2007, S. 3-7

Docke, Bernhard: EGMR auf Umkehrschub? StV 2015, Heft 3, S. I

Dölling, Dieter / *Gössel*, Karl Heinz / *Waltoś*, Stanislaw (Hrsg.): Kriminalberichterstattung in der Tagespresse. Rechtliche und kriminologische Probleme, Heidelberg 1998

Doermann, Uwe: Zahlen sprechen nicht für sich. Aufsätze zu Kriminalstatistik, Dunkelfeld und Sicherheitsgefühl aus drei Jahrzehnten, München 2004

Donatsch, Andreas: Der Strafbefehl sowie ähnliche Verfahrenserledigungen mit Einsprachemöglichkeit, insbesondere unter dem Gesichtswinkel von Art. 6 EMRK, ZStR 1994, S. 317 ff.

Dreesen, Philipp / *Hoffmann*, Lars: Sprache als immanenter Teil der Rechtsordnung. – Linguistische, rechtspraktische und verfassungsrechtliche Anmerkungen zur Zulassung von Englisch als Gerichtssprache an Kammern für internationale Handelssachen bei den Landgerichten –, KritV 2011, S. 194-210

Dreher, Eduard: Die Behandlung der Bagatellkriminalität, FS Welzel, Berlin 1974, S. 931-940

Dronsch, Gerhard: Der Rang der Europäischen Menschenrechtskonvention im deutschen Normensystem, Diss. Göttingen 1964

Dürig, Günter: Der Grundrechtssatz von der Menschenwürde. Entwurf eines praktikablen Wertsystems der Grundrechte aus Art. 1 Abs. I in Verbindung mit Art. 19 Abs. II des Grundgesetzes, AöR 81 (1956), S. 117-157

Düx, Heinz: Globale Sicherheitsgesetze und weltweite Erosion von Grundrechten. Statt „Feindstrafrecht" globaler Ausbau demokratischer Rechte, ZRP 2003, S. 189-195

Dumont, Karl: Das Recht am eigenen Bilde, Diss. Breslau 1910

Durstewitz, Josef: Die Rechtsvermutung der Unschuld (in dubio pro reo) – ein allgemeines Menschenrecht und Bestandteil des Völkerrechts, Diss. Göttingen 1954 (Maschinenskript)

E

Eberle, Carl-Eugen: Justiz und Medienöffentlichkeit, Grenzen der Gerichtsberichtserstattung auf dem Prüfstand der Verfassung, ZDF-Jahrbuch 1992, S. 158-162

Ebert, Andreas: Der Tatverdacht im Strafverfahren unter spezieller Berücksichtigung des Tatnachweises im Strafbefehlsverfahren, Diss. Passau 1999

Echterhölter, Rudolf: Die Europäische Menschenrechtskonvention im Rahmen der verfassungsmäßigen Ordnung, JZ 1955, S. 689-693

ders.: Die Europäische Menschenrechtskonvention in der juristischen Praxis, JZ 1956, S. 142-146

Eckel, Philipp: Sitzungspolizeiliche Maßnahmen gegen Strafverteidiger, DRiZ 2020, S. 394-397

Ehlers, Dirk: Öffentliches Recht: Die polizeiliche Wegnahme eines Films, JuS 1983, S. 869-874

ders.: Die Europäische Menschenrechtskonvention, Jura 2000, S. 372-383

ders.: Die Grundrechte des europäischen Gemeinschaftsrechts, Jura 2002, S. 468-477

Eidam, Lutz: Die strafprozessuale Selbstbelastungsfreiheit am Beginn des 21. Jahrhunderts, Diss. Frankfurt am Main 2006

Eiffler, Sven-R.: Die Auslegung unbestimmter Schrankenbegriffe der Europäischen Menschenrechtskonvention. Eine Untersuchung unter besonderer Berücksichtigung des Begriffs der „Ordnung", Diss. Berlin 1999

ders.: Die Überprüfung polizeilicher Maßnahmen durch den Europäischen Gerichtshof für Menschenrechte, NJW 1999, S. 762-763

ders.: Die Bedeutung der Europäischen Menschenrechtskonvention für die polizeiliche Praxis und Ausbildung, Die Polizei 1999, S. 324-328

Eisele, Jörg: Die Berücksichtigung der Beschuldigtenrechte der EMRK im deutschen Strafprozess aus dem Blickwinkel des Revisionsrechts, JR 2004, S. 12-20

ders.: Die Bedeutung der Europäischen Menschenrechtskonvention für das deutsche Strafverfahren, JA 2005, S. 390-395

ders.: Strafprozessführung durch Medien. Zur Weitergabe von Informationen durch Verfahrensbeteiligte zum Zwecke der Kriminalberichterstattung, JZ 2014, S. 932-942

Eisenbarth, Peter J.: Das Recht am eigenen Bild von relativen und absoluten Personen der Zeitgeschichte, Diss. Konstanz 2000

Eisenberg, Johannes: Überblick zur Verteidigung gegenüber Presse- und Medienberichterstattung, StraFo 2006, S. 15-19

Eisenberg, Ulrich: Zeugenschutzprogramme und Wahrheitsermittlung im Strafprozess, FS Fezer, Berlin 2008, S. 193-209

ders.: Beweisrecht der StPO. Spezialkommentar, 8. Aufl., München 2013

Eisenberg, Ulrich / *Conen,* Stefan: § 152 II StPO: Legalitätsprinzip im gerichtsfreien Raum? NJW 1998, S. 2241-2249

El-Ghazi, Mohamad / *Zerbes,* Ingeborg: Geschichten von staatlicher Komplizenschaft und evidenten Rechtsbrüchen. Zugleich Anmerkung zu BGH HRRS 2014 Nr. 163, HRRS Juni 2014, S. 1-22

Elibol, Ercüment: Die Vermutung der Unschuld im deutschen und türkischen Strafverfahren, Diss. Tübingen 1965

Ender, Karl: Über die Ethik in der Polizei-Praxis, Die Polizei 1976, S. 241-244

Enders: C. Albrecht: Persönlichkeitsschutz und Persönlichkeitsrecht in heutiger Lebens- und Rechtsauffassung, Diss. Bonn 1935

Engau, Herwigh: Straftäter und Tatverdächtige als Personen der Zeitgeschichte. Ein Beitrag zur Problematik identifizierender Mediendarstellungen, Diss. Bielefeld 1992

Engels, Stefan / *Jürgens,* Uwe: Auswirkungen der EGMR-Rechtsprechung zum Privatsphärenschutz. Möglichkeiten und Grenzen der Umsetzung des „Caroline"-Urteils im deutschen Recht, NJW 2007, S. 2517-2522

Ennuschat, Jörg: Wege zu besserer Gesetzgebung – sachverständige Beratung, Begründung, Folgenabschätzung und Wirkungskontrolle, DVBl 2004, S. 986-994

Erb, Volker: in: Löwe-Rosenberg, Die StPO und das GVG, Großkommentar, 5. Band, 27. Aufl., Berlin 2018

Erdsiek, Gerhard: Umwelt und Recht. Nochmals: Gerichtsöffentlichkeit. – Rundfunk- und Fernsehübertragungen aus dem Gerichtssaal, NJW 1960, S. 1048-1050

ders.: Umwelt und Recht. 1. Störung der Rechtspflege durch Presseverstöße. – 2. Private Auslobung gegenüber Verbrechern. – 3. Das Fernsehgericht als Information über Gerichtsverfahren, NJW 1963, S. 1048-1050

ders.: Zum Persönlichkeitsrecht des Straftäters, AfP 1973, S. 413-416

Erfurth, Christina: Verdeckte Ermittlungen. Problemlösung durch das OrgKG? Diss. München 1996,

Ernst, Stefan: Medien, Justiz und Rechtswirklichkeit, NJW 2010, S. 744-746

Eschke, Christina: Die Geltung der Unschuldsvermutung im Zivil- und Zivilverfahrensrecht, Diss. Potsdam 2002

Eser, Albin / *Meyer,* Jürgen: Öffentliche Vorverurteilung und faires Strafverfahren. Eine rechtsvergleichende Untersuchung im Auftrag des Bundesministeriums der Justiz, Freiburg i. Br. 1986

Esser, Robert: Auf dem Weg zu einem europäischen Strafverfahrensrecht. Die Grundlagen im Spiegel der Rechtsprechung des Europäischen Gerichtshofs für Menschenrechte (EGMR) in Straßburg, Diss. Trier 2002

ders.: Mindeststandards einer Europäischen Strafprozessordnung unter Berücksichtigung der Rechtsprechung des Europäischen Gerichtshofes für Menschenrechte, StraFo 2003, S. 335-344 *ders.*: Die Umsetzung der Urteile des Europäischen Gerichtshofs für Menschenrechte im nationalen Recht – ein Beispiel für die Dissonanz völkerrechtlicher Verpflichtungen und verfassungsrechtlicher Vorgaben? StV 2005, S. 348-355

ders.: Die StPO und das GVG, Großkommentar, 11. Band; EMRK, IPBPR, 26. Aufl., Berlin 2012

ders.: Unschuldsvermutung (Art. 6 Abs. 2 EMRK) bei Verfahrenstrennung, FS Paeffgen, Berlin 2015, S. 503-525

ders.: Widerruf der Strafaussetzung zur Bewährung nach widerrufenem Geständnis im Lichte der Unschuldsvermutung (Art. 6 Abs. 2 EMRK) – Plädoyer für eine Reform von § 56 f StGB und 26 JGG –, NStZ 2016, S. 697-705

ders.: Verfahrenseinstellung nach § 154 Abs. 2 StPO und Strafzumessung: Ein schwieriger Spagat zwischen Unschuldsvermutung und Strafklageverbrauch, StV 2019, S. 492-500

Eufe, Tillmann: Die Unschuldsvermutung im Dopingverfahren. Gleichzeitig eine Analyse der Sportrechtsprechung des Deutschen Fußball-Bundes und des Deutschen Leichtathletik-Verbandes, Diss. Marburg 2004

Evers, Hans Ulrich: Auskunftsrecht der Presse gegenüber Behörden und allgemeines Persönlichkeitsrecht, FS Schwinge, Köln 1973, S. 237-246

F

Fahl, Christian: Rechtsmissbrauch im Strafprozess, Habil.-Schrift Passau 2003

ders.: Dürfen Staatsanwaltschaft und Gericht für die Verfahrenseinstellung nach § 153 a StPO ein Geständnis verlangen – Fall Edathy? JR 2016, S. 241-245

Feller, Harald: Das Interesse der Medien an der Justizberichterstattung, StV 2005, S. 170-172

Feltes, Thomas: Stigmatisierung durch Kriminalberichterstattung, Kriminalistik 1980, S. 451-456

Fenn, Herbert / *Petri,* Grischka: Unschuldsvermutung und Anscheinsbeweis im Verbandsstrafverfahren – Anmerkungen zu OLG Frankfurt/M. v. 18.5.2000 – 13 W 29/00 –, SpuRt 2000, S. 232-235

Fezer, Gerhard: Kronzeugenregelung und Amtsaufklärungsgrundsatz, FS Lenckner, München 1998, S. 681-697

Fink, Michael: Bild- und Tonaufnahmen im Umfeld der strafgerichtlichen Hauptverhandlung, Diss. Halle-Wittenberg 2005

Fischer, Niklas S.: Die Medienöffentlichkeit im strafrechtlichen Ermittlungsverfahren. Unter besonderer Berücksichtigung der Informationsfreiheitsgesetze, Diss. Berlin 2013

Fischer, Thomas: Die Deal-Entscheidung – Polemik über die rasselnden Federn der Justiz –, FS Kühne, Heidelberg 2013, S. 203-212

ders.: Bitte entschuldigen Sie, Herr *Edathy,* Die Zeit, Nr. 10/2014 vom 6.3.2014, S. 4

ders.: „Es gibt kein Strafrecht der Moral", Der Spiegel, Nr. 32/2014, S. 20-22 *ders.*: Wie viel Meinung dürfen Richter äußern? NStZ 11/2020, S. III

Fischer, Thomas / *Gerhardt,* Rudolf: Rechtsprechung ist in einem weiteren Sinn auch Rechtspolitik, ZRP 2014, S. 58-61

Fischer-Fabian, S.: Die Macht des Gewissens. Von Sokrates bis Sophie Scholl, München 1987

Fitzner, Ulrich: Unzulässige Presseberichte vor der Hauptverhandlung, DRiZ 1966, S. 301

Förster, Hans-Jürgen: Der Täterschwund zwischen der Polizeilichen Kriminalstatistik und der Strafverfolgungsstatistik am Beispiel der Raubkriminalität in Lübeck 1978 bis 1980, Diss. Kiel 1986

Forkel, Hans: Anmerkung (zu: BGH, Urt. v. 19.12.1995 – Caroline von Monaco), JZ 1997, S. 39-45

Frank, Ulrich: Der Widerruf der Strafaussetzung zur Bewährung und der Widerruf der Aussetzung des Strafrestes, MDR 1982, S. 353-361

Franke, Dietmar: Die Bildberichterstattung über den Angeklagten und der Öffentlichkeitsgrundsatz im Strafverfahren, Diss. Saarbrücken 1978

Franke, Herbert: Freispruch mangels Beweises und Unschuldsvermutung (Art. 6 Abs. 2 Menschenrechtskonvention), Diss. Köln 1965

Franke, Ulrich: Vorverurteilung durch die Medien, Homburger Tage 2011, Bonn 2011, S. 81-101

Freuding, Stefan: Die Verlagerung von Strafverfahren in Massenmedien – Ein pessimistischer Ausblick, ZRP 2010, S. 159-161

Freund, Georg: Stellungnahme eines Arbeitskreises der Strafrechtslehrer zum „Eckpunktepapier" zur Reform des Strafverfahrens, GA 2002, S. 82-97

Friedrichsen, Gisela: „… kamen Sie gleich zur Sache, Herr Rösner?" Über den Gladbeck-Prozess in Essen, Der Spiegel, Nr. 33/1989, S. 59-64

dies.: Das Interesse der Öffentlichkeit an einer Justizberichterstattung durch die Medien, StV 2005, S. 169-170

dies.: Medien und Justiz – Der Blick der Gerichtsreporterin, in: Boehme-Neßler, Volker, Die Öffentlichkeit als Richter? Litigation-PR als neue Methode der Rechtsfindung, Baden-Baden 2010, S. 52-59

dies.: Zwischenruf Litigation-PR – Prozessführung über Medien? ZRP 2010, S. 263-265

dies.: „Kachelmann-Prozess hätte nicht geführt werden dürfen", ZRP 2011, S. 246-247

dies.: Die Suche nach der Wahrheit als Spektakel, AnwBl 2011, S. 105

Friedrichsen, Gisela / *Gerhardt,* Rudolf: Werbung für die Gerechtigkeit – oder für was? DRiZ 2012, S. 75-77

Friedrichsen, Gisela / *Gerhardt,* Rudolf: „Auf die Urteile haben die Medien keinen Einfluss". Aber die mediale Aufmerksamkeit wirkt sich auf die Atmosphäre der Verhandlung aus, ZRP 2014, S. 92-93

Friske, Hans-Jürgen: Justiz und Medien, Münster 1988

Friske, Hans-Jürgen / *Herr,* Robert: Gefährdet die Presse die richterliche Unabhängigkeit? DRiZ 1990, S. 331-334

Frister, Helmut: Schuldprinzip, Verbot der Verdachtsstrafe und Unschuldsvermutung als materielle Grundprinzipien des Strafrechts, Diss. Bonn 1986, Berlin 1988

ders.: Zur Bedeutung der Unschuldsvermutung (Art. 6 II MRK) und zum Problem „gerichtskundiger" Tatsachen – BGH – Urt. v. 30.10.1986 – 4 StR 499/86 –, Jura 1988, S. 356-363

ders.: in: Handbuch des Polizeirechts. Gefahrenabwehr. Strafverfolgung. Rechtsschutz, 5. Aufl., München 2012

ders.: Die Unschuldsvermutung, GS Weßlau, Berlin 2016, S. 149-163

Frommel, Monika: Präventionsmodelle in der deutschen Strafzweck-Diskussion. Beziehungen zwischen Rechtsphilosophie, Dogmatik, Rechtspolitik und Erfahrungswissenschaften, Habil.-Schrift München 1986

dies.: Zum Abbau der Bürgerrechte in der Strafprozeßreform der Bundesrepublik Deutschland, KritV 1990, S. 279-286

dies.: 40 Jahre Strafrechtsreform, NK 2008, S. 133-139

dies.: Der Fall *Edathy* – Eine neue Sanktionsform gegen Prominente: die exkludierende öffentliche Beschämung, NK 2014, S. 205-210

dies.: Echo zu *Krings,* ZRP 2014, S. 184-185

dies.: Winfried Hassemer (1940-2014). In dubio pro libertate, in: Kritische Justiz (Hrsg.), Streitbare Juristinnen. Eine andere Tradition, Baden-Baden 2016, S. 201-216

Frommel, Monika / *Hermans,* Danielle / u. a.: Täter-Opfer-Ausgleich und Opferhilfe im Land Bremen, Bremen 1990

Frowein, Jochen Abr.: Die Europäische und die Amerikanische Menschenrechtskonvention – Ein Vergleich, EuGRZ 1980, S. 442-449

ders.: Zur Bedeutung der Unschuldsvermutung in Art. 6 Abs. 2 der Europäischen Menschenrechtskonvention, FS Huber, Bern 1981, S. 553-562

ders.: Der europäische Grundrechtsschutz und die nationale Gerichtsbarkeit, Berlin 1983

ders.: Zur Fortentwicklung des europäischen Menschen- und Grundrechtsschutzes, FS Carstens, Köln 1984, S. 327-337

ders.: Das Bundesverfassungsgericht und die Europäische Menschenrechtskonvention, FS Zeidler, Band 2, Berlin 1987, S. 1763-1774

ders.: Die Herausbildung europäischer Verfassungsprinzipien, FS Maihofer, Frankfurt am Main 1988, S. 149-158

ders.: Die Wiederentdeckung des Menschen im Völkerrecht, in: Recht und Rechtswissenschaft, Heidelberg 2000, S. 65-82

ders.: Die Europäisierung des Verfassungsrechts, FS 50 Jahre BVerfG, Tübingen 2001, Band 1, S. 209-221

ders.: Der europäische Grundrechtsschutz und die deutsche Rechtsprechung, NVwZ 2002, S. 29-33

Frowein, Jochen Abr. / *Peukert,* Wolfgang: Europäische Menschenrechtskonvention, EMRK-Kommentar, 3. Aufl., Kehl am Rhein 2009

Früh, Werner: Realitätsvermittlung durch Massenmedien. Abbild oder Konstruktion? in: Schulz, Winfried (Hrsg.), Medienwirkungen. Einflüsse von Presse, Radio und Fernsehen auf Individuum und Gesellschaft, Weinheim 1992, S. 73-90

Fuchs, Erwin: Darf der Advokat lügen? AnwBl 1989, S. 353-359

Fuchs, Helmut: Der Einfluss der Europäischen Menschenrechtskonvention auf das österreichische Straf- und Strafverfahrensrecht, ZStW 100 (1988), S. 444 ff.

G

Gadaczek, Burkhard: Zwischen Information und Sensation. Distanz-Verlust, Journalist Nr. 10/1988, S. 1, 8-19

Gaede, Karsten: Das Verbot der Umgehung der EMRK durch den Einsatz von Privatpersonen bei der Strafverfolgung, StV 2004, S. 46-53

ders.: Fairness als Teilhabe – Das Recht auf konkrete und wirksame Teilhabe durch Verteidigung gemäß Art. 6 EMRK. Ein Beitrag zur Dogmatik des fairen Verfahrens in europäischen Strafverfahren und zur wirksamkeitsverpflichteten Konventionsauslegung unter besonderer Berücksichtigung des Rechts auf Verteidigerbeistand, Diss. Zürich 2005

Gährisch, Walter: Das Pressebild im Urheberrecht, Diss. Göttingen 1943

Gärditz, Klaus Ferdinand: Strafprozess und Prävention. Entwurf einer verfassungsrechtlichen Zuständigkeits- und Funktionenordnung, Diss. Bonn 2001

ders.: Das Strafrecht in der Rechtsprechung der Landesverfassungsgerichte, AöR 129 (2004), S. 584-617

ders.: Anmerkung (zu: BVerfG, Urt. v. 24.4.2013), JZ 2013, S. 621-636

Gamm, Otto-Friedrich Frhr. von: Persönlichkeits- und Ehrverletzungen durch Massenmedien, München 1969

ders.: Persönlichkeitsschutz und Massenmedien, NJW 1979, S. 513-518

Gasser, Peter: Von der vermuteten Unschuld des Geldes – Die Einziehung von Vermögenswerten krimineller Herkunft, in: Pieth, Mark (Hrsg.), Bekämpfung der Geldwäscherei: Modellfall Schweiz? Basel 1992

Gatzweiler, Norbert: Medienberichterstattung und hieraus resultierende Verteidigungsmöglichkeiten, StraFo 1995, S. 64-68

Geerds, Friedrich: Fahndung im Fernsehen. Kriminalistische und kriminologische Aspekte, in: Fahndungssendungen im Fernsehen, München 1979, S. 42-72

ders.: Berichterstattung über Strafsachen. Gedanken zu einem leidigen Kapitel für Journalisten sowie für Strafjuristen, Kriminologen und Kriminalisten, FS Oehler, Köln 1985, S. 423-446

Geiger, Stefan: Gerichtsverfahren mittels Videokonferenzen, ZRP 1998, S. 365-368

Geiringer, Friedrich Robert: Grundbegriffe der Bildberichterstattung, Diss. Wien 1953

Geldbach, Manfred: Pressefreiheit und Persönlichkeitsschutz, Diss. Köln 1962

Geppert, Klaus: Der Grundsatz der Unmittelbarkeit im deutschen Strafverfahren, Habil.-Schrift Freiburg im Breisgau 1976, Berlin 1979

ders.: Grundlegendes und Aktuelles zur Unschuldsvermutung des Art. 6 Abs. 2 der Europ. Menschenrechtskonvention, Jura 1993, S. 160-165

ders.: Zur Verletzung der Unschuldsvermutung bei Widerruf der Strafaussetzung zur Bewährung wegen einer neuen Straftat, Anmerkung (zu: Thüring. OLG, Beschl. v. 26.3.2003), Jura Heft 3/2004, JK, MRK Art. 6 II/2

ders.: Nochmals, doch immer wieder: Zum Begriff der „Beschuldigten"-Eigenschaft, FS F.-C. Schroeder, Heidelberg 2006, S. 675-690

Gerasch, Sabine: Prozesswirklichkeit und Gerichtsberichterstattung. Eine Untersuchung der Lokalberichterstattung zu Strafprozessen bei Gewalt- und Sexualdelikten vor dem Dortmunder Land- und Amtsgericht, München 1995

Gerhardt, Rudolf: Zur Frage der Verfassungsmäßigkeit des Verbots von Rundfunk- und Fernsehaufnahmen im Gerichtssaal (§ 169 Satz 2 GVG), Diss., Frankfurt am Main 1968

ders.: Der Einfluss der Medien auf das Strafverfahren aus medialer Sicht, in: Der Einfluss der Medien auf das Strafverfahren, München 1990, S. 19-45

ders.: Störenfried oder demokratischer Wächter? Die Rolle des Fernsehens im Gerichtssaal – Plädoyer für eine Änderung des § 169 S. 2 GVG, ZRP 1993, S. 377-383

ders.: Mehr Fernsehen in den Gerichtssälen – aber nicht überall, DRiZ 1999, S. 8-9

ders.: Kritische Anmerkungen zur Justizkritik – „Urteile werden heute nicht nur im Gerichtssaal gesprochen, sondern lange zuvor auch in der Öffentlichkeit", ZRP 2007, S. 133-134

ders.: Die Richter und das Medienklima. Welchen Einfluss hat die Gerichtsberichterstattung in den Medien auf das Strafverfahren und das Urteil? ZRP 2009, S. 247-250

ders.: Heinrich Böll über Justiz und „Rechtskultur", NJW 2009, S. 743-745

ders.: Die Richter und das Tribunal der Öffentlichkeit, ZRP 2010, S. 237-238

ders.: Im Namen der Medien. Welchen Einfluss haben Rundfunk und Presse auf den Strafprozess? in: Boehme-Neßler, Volker, Die Öffentlichkeit als Richter? Litigation-PR als neue Methode der Rechtsfindung, Baden-Baden 2010, S. 171-181

ders.: Nachruf zu Lebzeiten, ZRP 2013, S. 31

Gerhardt, Rudolf / *Steffen,* Erich: Kleiner Knigge des Presserechts. Wie weit Journalisten zu weit gehen dürfen, 2. Aufl., Frankfurt am Main 1997

Gerhardt, Rudolf / *Kepplinger,* Hans Mathias / *Geiß,* Stefan: Auf dem Weg zur Wahrheit? Die Kunst der richterlichen Urteilsfindung, ZRP 2012, S. 213-217

Gerlach, Jürgen von: Der Schutz der Privatsphäre von Personen des öffentlichen Lebens in rechtsvergleichender Sicht, JZ 1998, S. 741-753

Gersdorf, Hubertus: Caroline-Urteil des EGMR: Bedrohung der nationalen Medienordnung, AfP 2005, S. 221-227

Gidalewitsch, Nahum: Bildbericht und Presse, Diss. Basel 1935

Giesker, Hans: Das Recht des Privaten an der eigenen Geheimsphäre. Ein Beitrag zu der Lehre von den Individualrechten, Diss. Zürich, 1904

Gläser, Heinz: Die Sprache in der Rechtsprechung des Reichsgerichts in Strafsachen, Diss. Bonn 1955

Glatzel, Horst: Die Einwirkung der Rechte und Freiheiten der Europäischen Menschenrechtskonvention auf private Rechtsbeziehungen. – Ein Beitrag zum Problem der sog. Drittwirkung –, Diss. Bonn 1968

Goerlich, Helmut: Der Europäische Gerichtshof für Menschenrechte in Straßburg als ein europäisches Verfassungsgericht – insbesondere in Fragen der Menschenrechte und darüber hinaus bis in die Rechtspraxis der Europäischen Union –, in: Die Bedeutung der EMRK für die nationale Rechtsordnung, Berlin 2004, S. 101-123

Gössel, Karl Heinz: Über die Rechtmäßigkeit befugnisloser strafprozessualer rechtsgutbeeinträchtigender Maßnahmen, JuS 1979, S. 162-166

ders.: Rechtsprobleme der Gerichtsberichterstattung in Deutschland, in: Dölling / Gössel / Waltoś (Hrsg.), Kriminalberichterstattung in der Tagespresse, Heidelberg 1998, S. 1-18

Gollwitzer, Walter: in: Löwe-Rosenberg, Großkommentar, 25. Aufl., 30. Lieferung: MRK, IPBPR, Berlin 2005

Gostomzyk, Tobias: Die Öffentlichkeitsverantwortung der Gerichte in der Mediengesellschaft, Hamburg 2006

ders.: Zulässiger Bildabdruck entgegen sitzungspolizeilicher Verfügung. Anmerkung (zu: BGH, Urt. v. 7.6.2011), NJW 2011, S. 3153-3157

ders.: Der Tatvorwurf als Grenze der Justizberichterstattung, Anmerkung (zu: OLG Köln, Urt. v. 14.2.2012), AfP 2012, S. 122-124

Gounalakis, Georgios: Verdachtsberichterstattung durch den Staatsanwalt, NJW 2012, S. 1473-1479

ders.: Geldentschädigung bei vorverurteilenden Äußerungen durch Medien oder Justiz, NJW 2016, S. 737-744

Grabenwarter, Christoph: Verfahrensgarantien in der Verwaltungsgerichtsbarkeit. Eine Studie zu Art. 6 EMRK auf der Grundlage einer rechtsvergleichenden Untersuchung der Verwaltungsgerichtsbarkeit Frankreichs, Deutschlands und Österreichs, Habil.-Schrift Wien 1997

ders.: Die Charta der Grundrechte für die Europäische Union, DVBl 2001, S. 1-13

ders.: Europäisches und nationales Verfassungsrecht, VVDStRL 60 (2001), S. 290-345 *ders.*: Zur Zukunft des Europäischen Gerichtshofs für Menschenrechte, EuGRZ 2003, S. 174-178

ders.: Schutz der Privatsphäre versus Pressefreiheit: Europäische Korrektur eines deutschen Sonderweges? AfP 2004, S. 309-316

ders.: Grundrechtsvielfalt und Grundrechtskonflikte im europäischen Mehrebenensystem – Wirkungen von EGMR-Urteilen und der Beurteilungsspielraum der Mitgliedstaaten, EuGRZ 2011, S. 229-232

Grabenwarter, Christoph / *Pabel*, Katharina: in: EMRK/GG. Konkordanzkommentar zum europäischen und deutschen Grundrechtsschutz, 2. Aufl., Tübingen 2013

Grabenwarter, Christoph / *Pabel*, Katharina: Europäische Menschenrechtskonvention, Ein Studienbuch, 6. Aufl. München 2016

Grabitz, Eberhard: in: Isensee, Josef / Kirchhof, Paul (Hrsg.), Handbuch des Staatsrechts, Band VI, Freiheitsrechte, Heidelberg 1989

Graf, Jürgen Peter (Hrsg.): Strafprozessordnung, 2. Aufl., München 2012

Graul, Eva: Zur Haftung eines (potentiellen) Mittäters für die Vollendung bei Lossagung von der Tat im Vorbereitungsstadium, GS Meurer, Berlin 2002, S. 89-102

Grave, Helmut: Der von der Presse als „Täter" bezeichnete Tatverdächtige, NJW 1981, S. 209-211

Grimm, Dieter: Fernsehen im Gerichtssaal? Entscheidend ist das Ausmaß der Berichterstattung, ZRP 2011, S. 61-62

Gropp, Walter: Zum verfahrenslimitierenden Wirkungsgehalt der Unschuldsvermutung, JZ 1991, S. 804-813

ders.: Die „Pflichtenkollision": weder eine Kollision von Pflichten noch Pflichten in Kollision, FS Hirsch, Berlin 1999, S. 207-224

Gross, Karl-Heinz: Medien und Verteidigung im Ermittlungsverfahren, FS Hanack, Berlin 1999, S. 39-58

Gross, Norbert: Visitenkarten der Justiz, NJW 2014, S. 3140-3145

Grosse-Wilde, Thomas / *Stuckenberg*, Carl-Friedrich: Revision gegen Freispruch wegen Schuldunfähigkeit (Fall Mollath), Anmerkung (zu: BGH, Beschl. v. 14.10.2015), StV 2016, S. 781-788

Großfeld, Bernhard: Sprache, Recht, Demokratie, NJW 1985, S. 1577-1586

ders.: Unsere Sprache: Die Sicht des Juristen, Rheinisch-Westfälische Akademie der Wissenschaften, Vorträge G 300, Opladen 1990, S. 7-47

Grote, Rainer / *Marauhn*, Thilo (Hrsg.): EMRK/GG. Konkordanzkommentar zum europäischen und deutschen Grundrechtsschutz, Tübingen 2006

Gruber, Jens Tobias: Die Lüge des Beschuldigten im Strafverfahren. Eine Untersuchung des deutschen Rechts unter Berücksichtigung des US-amerikanischen Rechts des Bundes, Diss. Gießen 2007

Grünewald, E.: Die Gesetzgebung auf photographischem Gebiete, Dresden 1896

Grünwald, Gerald: Die Teilrechtskraft im Strafverfahren, Habil.-Schrift Göttingen 1964 *ders.*: Bedeutung und Begründung des Satzes „nulla poena sine lege", ZStW 76 (1964), S. 1-18

ders.: Die Strafprozessreform – Sicherung oder Abbau des Rechtsstaats? Vorgänge (Heft 6/1975), S. 36-48

ders.: Der Verbrauch der Strafklage bei Verurteilungen nach den §§ 129, 129a StGB, FS Bockelmann, München 1979, S. 737-758

ders.: Meinungsfreiheit und Strafrecht, KJ 1979, S. 291-301

ders.: Die Verfahrensrolle des Mitbeschuldigten, FS Klug, Köln 1983, S. 493-506

ders.: Menschenrechte im Strafprozess, StV 1987, S. 453-457

ders.: Das Beweisrecht der Strafprozessordnung, Baden-Baden 1993

Groß, Karl-Heinz: Zur Notwendigkeit des strafrechtlichen Anfangsverdachts – Keine falschen Umkehrschlüsse aus § 152 Abs. 2 StPO, FS Dahs, Köln 2005, S. 249-265

Guder, Martin André: Die repressive Hörfalle im Lichte der Europäischen Menschenrechtskonvention, Diss. Bremen 2007

Gündisch, Jürgen / *Dany,* Peter: Rundfunkberichterstattung aus Gerichtsverhandlungen, NJW 1999, S. 256-260

Günther, Hans-Ludwig: Verurteilungen im Strafprozess trotz subsumtionsrelevanter Tatsachenzweifel, Berlin 1976

Guha, Harald Andreas: Der Schutz der absoluten Person der Zeitgeschichte vor indiskreter Wort- und Bildberichterstattung, Diss. Mainz 1998

Guradze, Heinz: Die Schutzrichtung der Grundrechtsnormen in der Europäischen Menschenrechtskonvention, FS Nipperdey, Band 2, München 1965

ders.: Schweigerecht und Unschuldsvermutung im englisch-amerikanischen und bundesdeutschen Strafprozess, FS Loewenstein, Tübingen 1971, S. 151-165

Guttmann, Micha: Sprache und Prestige – Rechtsanwälte und ihr Kommunikationsimage –, FS Scharf, Köln 2008, S. 71-77

H

Haagen, Bernd Ulrich: Under suspicion – die Verdachtsberichterstattung, AnwBl 2007, S. 491

Haarmann, Wolf-Peter: Die individualisierende Verdachtsberichterstattung über den Beschuldigten eines Strafverfahrens, Diss. Münster 2012

Haas, Günter: Vorermittlungen und Anfangsverdacht, Berlin 2003

Haas, Volker: Strafbegriff, Staatsverständnis und Prozeßstruktur. Zur Ausübung hoheitlicher Gewalt durch Staatsanwaltschaft und erkennendes Gericht im deutschen Strafverfahren, Habil.-Schrift Tübingen 2006

Haberstroh, Dieter: Notwehr gegen unbefugte Bildaufnahmen – Angst als Rechtfertigungsgrund? JR 1983, S. 314-318

ders.: Unschuldsvermutung und Rechtsfolgenausspruch, NStZ 1984, S. 289-295

Haefliger, Arthur: Die Europäische Menschenrechtskonvention und die Schweiz, Bern 1993

Haeseler, W. T.: Stigmatisierungsproblematik und Tätigkeit der Medien im Rahmen der Strafverfolgung und der Prozessberichterstattung, in: ders., Stigmatisierung durch Strafverfahren und Strafvollzug, Diessenhofen 1981, S. 129-159

Haeusermann, Axel: Der Verband als Straftäter und Strafprozeßsubjekt, Diss. Freiburg 2003

Häusler, Karl: Eine Schauspielerin vor dem Schwurgericht. Eine Zusammenfassung aus der Berichterstattung zum Prozess gegen die Schauspielerin Ingrid van Bergen, Kriminalistik 3/1978, S. 117-122

Hagen, Oliver Michaelis: Mediation im Strafrecht – der Täter-Opfer-Ausgleich, JA 2005, S. 828-832

Haller, Walter: Polizeigesetzgebung und Europäische Menschenrechtskonvention, FS Huber, Bern 1981, S. 563-576

Hamm, Rainer: Hauptverhandlungen in Strafsachen vor Fernsehkameras – auch bei uns? NJW 1995, S. 760-761

ders.: Große Strafprozesse und die Macht der Medien, Baden-Baden 1997

ders.: Nachruf für Gerhard Mauz, StV 2003, S. 699-700

ders.: Verdachtsberichterstattung und Persönlichkeitsrechte im Strafverfahren – Regeln und ethische Grenzen der Berichterstattung, in: nr (netzwerk recherche) – Werkstatt: Presserecht in der Praxis. Chancen und Grenzen für den Recherche-Journalismus, 2005, S. 16-28

ders.: Strafverteidigung und die Medien, in: Rode, Irmgard / Leipert, Matthias (Hrsg.), Das moderne Strafrecht in der Mediengesellschaft. Einfluss der Medien auf Gesetzgebung, Rechtsprechung und Forensik, Berlin 2009, S. 59-73

ders.: Die Revision in Strafsachen, 7. Aufl., Berlin 2010

ders.: Der Verteidiger als Garant der Einhaltung von strafprozessualen Verfahrensregeln? StV 2010, S. 418-422

ders.: Rätselhaftes Strafrecht, StV Heft 1/2011, S. I

ders.: Justiz und Medien. Rechtliche Anforderungen an das Verhältnis zwischen der Justiz und den Medien, insbesondere an die Berichterstattung über Strafverfahren, AfP 2014, S. 202-210

ders.: Im Zweifel für den virtuellen Pranger? Das BVerfG, der Verbraucherschutz und die Unschuldsvermutung, NJW 2018, S. 2099-2103

Hammerstein, Gerhard: Bemerkungen zur Kriminalberichterstattung aus der Sicht des Strafverteidigers, in: Dölling / Gössel / Waltoś (Hrsg.), Kriminalberichterstattung in der Tagespresse, Heidelberg 1998, S. 359-364

Hans, Heinrich: Polizeiliche Maßnahmen gegen einen Demonstranten wegen Fotografierens eines Polizeibeamten, Jura 1986, S. 159-166

Hanske, Philipp / *Lauber-Rönsberg,* Anne: Gerichtsberichterstattung zwischen Kommunikationsfreiheiten und Persönlichkeitsrechten. Aktuelle Entwicklungen im deutschen und im britischen Recht, ZUM 2013, S. 264-272

Hantschel, Michael: Klausur Strafprozessrecht: „Der Feuerteufel", Jura 2001, S. 472-482

Hartmann, Rudolf: Zur Rolle der Massenmedien in spektakulären Kriminalfällen aus der Sicht der Justiz, in: Wassermann, Rudolf, Justiz und Medien, Neuwied 1980, S. 86-99

ders.: Justiz und Medien, FS Göppinger, Berlin 1990, S. 579-592

Hassemer, Winfried: Dogmatische, kriminalpolitische und verfassungsrechtliche Bedenken gegen die Kostentragungspflicht des verurteilten Angeklagten, ZStW 85 (1973), S. 651-671

ders.: Konstanten kriminalpolitischer Theorie, FS Lange, Berlin 1976, S. 501-519

ders.: Das „Absehen von Strafe" als kriminalpolitisches Instrument, FS Sarstedt, Berlin 1981, S. 65-79

ders.: Die „Funktionstüchtigkeit der Strafrechtspflege" – ein neuer Rechtsbegriff? StV 1982, S. 275 ff.

ders.: Die Voraussetzungen der Untersuchungshaft, StV 1984, S. 38-42

ders.: Vorverurteilung durch die Medien? NJW 1985, S. 1921-1929

ders.: Kronzeugenregelung bei terroristischen Straftaten. Thesen zu Art. 3 des Entwurfs eines Gesetzes zur Bekämpfung des Terrorismus, StV 1986, S. 550-553

ders.: Unverfügbares im Strafprozess, FS Maihofer, Frankfurt am Main 1988, S. 183-204

ders.: Anmerkung (zu: BVerfG, Beschl. v. 1.10.1987), JuS 1988, S. 491-492

ders.: „Stellungnahme zum Artikelgesetz". Die Kronzeugenregelung, StV 1989, S. 72, 79-84

ders.: Pacta sunt servanda – auch im Strafprozess? – BGH, NJW 1989, 2270, JuS 1989, S. 890 ff.

ders.: Fahndung und Ermittlung mit Hilfe der Medien? Strafverfahrensrechtliche Aspekte, AfP 1989, S. 418-420

ders.: Einführung in die Grundlagen des Strafrechts, 2. Aufl., München 1990

ders.: Der Einfluss der Medien auf das Strafverfahren aus strafrechtlicher Sicht, in: der Einfluss der Medien auf das Strafverfahren, München 1990, S. 61-74

ders.: Unschuldsvermutung und Verfahrenseinstellung, Anmerkung (zu: BVerfG, Beschl. v. 29.5.1990), JuS 1991, 256-257

ders.: Stellungnahme zum Entwurf eines Gesetzes zur Bekämpfung des illegalen Rauschgifthandels und anderer Erscheinungsformen der organisierten Kriminalität (OrgKG), KJ 1992, S. 64-80

ders.: Perspektiven einer neuen Kriminalpolitik, StV 1995, S. 483-490

ders.: Rechtsstaatliche Grenzen bei der Bekämpfung der Organisierten Kriminalität, in: Sieber, Ulrich (Hrsg.), Internationale Organisierte Kriminalität. Herausforderungen und Lösungen für ein Europa offener Grenzen, Köln 1997, S. 213-219 *ders.*: „Zero tolerance" – Ein neues Strafkonzept? FS Kaiser, Berlin 1998, S. 793-814

ders.: 50 Jahre Grundgesetz. Befindet sich die Dritte Gewalt in guter Verfassung? DRiZ 1999, S. 185-190

ders.: Strafen im Rechtsstaat, Baden-Baden 2000

ders.: Strafrecht und Strafjustiz in den Medien. Inszenierung der Wirklichkeit? FS Burgstaller, Wien 2004, S. 325-335

ders.: „Sachlogische Strukturen" – noch zeitgemäß? FS Rudolphi, Neuwied 2004, S. 61-73

ders.: Sicherheitsbedürfnis und Grundrechtsschutz: Umbau des Rechtsstaats? StraFo 2005, S. 312-318

ders.: Die Menschenwürde ist ein Solitär. Aber auch ihr Verständnis unterliegt dem sozialen Wandel, ZRP 2005, S. 101-102

ders.: Grundsätzliche Aspekte des Verhältnisses von Medien und Strafjustiz, StV 2005, S. 167-168

ders.: Strafrecht, Prävention, Vergeltung. Eine Beipflichtung, FS F.-C. Schroeder, Heidelberg 2006, S. 51-65

ders.: Sicherheit durch Strafrecht, StV 2006, S. 321-332

ders.: Prozeduralisierung, Wahrheit und Gerechtigkeit. Eine Skizze, in: Prozessuales Denken als Innovationsanreiz für das materielle Strafrecht, Basel 2006, S. 9-30

ders.: Sicherheit durch Strafrecht, in: Jenseits des rechtsstaatlichen Strafrechts, Frankfurt am Main 2007, S. 99-137

ders.: „Wir haben das letzte Wort", Der Spiegel Nr. 12/2008, S. 38-40

ders.: Die Anwaltschaft und die Freiheit, AnwBl 2008, S. 413-421

ders.: Förmlichkeiten im Strafprozess, FS Volk, München 2009, S. 207-222

ders.: Warum Strafe sein muss. Ein Plädoyer, 2. Aufl., Berlin 2009

ders.: Das Wirtschaftsstrafrecht hat in unseren Tagen Konjunktur. Seine Aufgabe ist Rechtsgüterschutz, nicht Risikobeherrschung, ZRP 2009, S. 221-222

ders.: Strafverteidigung unter dem Grundgesetz, StV 2010, S. 394-400

ders.: Rechtliche und gesellschaftliche Normen beeinflussen einander. „Die Rechtspolitik kann eine Liberalisierung der gesellschaftlichen Kultur anregen", ZRP 2010, S. 165-166

ders.: „Eine gefährliche Versuchung", Der Spiegel, Nr. 44/2010, S. 98-99

Hassemer, Winfried / *Matussek*, Karin: Das Opfer als Verfolger. Ermittlungen des Verletzten im Strafverfahren, Frankfurt am Main 1996

Hassemer, Winfried / *Reemtsma*, Jan Philipp: Verbrechensopfer. Gesetz und Gerechtigkeit, München 2002

Hauck, Pierre: Heimliche Strafverfolgung und Schutz der Privatheit. Eine vergleichende und interdisziplinäre Analyse des deutschen und englischen Rechts unter Berücksichtigung der Strafverfolgung in der Europäischen Union und im Völkerstrafrecht, Habil.-Schrift Gießen 2011, Tübingen 2014

170

ders.: in: Löwe-Rosenberg, Die StPO und das GVG, Großkommentar, 3. Band, 26. Aufl., Berlin 2014

Hauser, Robert: Das Prinzip der Öffentlichkeit der Gerichtsverhandlung und der Schutz der Persönlichkeit, FS Walder, Zürich 1994, S. 165-192

Hedemann, Justus Wilhelm: Die Vermutung nach dem Recht des Deutschen Reiches, Abhandlungen zum Privatrecht und Civilprozeß des Deutschen Reiches, II. Band, 2. Heft, Jena 1904

Hefendehl, Roland: Die Entfesselung des Strafverfahrens über Methoden der Nachrichtendienste – Bestandsaufnahme und Rückführungsversuch –, GA 2011, S. 209-231

Heger, Martin: Diskussionsbeiträge der Strafrechtslehrertagung 2005 in Frankfurt/Oder, ZStW 117 (2005), S. 865-888

ders.: Der Tod des Beschuldigten vor Rechtskraft des Urteils und die Unschuldsvermutung, GA 2009, S. 45-63

Heghmanns, Michael / Scheffler, Uwe: Handbuch zum Strafverfahren, München 2008

Heidelberg, Franz Carl: Justizreportage. Journalistische Ziele und juristische Schranken, Diss. Heidelberg 1932

Heidelberger Kommentar: StPO, 6. Aufl., Heidelberg 2019

Heine, Günter: Beweislastumkehr im Strafverfahren? JZ 1995, S. 651-656

Heine, Henriette: Die Rechtsstellung des Beschuldigten im Rahmen der Europäisierung des Strafverfahrens, Diss. Augsburg 2008

Heinicke, Günther: Der Beschuldigte und sein Verteidiger in der Bundesrepublik Deutschland. Die Geschichte ihrer Beziehung und die Rechtsstellung des Verteidigers heute, München 1984

Heinrich, Bernd: Rechtsstaatliche Mindestgarantien im Strafverfahren, Jura 2003, S. 167-173

ders.: Die strafrechtliche Verantwortlichkeit von Pressemitarbeitern bei der unbefugten Herstellung und Verbreitung fotografischer Darstellungen von Personen, ZIS 5/2011, S. 416-430

Heinrich, Ines: Litigation-PR. PR vor, während und nach Prozessen, Diss. Berlin 2010

Heintschel-Heinegg, Bernd von: Anmerkung (zu: BGH, Urt. v. 3.7.2007), JA 2008, S. 151-152

Heintze, Hans-Joachim: Europäischer Menschenrechtsgerichtshof und Durchsetzung der Menschenrechtsstandards des humanitären Völkerrechts, ZRP 2000, S. 506-511

Heischel, O.: Pressefreiheit gegen Strafgefangene, ZfStrVo 44 (1995), S. 351-357

Heldrich, Andreas: Persönlichkeitsschutz und Pressefreiheit nach der Europäischen Menschenrechtskonvention, NJW 2004, S. 2634-2636

Helle, Ernst: Der Ehrenschutz des Freigesprochenen, GA 1961, S. 166-171

Helle, Jürgen: Besondere Persönlichkeitsrechte im Privatrecht. Das Recht am eigenen Bild, das Recht am gesprochenen Wort und der Schutz des geschriebenen Wortes, Tübingen 1991

ders.: Zur Haftung für unwahre Tatsachenbehauptungen in Fernsehberichten. Anmerkung (zu: BGH, Urt. v. 26.11.1996), JZ 1997, S. 784-791

ders.: Privatautonomie und kommerzielles Persönlichkeitsrecht. Abschied von der „Herrenreiter-Doktrin" des BGH? JZ 2007, S. 444-453

ders.: Privatfotos Prominenter – Spagat zwischen Karlsruhe und Straßburg. Zugleich Besprechung des BGH-Urteils vom 06.03.2007 – VI ZR 13/06 – Urlaubsfotos, AfP 2007, S. 192-194

Hellmann, Uwe: Anfangsverdacht und Begründung der Beschuldigteneigenschaft, FS Kühne, Heidelberg 2013, S. 235-247

Henkel, Heinrich: Der Strafschutz des Privatlebens gegen Indiskretion, Gutachten für den 42. DJT, Verhandlungen des 42. DJT (1957), Band II, Tübingen 1959, S. D. 59-D. 155

Hennings, Kathrin / *Kohler,* Diana: Behördenübergreifender Umgang mit mehrfachauffälligen Tatverdächtigen unter 21 Jahren am Beispiel Hamburgs, Die Polizei 2011, S. 309-316

Henrichs, Axel / *Steri,* Edmondo: Das deutsche Strafverfahren und der Begriff der Fairness gem. Art. 6 EMRK, Kriminalistik 2004, S. 629-634

Herret, Rainer: Verfahrenbeendigung, Kostentragung und Entschädigung beim Tod des Beschuldigten oder Angeklagten, Diss. Gießen 1987

Herrmann, David: Tatverdacht und Unschuldsvermutung – der Grundkonflikt im Strafprozess. Unschuldsvermutung und Untersuchungshaft, StraFo 2016, S. 89-97

Herrmann, Rudolf: Die Präsumtion der Unschuld – ein die Gesellschaftswirksamkeit des sozialistischen Strafverfahrens verstärkendes Prinzip, StuR 1962, S. 1965 ff.

Herzog, Roman: Grundrechtsbeschränkung nach dem Grundgesetz und Europäische Menschenrechtskonvention, Diss. München 1958

ders.: Das Verhältnis der Europäischen Menschenrechtskonvention zu späteren deutschen Gesetzen, DÖV 1959, S. 44-47

ders.: Nochmals: Verfassungsbeschwerde gegen Verletzungen der Menschenrechtskonvention? Erwiderung zum Aufsatz Guradze in DÖV 1960, 286 ff., DÖV 1960, S. 775-778

ders.: Gesetzgebung und Einzelfallgerechtigkeit, NJW 1999, S. 25-28

Herzog, Ruth: Art. 6 EMRK und kantonale Verwaltungsrechtspflege, Diss. Bern 1995

Hesse, Konrad: Bestand und Bedeutung der Grundrechte in der Bundesrepublik Deutschland, EuGRZ 1978, S. 427-438

ders.: Die verfassungsgerichtliche Kontrolle der Wahrnehmung grundrechtlicher Schutzpflichten des Gesetzgebers, FS Mahrenholz, Baden-Baden 1994, S. 541-559

Hessisches Ministerium der Justiz (Hrsg.): Unschuldsvermutung in der Mediengesellschaft – Publizistischer Missbrauch staatsanwaltschaftlicher Ermittlungsverfahren? Wiesbaden 1990

Hestermann, Thomas: Dämonisierung in der Berichterstattung über Gewaltver-
brechen. Die Gespenster sind unter uns, FS Pfeiffer, Baden-Baden 2014, S.
261-276

Hettinger, Michael: Das Strafrecht als Büttel? NJW 1996, S. 2263 ff.

ders.: Schrifttum (zu: SK-StPO/Meyer, Band X, EMRK, 5. Aufl., Köln 2019),
GA 2019, S. 573-574

Hetzer, Wolfgang: Magna Charta der Mafia? Unschuldsvermutung, Gewinnabschöpfung und Geldwäschebekämpfung, ZRP 1999, S. 471-480

Hilger, Hans: Auslagenentscheidung des Oberlandesgerichts in einem das Verfahren wegen eines Verfahrenshindernisses einstellenden Beschluss. Anmerkung (zu: BGH, Beschl. v. 5.11.1999), NStZ 2000, S. 330-332

ders.: Zum Strafverfahrensrechtsänderungsgesetz 1999 (StVÄG 1999) – 1. Teil,
NStZ 2000, S. 561-565; 2. Teil, NStZ 2001, S. 15-19

ders.: StVÄG 1999 und Verteidigung, FS Rieß, Berlin 2002, S. 171-184

ders.: Der Begriff „derselben Tat" in § 121 Abs. 1 StPO im Lichte der Rechtsprechung des EGHMR zu Art. 5 Abs. 3 Satz 2 MRK, in: Verfassungsrecht – Menschenrechte – Strafrecht, Berlin 2004, S. 65-80

ders.: in: Löwe-Rosenberg, Die StPO und das GVG, Großkommentar, 26. Aufl.,
4. Band, Berlin 2007

Hillebrand, Sarah: Medienberichterstattung über Strafverfahren. Unter besonderer Berücksichtigung der Berichterstattung über das Strafverfahren gegen
Christian Wulff, Hamburg 2020

Hindte, Volker von: Die Verdachtsgrade im Strafverfahren, Diss. Kiel 1973

Hinrichs, Max: Der Bildnisbegriff im Recht am eigenen Bilde, nebst einem Beitrag zur dogmatischen Begründung des Bildnisschutzrechts, Diss. Hamburg
1921

Hippel, Götz von: Die Auswirkungen der Europäischen Menschenrechtskonvention auf das materielle deutsche Strafrecht, Diss. Kiel 1962

Hirsch: Abweichende Meinung (zu: BVerfG, Beschl. v. 19.10.1977), NJW 1978,
S. 936-937

Hirsch, Ernst E.: Maulkorb für die Presse? Zum Referentenentwurf eines Gesetzes zur Neuordnung des zivilrechtlichen Persönlichkeits- und Ehrenschut-
zes, Berlin 1959

Hirsch, Günter: Grundrechtswidrige Menschenrechte – ein Paradoxon? FS
Nehm, Berlin 2006, S. 61-71

ders.: Im Namen des Volkes: Gesetz – Recht – Gerechtigkeit, ZRP 2012, S. 205-
209

Hirsch, Hans Joachim: Gegenwart und Zukunft des Privatklageverfahrens, FS
Lange, Berlin 1976, S. 815-836

ders.: Zur Behandlung der Bagatellkriminalität in der Bundesrepublik Deutschland. – Unter besonderer Berücksichtigung der Stellung der Staatsanwaltschaft –, ZStW 92 (1980), S. 218-254

ders.: Der Umgang des Gesetzgebers mit dem StGB und die Notwendigkeit der gesetzgeberischen Berichtigung unterlaufener gesetzestechnischer Fehler. Über den Niedergang der deutschen Strafgesetzgebung, FS Puppe, Berlin 2011, S. 105-122

Hirsch, Kurt: Das Recht am eigenen Bilde, Diss. Köln 1933

Hirschberg, Max: Das Fehlurteil im Strafprozess. Zur Pathologie der Rechtsprechung, Stuttgart 1960

Hirschfeld, Georg Wilhelm: Urheber- und Persönlichkeitsrechte im Rahmen der Wochenschau unter besonderer Berücksichtigung des deutschen Urheberrechts-Gesetzentwurfes, Diss. Basel 1934

Hodler, Christian: Die Europäische Menschenrechtskonvention und das Bonner Grundgesetz, Diss. Göttingen 1953

Höbermann, Frauke: Der Gerichtsbericht in der Lokalzeitung: Theorie und Alltag, Baden-Baden 1988

dies.: Zeugniszwang. Medien mit Januskopf, Journalist, Nr. 1/1988, S. 1, 8-11

Hoefermann, Ernst-Jürgen: Die Auslagenerstattung beim Freispruch mangels Beweises und die Menschenrechtskonvention, Diss. Münster 1966

Höh, Klaus-Dieter: Strafrechtlicher Anonymitätsschutz des Beschuldigten vor öffentlicher Identifizierung durch den Staatsanwalt. Zugleich ein Beitrag zur Rechtfertigungslehre bei § 203 Abs. 2 S. 2 StGB, Diss. Bonn 1985

Höland, Armin: Rechts- und Moralbildung in Europa durch die Konvention zum Schutz der Menschenrechte und Grundfreiheiten, in: Renzikowski, Joachim (Hrsg.), Die EMRK im Privat-, Straf- und Öffentlichen Recht. Grundlagen einer europäischen Rechtskultur, Zürich 2004, S. 9-20

Hönig, Rita: Kriminalitätsdarstellung in den Fernsehnachrichten. Eine empirische Untersuchung der Sendungen „Tagesschau" und „heute", Diss. Münster 1983

Höpfel, Frank: Staatsanwalt und Unschuldsvermutung. Die Grundlagen für die Veranlassung eines Strafverfahrens nach österreichischem Recht, Habil.-Schrift Innsbruck 1986

Hörisch, Jochen: (Wie) Passen Justiz und Massenmedien zusammen? StV 2005, S. 151-156

Hörnle, Tatjana: Deskriptive und normative Dimensionen des Begriffs „Feindstrafrecht", GA 2006, S. 80-95

Hoffmann, Rafael: Die Geltung der Unschuldsvermutung im Disziplinarrecht, Die Polizei 2006, S. 170-174

Hoffmann, Roland: Verfahrensgerechtigkeit, Paderborn 1992

Hoffmann-Riem, Wolfgang: Sozialstaatliche Wende der Medienverantwortung? JZ 1975, S. 469-476 *ders.*: Kohärenz der Anwendung europäischer und nationaler Grundrechte, EuGRZ 2002, S. 473-483

ders.: Die beiden Gesichter der Pressefreiheit. Ein Medien-Tsunami ist nicht mehr ausgeschlossen, ZRP 2006, S. 29-30

ders.: Die Caroline II-Entscheidung des BVerfG. Ein Zwischenschritt bei der Konkretisierung des Kooperationsverhältnisses zwischen den verschiedenen betroffenen Gerichten, NJW 2009, S. 20-26

Hohenhaus, Jörn: Die strafprozessuale Observation, Diss. Trier 2006

Hohmann, Olaf: Verdachtsberichterstattung und Strafverteidigung – Anwaltsstrategien im Umgang mit den Medien, NJW 2009, S. 881-885

Hohmann-Dennhardt, Christine: Warum sich das Recht mit der Sprache schwertut. Nicht nur Juristen müssen die Gesetze verstehen, sondern auch der Bürger, ZRP 2003, S. 372-375

Hohnstädter, Arndt: Die Speicherung personenbezogener Daten für präventivpolizeiliche Zwecke und die Unschuldsvermutung, NJW 2003, S. 490

Holdorf, Walter: Das Recht am eigenen Bilde, Diss. Marburg 1936

Holtfort, Werner: Adolf Arndt (1904-1974). Kronjurist der SPD, in: Kritische Justiz (Hrsg.), Streitbare Juristen, FS Seifert, Baden-Baden 1988, S. 451-459

Hoven, Elisa: Die Grenzen des Anfangsverdachts – Gedanken zum Fall Edathy, NStZ 2014, S. 361-367

dies.: Legales Verhalten und Anfangsverdacht, in: Fischer, Thomas / Hoven, Elisa (Hrsg.), Verdacht, Baden-Baden 2016, S. 117-133

Hoyer, Andreas: Die Figur des Kronzeugen. Dogmatische, verfahrensrechtliche und kriminalpolitische Aspekte, JZ 1994, S. 233-240

Hruschka, Joachim: Die Unschuldsvermutung in der Rechtsphilosophie der Aufklärung, ZStW 112 (2000), S. 285-3000

Huber, Hans: Das Zusammentreffen der Europäischen Konvention zum Schutze der Menschenrechte und Grundfreiheiten mit den Grundrechten der Verfassungen, GS Peters, Berlin 1967, S. 375-392

Huber, Michael: Grundwissen – Strafprozessrecht: Tatverdacht, JuS 2008, S. 21-22

Huber, Peter M.: Das Menschenbild im Grundgesetz, Jura 1998, S. 505-511

Hubmann, Heinrich: Der zivilrechtliche Schutz der Persönlichkeit gegen Indiskretion, JZ 1957, S. 521-528

ders.: Anmerkung (zu: BGH, Urt. v. 10.5.1957 – „Spätheimkehrer"), JZ 1957, S. 751-755

ders.: Die Personendarstellung im Film und der Gesetzentwurf des BMJ über den Persönlichkeitsschutz, UFITA 26 (1958), S. 19-34

ders.: Das Persönlichkeitsrecht, 2. Aufl., Köln 1967

ders.: Anmerkung (zu: OLG Frankfurt am Main, Urt. v. 6.9.1979), in: Schulze, Erich, Rechtsprechung zum Urheberrecht, Band II, München 1995, OLGZ 233 Bl. 16-18

Hüfner: Der Fall Bullerjahn und die Presseangriffe auf das Reichsgericht, von rechtlichen Gesichtspunkten aus beurteilt, LZ 1929, Sp. 745-766

Hünig, Markus: Probleme des Schutzes des Beschuldigten vor den Massenmedien, Diss. Zürich 1973

Huff, Martin: Notwendige Öffentlichkeitsarbeit der Justiz, NJW 2004, S. 403-407

Hund, Horst: Polizeiliches Effektivitätsdenken contra Rechtsstaat, ZRP 1991, S. 463-468

ders.: Der Einsatz technischer Mittel in Wohnungen. Versuch einer verfassungskonformen Lösung, ZRP 1995, S. 334-338

Hunecke, Ina: Cui bono? Gerichtsberichterstattung und ihre Auswirkungen. Litigation PR und Schlagzeilenjournalismus als Gefahr für den Rechtsstaat? NK 2011, S. 85-99

Huster, Stefan / *Rudolph*, Karsten (Hrsg.): Vom Rechtsstaat zum Präventionsstaat, Frankfurt am Main 2008

I

Ignor, Alexander: Die Zukunft des Strafverfahrens – Abschied vom Rechtsstaat? ZStW 119 (2007), S. 927-937

Ihering, Rudolf von: Rechtsschutz gegen injuröse Rechtsverletzungen, Jahrbücher für die Dogmatik des heutigen römischen und deutschen Privatrechts, Jena, Bd. 23 (1885), S. 155 ff.

Ionescu, Andra: Kriminalberichterstattung in der Tagespresse – Eine empirische Untersuchung der Tageszeitungen BILD, Nürnberger Nachrichten und Süddeutsche Zeitung im Zeitraum Januar und Juni 1989, Diss. Erlangen 1996

dies.: Kriminalberichterstattung in der Tagespresse – Ergebnisse einer Auswertung deutscher Zeitungsartikel, in: Dölling / Gössel / Waltoś (Hrsg.), Kriminalberichterstattung in der Tagespresse, Heidelberg 1998, S. 45-86

Isensee, Josef: Staat im Wort. Sprache als Element des Verfassungsstaates, in: Verfassungsrecht im Wandel. Wiedervereinigung Deutschlands, Deutschland in der Europäischen Union, Verfassungsstaat und Föderalismus, Köln 1995, S. 571-590

ders.: Anmerkung (zu: VerfGH NW, Urt. v. 9.2.1999), JZ 1999, S. 1109-1117

Isfen, Osman: Feststellungen im Strafurteil über gesondert Verfolgte und Unschuldsvermutung, StV 2009, S. 611-615

J

Jäger, Christian: Der Feind als Paradigmenwechsel im Recht. Zu Existenz und Tauglichkeit eines Feindstrafrechts als Mittel zur Verteidigung des Rechtsstaats, FS Roxin, Berlin 2011, S. 71-90

Jaeger, Michael: Der Kronzeuge unter besonderer Berücksichtigung von § 31 BtMG, Diss. Freiburg 1986

Jaeger, Renate: Menschenrechtsschutz im Herzen Europas. Zur Kooperation des Bundesverfassungsgerichts mit dem Europäischen Gerichtshof für Menschenrechte und dem Gerichtshof der Europäischen Gemeinschaften, EuGRZ 2005, S. 193-204

Jaeger, Renate / *Schmaltz,* Christiane: Die deutsche Rechtsprechung und der EGMR. Kooperation oder Konfrontation? In: Vom Recht auf Menschenwürde. 60 Jahre Europäische Menschenrechtskonvention, Tübingen 2013, S. 97-108

Jahn, Friedrich-Adolf: Der Einfluss der Medien auf das Strafverfahren aus gesetzgeberischer Sicht, in: Der Einfluss der Medien auf das Strafverfahren, München 1990, S. 5-18

Jahn, Joachim: Das Ende der Unschuldsvermutung. Internal Investigations, Compliance und „Know your Customer" – die Strafverfolgung wird privatisiert, AnwBl 2013, S. 207

Jansen, Gabriele: Und es (ver)lockt die Beschuldigung, FS Hamm, Berlin 2008, S. 227-234

Jarass, Hans D.: Die Freiheit der Massenmedien, Baden-Baden 1978

ders.: EU-Grundrechte. Ein Studien- und Handbuch, München 2005

ders.: Strafrechtliche Grundrechte im Unionsrecht, NStZ 2012, S. 611-616

Jehle, Jörg-Martin: Untersuchungshaft zwischen Unschuldsvermutung und Wiedereingliederung. Ein empirischer Beitrag zur Ausgestaltung des Untersuchungshaftvollzugs unter besonderer Berücksichtigung kriminalpolitischer Reformvorstellungen, München 1985

Jellinek, Georg: Die sozialethische Bedeutung von Recht, Unrecht und Strafe, Hildesheim 1967

Jerschke, Hans-Ulrich: Öffentlichkeitspflicht der Exekutive und Informationsrecht der Presse, Berlin 1971

Jescheck, Hans Heinrich: Die europäische Konvention zum Schutze der Menschenrechte und Grundfreiheiten, NJW 1954, S. 783-786

Johann, Pascal: Möglichkeiten und Grenzen des neuen Vermögensabschöpfungsrechts. Eine Untersuchung zur vorläufigen Sicherstellung und der Einziehung von Vermögen unklarer Herkunft, Diss. Mainz 2018

Julius, Karl-Peter: Diskussionsbeiträge der Strafrechtslehrertagung 2003 in Bayreuth, ZStW 115 (2003), S. 671-694

Jung, Heike: Straffreiheit für den Kronzeugen? Köln 1974

ders.: Der Kronzeuge – Garant der Wahrheitsfindung oder Instrument der Überführung? ZRP 1986, S. 38-42

ders.: Zur Rechtsstellung des Beschuldigten im Ermittlungsverfahren – eine Positionsbestimmung, JuS 1998, S. 1136-1140

ders.: Über den schwierigen Spagat zwischen Täter und Opfer, JZ 2003, S. 1096-1099

ders.: Das Kachelmann-Urteil im Spiegel der Presse – eine Momentaufnahme zu dem Thema „Strafjustiz und Medien", JZ 2012, S. 303-307 *ders.*: (Straf-)Justiz und Medien – eine unendliche Geschichte, GA 2014, S. 257-265

ders.: Anmerkung (zu: Fischer, Niklas S., Die Medienöffentlichkeit im strafrechtlichen Ermittlungsverfahren. Unter besonderer Berücksichtigung der Informationsfreiheitsgesetze, Berlin, 2014), JZ 2014, S. 509

Jung, Heike / *Nitschmann,* Kathrin / *Radtke,* Henning: Einheit und Vielfalt: Zur Entwicklung des Strafverfahrensrechts in Europa – Ein Tagungsbericht, GA 2003, S. 383-394

Jungfer, Gerhard: Max Alsberg (1877-1933). Verteidigung als ethische Mission, in: Kritische Justiz (Hrsg.), Streitbare Juristen, FS Seifert, Baden-Baden 1988, S. 141-150

K

Kahlo, Michael: Der Begriff der Prozeßsubjektivität und seine Bedeutung im reformierten Strafverfahren, besonders für die Rechtsstellung des Beschuldigten, KritV 1997, S. 183-210

Kaiser, Günther: Von der Kriminalberichterstattung zur Kriminalität als Medienrealität, FS Herrmann, Baden-Baden 2002, S. 49-71

Kammann, Nicola: Der Anfangsverdacht, Diss. Köln 2002

Kantor, Leo: Beiträge zur Lehre von der strafrechtlichen Schuld im Talmund (Kippahstrafe), Diss. Gießen 1926

Kargl, Walter: Inhalt und Begründung der Festnahmebefugnis nach § 127 I StPO, NStZ 2000, S. 8-15

ders.: Zur Differenz zwischen Wort und Bild im Bereich des strafrechtlichen Persönlichkeitsschutzes, ZStW 117 (2005), S. 324-353

Karlsruher Kommentar zur StPO: 8. Aufl., München 2019

Kaufmann, Noogie H.: Für immer und ewig schuldig? Verdachtsberichterstattung im Internet und Onlinearchive, MMR 2010, S. 520-523

Kaupen, Wolfgang: Die Hüter von Recht und Ordnung. Die soziale Herkunft, Erziehung und Ausbildung der deutschen Juristen – Eine soziologische Analyse, 2. Aufl., Neuwied 1971

Kazele, Norbert: Untersuchungshaft. Ein verfassungsrechtlicher Leitfaden für die Praxis, Baden-Baden 2008

Keil, Nadine Kristin: Verdachtsberichterstattung. Medienberichterstattung über Straftatverdächtige, Diss. Marburg 2012

Kelker, Brigitte: Die Rolle der Staatsanwaltschaft im Strafverfahren. Objektives Organ der Rechtspflege oder doch „parteiischer" Anwalt des Staates? ZStW 118 (2006), S. 389-426

Keller, Heinrich: Kriminalberichterstattung und Aggression – Zur Diskussion um die Fernsehfahndung „Aktenzeichen XY ... ungelöst", in: Wassermann, Rudolf (Hrsg.), Justiz und Medien, Neuwied 1980, S. 99-112

Keller, Martina: Verschiedene Rechtskulturen, aber eine möglichst einheitliche Sprache. „Unsere Urteile sollen für jeden möglichst verständlich sein", ZRP 2002, S. 524-526

Kennedy, John F.: Zivilcourage, Düsseldorf 1964

Kepplinger, Hans Mathias: Die Entwicklung der Kriminalitätsberichterstattung, in: BMJ (Hrsg.), Kriminalität in den Medien, Mönchengladbach 2000, S. 58-77

ders.: Die Mechanismen der Skandalisierung. Die Macht der Medien und die Möglichkeiten der Betroffenen, 2. Aufl., München 2005

ders.: Medieneffekte, Wiesbaden 2010

Kepplinger, Hans Mathias / *Zerback,* Thomas: Der Einfluss der Medien auf Richter und Staatsanwälte – Art, Ausmaß und Entstehung reziproker Effekte, Publizistik 2009, S. 216-239

Kerber, Anne: Bildberichterstattung über Polizeieinsätze, Diss. Mainz 1991

Kerscher, Helmut: Gerichtsberichterstattung und Persönlichkeitsschutz. Eine empirisch-rechtspolitische Studie über Entstehung und Wirkung identifizierender Gerichtsberichterstattung, Diss. Hamburg 1982

ders.: Medienwirkung und Inanspruchnahme der Justiz, DRiZ 1983, S. 439-443

ders.: Die Prangerwirkung von Gerichtsberichten als Teilaspekt der Medienwirkung, in: Deutscher Richterbund (Hrsg), Grenzen der Rechtsbewährung, Köln 1983, S. 257-261

ders.: Die Bundesrepublik auf der Anklagebank. Vor dem Europäischen Gerichtshof in Straßburg geht es um das Menschenrecht der Unschuldsvermutung, Süddeutsche Zeitung v. 14./15.3.1987 u. AnwBl 4/1987, S. 184

Keyssner, Hugo: Das Recht am eigenen Bilde, Berlin 1896

Khachatryan, Marina: Staatsanwaltschaftliche Öffentlichkeitsarbeit im Ermittlungsverfahren, Berlin 2020

Kieschke, Olaf: Die Praxis des Europäischen Gerichtshofs für Menschenrechte und ihre Auswirkungen auf das deutsche Strafverfahrensrecht. Eine Bestandsaufnahme am Beispiel ausgewählter Entscheidungen des EGMR gegen die Bundesrepublik Deutschland, Diss. Halle-Wittenberg 2002

Kindhäuser, Urs: Schuld und Strafe. Zur Diskussion um ein „Feindstrafrecht", in: Vormbaum, Thomas (Hrsg.), Kritik des Feindstrafrecht, Berlin 2009, S. 63-83

ders.: Zur möglichen Beeinträchtigung von Strafverfahren durch Medien, FS Wolter, Berlin 2013, S. 979-993

King, Martin Luther: Schöpferischer Widerstand, Gütersloh 1980

Kirchhof, Ferdinand: Grundrechtsschutz durch europäische und nationale Gerichte, NJW 2011, S. 3681-3686

ders.: Der Richter als Kontrolleur, Akteur und Garant der Rechtsordnung, NJW 2020, S. 1492-1497

Kirchhof, Paul: Rechtsprechen im Dienst von Verfassungsrecht und Europarecht, FS Steinberger, Berlin 2002, S. 1225-1243 *ders.*: Sprachstil und System als Geltungsbedingung des Gesetzes, NJW 2002, S. 2760-2761

Kisch, Egon Erwin: Gesammelte Werke: Der rasende Reporter. Hetzjagd durch die Zeit. Wagnisse in aller Welt. Kriminalistisches Reisebuch, 3. Aufl., Berlin 1978

Klein, Stefanie: Der zivilrechtliche Schutz des einzelnen vor Persönlichkeitsrechtsverletzungen durch die Sensationspresse, Diss. Würzburg 2000

Kleinknecht, Theodor: Schutz der Persönlichkeit des Angeklagten durch Ausschluss der Öffentlichkeit in der Hauptverhandlung, FS Schmidt-Leichner, München 1977, S. 111-119

Kley-Struller, Andreas: Art. 6 EMRK als Rechtsschutzgarantie gegen die öffentliche Gewalt. Die aktuelle Praxis der Konventionsorgane zur Anwendung des Art. 6 EMRK in der Verwaltungsrechtspflege. Analysen und Perspektiven, Zürich 1993

Klinger, Max: Der Sicherungshaftbefehl gem. § 453c StPO im Lichte der Rechtsprechung des EGMR zum Widerruf der Strafaussetzung, NStZ 2012, S. 70-76

Klintworth, Swantje Marie: Investigativer Journalismus im Spannungsfeld zwischen Pressefreiheit und Strafrecht. Eine Betrachtung des Kern- und Nebenstrafrechts unter dem Gesichtspunkt der Auswirkungen auf den investigativen Journalismus in Deutschland, Diss. Hamburg 2013

Klitzing, Hans Henning von: Über das Recht am eigenen Bilde, Diss. Breslau 1909

Klostermann, R.: Das Urheberrecht an Schrift- und Kunstwerken, Abbildungen, Compositionen, Photographien, Mustern und Modellen nach deutschem und internationalem Rechte, Berlin 1876

Klug, Ulrich: Das Verhältnis zwischen der Europäischen Menschenrechts-Konvention und dem Grundgesetz, GS Peters, Berlin 1967, S. 434-444

Knauer, Florian: Bestrafung durch die Medien? Zur strafmildernden Berücksichtigung von Medienberichterstattung, GA 2009, S. 541-552

ders.: Der Straftäter als „tickende Zeitbombe"? Kriminologische Betrachtungen zu einem kriminalpolitischen Unwort. Zugleich ein Beitrag zu Entwicklung, Stand und Perspektiven der Kriminalprognostik, JZ 2013, S. 558-565

Knauff, Matthias: Das Verhältnis zwischen Bundesverfassungsgericht, Europäischem Gerichtshof und Europäischem Gerichtshof für Menschenrechte, DVBl 2010, S. 533-542

Knellwolf, Thomas: Die Akte Kachelmann. Anatomie eines Skandals, Zürich 2011

Kniesel, Michael: Neue Polizeigesetze contra StPO? ZRP 1987, S. 377 ff.

Kniesel, Michael / *Paeffgen,* Hans-Ullrich / *Keppel,* Jasmin / *Zenker,* Stephan: Strafverfolgungsvorsorge als polizeigesetzliche Aufgabe, Die Polizei 2011, S. 333-342

Knothe, Matthias / *Wanckel,* Endress: „Angeklagt vor laufender Kamera", ZRP 1996, S. 106-110

Koch, Karl-Heinz: Publizistischer Missbrauch staatsanwaltschaftlicher Ermittlungsverfahren, ZRP 1989, S. 401-404

Kölbel, Ralf: Selbstbelastungsfreiheiten. Der nemo-tenetur-Satz im materiellen Strafrecht, Habil.-Schrift Jena 2005

König, Josef: Einsatz technischer Mittel nach § 100c StPO. Anmerkungen zu Möglichkeiten geheimer Ermittlungen, Kriminalistik 1998, S. 349-352

Koenig, Leo: Das Recht am eigenen Bilde, Diss. Erlangen 1907

König, Stefan: Von Schuld und Unschuld der Sprache. Über Strafprozess und Sprache, StraFo 2016, S. 221-226

Köster, Rolf-Jürgen: Die Rechtsvermutung der Unschuld. Historische und dogmatische Grundlagen, Diss. Bonn 1979

Kohl, Helmut: Die Freiheit des Bildjournalisten und das Persönlichkeitsrecht des Beamten, FS Löffler, München 1980, S. 127-142

ders.: Vorverurteilung durch die Medien? Bericht über die 57. Tagung des Studienkreises für Presserecht und Pressefreiheit in Heilbronn am 31.5. und 1.6.1985, AfP 1985, S. 102-105

Kohlhaas, Max: Bild- und Tonberichterstattung im Gerichtsverfahren, DRiZ 1956, S. 2-4

ders.: Reformbedürftigkeit der Gerichtsberichterstattung? NJW 1963, S. 477-479

ders.: Persönlichkeitsschutz im Strafverfahren, ZRP 1972, S. 52-54

Kohler, Josef: Der Fall der Bismarckphotographie, GRUR 1900, S. 196-210

ders.: Das Eigenbild im Recht, Berlin 1903

ders.: Kunstwerkrecht (Gesetz vom 9. Januar 1907), Stuttgart 1908

Kohlmann, Günter: Waffengleichheit im Strafprozess? FS Peters, Tübingen 1974, S. 316-321

Kokkinakis, Kriton: Strafprozessuales operatives Vorgehen und strafrechtliches Rückwirkungsverbot, Diss. Frankfurt am Main 2001

Kondziela, Andreas: Täter-Opfer-Ausgleich und Unschuldsvermutung, MschrKrim 1989, S. 177-189

Konrad, Sabine: Die Beschlagnahme von Verteidigerunterlagen. Das deutsche Recht auf dem Prüfstand der Menschenrechte. Zugleich ein Beitrag zum Rang der Europäischen Menschenrechtskonvention im innerstaatlichen Recht, Diss. Passau 2000

Koppenhöfer, Brigitte: Wie unabhängig von Medien kann, darf und muss die Justiz sein? StV 2005, S. 172-174

Korn, Dörthe: Defizite bei der Umsetzung der EMRK im deutschen Strafverfahren. V-Leute, Lockspitzel, Telefonüberwachung von Rechtsanwälten, Diss. Dresden 2004

Kortz, Helge: Ausschluss der Fernsehöffentlichkeit im Gerichtsverfahren. Interessenausgleich oder Verfassungsverstoß? AfP 1997, S. 443-450

Kotulla, Michael: Unschuldsvermutung und Verfahrenseinstellung, Anmerkung (zu: BVerfG, Beschl. v. 29.5.1990), JA 1992, S. 57-60

Krack, Ralf: Rehabilitierung des Beschuldigten im Strafverfahren, Habil.-Schrift Göttingen 2001

Krauß, Detlef: Der Grundsatz der Unschuldsvermutung im Strafverfahren, in: Müller-Dietz, Heinz, Strafrechtsdogmatik und Kriminalpolitik, Köln 1971, S. 153-178

ders.: Das Prinzip der materiellen Wahrheit im Strafprozess, FS Schaffstein, Göttingen 1975, S. 411-431

ders.: Täter und Opfer im Rechtsstaat, FS Lüderssen, Baden-Baden 2002, S. 269-278

Krechel, Uwe: Mördermann, München 2011

Krehl, Christoph: Die Einstellung des Privatklageverfahrens wegen geringer Schuld (§ 383 II StPO), NJW 1988, S. 3254-3255

Krekeler, Wilhelm: Strafverfahrensrecht und Terrorismus. Bewährung oder Niederlage des Rechtsstaates? AnwBl 1979, S. 212-217

ders.: Maßnahmen zur Verhinderung der Entstehung und der Einwirkung „öffentlicher Vorverurteilungen" auf das Strafverfahren, AnwBl 1985, S. 426-432

Krey, Volker: Grundzüge des Strafverfahrensrechts (4. Teil), Strafverfahrensrecht und MRK, JA 1983, S. 638-643

Kritische Justiz (Hrsg.): Streitbare Juristinnen. Eine andere Tradition, Baden-Baden 2016

Krüger, Hans Christian / *Polakiewicz,* Jörg: Vorschläge für ein kohärentes System des Menschenrechtsschutzes in Europa. Europäische Menschenrechtskonvention und EU-Grundrechtecharta, EuGRZ 2001, S. 92-105

Krüger, Ralf: Das Recht am eignen Bild und Belange der öffentlichen Sicherheit im Spannungsfeld zwischen Polizei und Medien, AfP 1981, S. 331-337

Krümpelmann, Justus: Die Bagatelldelikte. Untersuchungen zum Verbrechen als Steigerungsbegriff, Diss. Freiburg i. Br. 1964

Kruis, Konrad: Der Einfluss der MRK auf den deutschen Strafprozess, StraFo 2003, S. 34-37

Krumm, Carsten: Bewährungswiderruf trotz Unschuldsvermutung? NJW 2005, S. 1832-1835

Kube, Edwin: Zum Entscheidungsverhalten von Straftätern, FS Göppinger, Berlin 1990, S. 561-578

Kübler, Friedrich (Hrsg.): Medienwirkung und Medienverantwortung. Überlegungen und Dokumente zum Lebach-Urteil des Bundesverfassungsgerichts, Baden-Baden 1975

ders.: Öffentlichkeit als Tribunal? – Zum Konflikt zwischen Medienfreiheit und Ehrenschutz, JZ 1984, S. 541-547

ders.: Verdachtsberichterstattung. Anmerkung (zu: BGH, Urt. v. 7.12.1999), JZ 2000, S. 618-623

Kübler, Klaus: Nochmals: Die fotografierenden Verfassungsschützer, JuS 1966, S. 319-321

Küchenhoff, Erich: Bei Demonstrationen geht`s meistens um mehrere Grundrechte. „Recht am eigenen Bild" sehr fragwürdig, Die Feder 9/1982, S. 34-37

Küchenhoff, Günther: Persönlichkeitsschutz kraft Menschenwürde, FS Geiger, Tübingen 1974, S. 45-59

Kühl, Kristian: Zur Beurteilung der Unschuldsvermutung bei Einstellungen und Kostenentscheidungen, JR 1978, S. 94-100

ders.: Der Tod des Beschuldigten oder Angeklagten während des Strafverfahrens, NJW 1978, S. 977 ff.

ders.: Haftentschädigung und Unschuldsvermutung, NJW 1980, S. 806-810

ders.: Die Auslagen des Nebenklägers bei Einstellung des Verfahrens, NJW 1980, S. 1834-1835

ders.: Unschuldsvermutung, Freispruch und Einstellung, Habil.-Schrift Bielefeld 1981, Köln 1983

ders.: Ermessensausübung bei der Kosten- und Auslagenentscheidung. Anmerkung (zu: OLG Frankfurt, Beschl. v. 23.4.1980), NStZ 1981, S. 114-115

ders.: Unschuldsvermutung und Einstellung des Strafverfahrens. Die neueste Rechtsprechung des Europäischen Gerichtshof für Menschenrechte zu Art. 6 II MRK, NJW 1984, S. 1264-1268

ders.: Persönlichkeitsschutz des Tatverdächtigen durch die Unschuldsvermutung, FS Hubmann, Frankfurt am Main 1985, S. 241-254

ders.: Notwendige Auslagen bei Tod des Angeklagten. Anmerkung (zu: BGH, Beschl. v. 3.10.1986), NStZ 1987, S. 336-340

ders.: Rückschlag für die Unschuldsvermutung aus Straßburg, NJW 1988, S. 3233-3239

ders.: Der Einfluß der Europäischen Menschenrechtskonvention auf das Strafrecht und Strafverfahrensrecht der Bundesrepublik Deutschland (Teil I), ZStW 100 (1988), S. 406-443, (Teil II), ZStW 100 (1988), S. 601-644

ders.: Naturrechtliche Grenzen strafwürdigen Verhaltens, FS Spendel, Berlin 1992, S. 75 ff.

ders.: Unschuldsvermutung und Resozialisierungsinteresse als Grenzen der Kriminalberichterstattung, FS Müller-Dietz, München 2001, S. 401-418

ders.: Der Tod des Beschuldigten oder Angeklagten im laufenden Strafverfahren, FS Meyer-Gossner, München 2001, S. 715-731

ders.: Zur Strafbarkeit unbefugter Bildaufnahmen, AfP 2004, S. 190-197

ders.: Der Einfluss der Menschenrechte und Grundfreiheiten der Europäischen Menschenrechtskonvention auf das deutsche und europäische Strafrecht, FS Jung, Baden-Baden 2007, S. 433-443

ders.: Besonders hohe Grenzen für den Strafgesetzgeber, FS Stöckel, Berlin 2010, S. 117-134

Kühle, Kay: Der Straftäter, insbesondere der Verurteilte als „relative" Person der Zeitgeschichte, AfP 1973, S. 356 ff.

Kühn, Heinz: Auf den Barrikaden des mutigen Wortes, Bonn 1986

Kühne, Hans Heiner: Strafverfahren als Kommunikationsproblem, Heidelberg 1978

ders.: Die Definition des Verdachts als Voraussetzung strafprozessualer Zwangsmaßnahmen, NJW 1979, S. 617-622

ders.: Das Paradigma der inneren Sicherheit: Polizeiliche Möglichkeiten – Rechtsstaatliche Grenzen, FS Schneider, Berlin 1998, S. 3-16

ders.: Menschenrechte und das Interesse an einer effizienten Strafverfolgung, FS Krey, 2010, S. 299-312

ders.: EMRK. Besondere Garantien für das Strafverfahren. Unschuldsvermutung (Art. 6 Abs. 2), in: Karl, Wolfram; Internationaler Kommentar zur Europäischen Menschenrechtskonvention, Köln 2010, S. 151-254

ders.: Strafprozessrecht, 9. Aufl., Heidelberg 2015

ders.: in: Löwe-Rosenberg, Die StPO und das GVG, Großkommentar, 1. Band, 27. Aufl., Berlin 2016

ders.: Die internationale Bekämpfung von Wirtschaftskriminalität und die Konstitution des Verdachts, GA 2020, S. 337-344

Kühne, Hans-Heiner / *Esser,* Robert: Die Rechtsprechung des Europäischen Gerichtshofs für Menschenrechte (EGMR) zur Untersuchungshaft. – Ein Bericht über die Entwicklung in den Jahren 2000 und 2001 –, StV 2002, S. 383-393

Kulhanek, Tobias: Saalöffentlichkeit unter dem Infektionsschutzgesetz, NJW 2020, S. 1183-1187

Kunert, Karl Heinz / *Bernsmann,* Klaus: Neue Sicherheitsgesetze – mehr Rechtssicherheit? – Zu dem Gesetz zur Änderung des Strafgesetzbuches, der Strafprozessordnung und des Versammlungsgesetzes und zur Einführung einer Kronzeugenregelung bei terroristischen Straftaten vom 9.6.1989 (BGBl I, 1059) –, NStZ 1989, S. 449-461

Kuntze-Kaufhold, Gregor: „Recht entsteht dadurch nich dass mer's regelmäßig macht". Zur Einordnung der Unschuldsvermutung in den sozialen Kontext von Rechtsanwendung, Mschr Krim 2001, S. 191-211

Kunz, Karl-Ludwig: Das strafrechtliche Bagatellprinzip. Eine strafrechtsdogmatische und kriminalpolitische Untersuchung, Habil.-Schrift Saarbrücken 1983

ders.: Kriminologie. Eine Grundlegung, 4. Aufl., Bern 2004

Kusch, Roger: Auslagenentscheidung nach Verfahrenseinstellung, Anmerkung (zu: OLG Zweibrücken, Beschl. v. 19.8.1986), NStZ 1987, S. 425-428

Kuß, Matthias: Öffentlichkeitsmaxime der Judikatur und das Verbot von Fernsehaufnahmen im Gerichtssaal, Diss. Berlin 1999

L

Lackner, Karl: Zu den Grenzen der richterlichen Befugnis, mangelhafte Strafgesetze zu berichtigen, in: Richterliche Rechtsfortbildung. Erscheinungsformen, Auftrag und Grenzen, Heidelberg 1986, S. 39-63

Ladeur, Karl-Heinz: Mediengerechte Spezifizierung des Schutzes von Persönlichkeitsrechten gegen Beeinträchtigung durch Tatsachenbehauptungen und Schmähkritik, AfP 2009, S. 446-452

Lagodny, Otto: Heimlichkeiten und Verdeckungen im deutschen Strafverfahren, 20. Strafverteidigertag 1996 in Essen, Aktuelles Verfassungsrecht und Strafverteidigung, Köln 1996, S. 117- 131

Lammer, Dirk: Terrorbekämpfung durch Kronzeugen. Neuanlauf für eine Kronzeugenregelung durch Art. 4 des Artikelgesetzes zur Bekämpfung terroristischer Gewalttaten, ZRP 1989, S. 248-252

Lamnek, Siegfried: Kriminalberichterstattung in den Massenmedien als Problem, MschrKrim 1990, S. 163-176

Lampe, Ernst-Joachim: Der Straftäter als „Person der Zeitgeschichte", NJW 1973, S. 217-222

Lamprecht, Rolf: Vom Diener des Rechts zum Diener der Macht. Über die Sprach-Gewalt der obersten Richter, Der Spiegel, Nr. 46/1986, S. 101-108

ders.: „Nur noch den Himmel über sich." Über die verfassungswidrige Wahl von Verfassungsrichtern, Der Spiegel, Nr. 34/1987, S. 30-32

ders.: Generalstaatsanwalt Teschke – ein Märtyrer der Justiz? DRiZ 1989, S. 32-33

ders.: Vom Untertan zum Bürger. Die Erfolgsgeschichte der Grundrechte, Baden-Baden 1999

ders.: Wenn der Rechtsstaat seine Unschuld verliert, NJW 2007, S. 2744-2746

ders.: Die Lebenslüge der Juristen. Warum Recht nicht gerecht ist, 2. Aufl., München 2008

ders.: Ich gehe bis nach Karlsruhe. Eine Geschichte des Bundesverfassungsgerichts, München 2011

ders.: Kooperation und Konfrontation. Das Bundesverfassungsgericht und die Medien – Nähe und Distanz, ZRP 2012, S. 149-152

ders.: Die Braunhemden auf der Rosenburg. Wie die Nachkriegsjustiz unbemerkt von alten Nazis dirigiert wurde, NJW 2016, S. 3082-3086

Landwehr, Wilfried: Das Recht am eigenen Bild, Diss. Zürich 1955

Lang, Wilhelm: Ton- und Bildträger. Materielle und prozessuale Grundfragen in persönlichkeitsrechtlicher Sicht, Bielefeld 1960

Lange, Thorsten: Bundesverfassungsgericht in der (Schmäh-)Kritik – unerhörter Appell? DRiZ 2020, S. 252-255

Langenfeld, Christine: Die Stellung der EMRK im Verfassungsrecht der Bundesrepublik Deutschland, in: Bröhmer, Jürgen (Hrsg.), Der Grundrechtsschutz in Europa, Baden-Baden 2002, S. 95-108

Larenz, Karl: Das „allgemeine Persönlichkeitsrecht" im Recht der unerlaubten Handlungen, NJW 1955, S. 521-525

Laubenthal, Klaus: Wiederaufnahme des Verfahrens zugunsten eines vor Rechtskraft des verkündeten Urteils verstorbenen Angeklagten? GA 1989, S. 20-31

Lehr, Gernot: Bildberichterstattung der Medien über Strafverfahren, in: Dona Scripta der Kanzlei RSDS, Bonn 2000, S. 267-282

ders.: Bildberichterstattung der Medien über Strafverfahren, NStZ 2001, S. 63-67

ders.: Grenzen für die Öffentlichkeitsarbeit der Ermittlungsbehörden, NStZ 2009, S. 409-414

ders.: Pressefreiheit und Persönlichkeitsrechte – Ein Spannungsverhältnis für die Öffentlichkeitsarbeit der Justiz, NJW 2013, S. 728-733

ders.: Der Verdacht – eine besondere Herausforderung an den Ausgleich zwischen Persönlichkeitsschutz und freier Berichterstattung, AfP 2013, S. 7-16

Leipold, Dieter: Beweislastregeln und gesetzliche Vermutungen insbesondere bei Verweisungen zwischen den Rechtsgebieten, Berlin 1966

Lenckner, Theodor: Der Strafprozess im Dienst der (Re-)Sozialisierung, JuS 1983, S. 340-345

Lenski, Sophie-Charlotte: Der Persönlichkeitsschutz Prominenter unter EMRK und Grundgesetz, NVwZ 2005, S. 50-53

Lenz, Christina: Das Recht am eigenen Bild des Polizeibeamten im Einsatz bei Demonstrationen contra Pressefreiheit. Rechtliche Abwehrmöglichkeiten des Polizisten als Beamter und Bürger in öffentlich-rechtlicher und zivilrechtlicher Hinsicht, BayVBl 1995, S. 164-169

Leonhardt, Rudolf Walter: Kamera oder Maulwurf, Die Zeit, Nr. 47/1977, S. 43-44

Lerch, Kent D. (Hrsg.): Die Sprache des Rechts. Studien der interdisziplinären Arbeitsgruppe Sprache des Rechts der Berlin-Brandenburgischen Akademie der Wissenschaften; Band I, Berlin 2004

Lesch, Heiko Hartmut: Der Verbrechensbegriff: Grundlinien einer funktionalen Revision, Habil.-Schrift Bonn 1999

ders.: Strafprozessrecht, Neuwied 1999

ders.: Inquisition und rechtliches Gehör in der Beschuldigtenvernehmung, ZStW 111 (1999), S. 624-646

ders.: Anmerkung (zu: BGH, Beschl. v.12.1.2005), JR 2005, S. 300-304

Letzel, Kurt: Inwieweit ist im geltenden Recht ein Recht am eigenen Bilde anerkannt und geschützt? Diss. Leipzig 1912

Leutheusser-Schnarrenberger, Sabine: Die Zukunft des allgemeinen Persönlichkeitsrechts: Der „Herrenreiter" auf dem Weg ins dritte Jahrtausend, FS Engelschall, Baden-Baden 1996, S. 13-23

dies.: Der Europäische Beschuldigte, StraFo 2007, S. 267-277 *dies.*: Der Beitritt der EU zur EMRK: Eine schier unendliche Geschichte, FS Jaeger, Berlin 2010, S. 135-146

dies.: Die Sprache der Juristen, die Sprache des Rechts. Genauigkeit geht vor Allgemeinverständlichkeit, ZRP 2012, S. 93-94

Levi, Paul: Der Fall Bullerjahn, Berliner Tageblatt v. 24.11.1928, Nr. 557

Levi, Robert: Zum Einfluss der Europäischen Menschenrechtskonvention auf das kantonale Prozessrecht – Erwartungen und Ergebnisse, ZStrR 106 (1989), S. 225 ff.

Lewinsohn, Georg: Giebt es ein Recht am eigenen Bilde? Diss. Leipzig, 1902

Leyendecker, Hans: Die Verfahrensbeteiligten aus der Perspektive der Medien, StV 2005, S. 179-181

ders.: Journalistische Anforderungen an die Verdachtsberichterstattung, StraFo 2007, S. 354-358

ders.: Findelkind des Journalismus. Das Elend mit der Gerichtsreportage – vernachlässigt, verdrängt, verkommen, in: Strafverteidigung im Rechtsstaat, Baden-Baden 2009, S. 192-202

Liatowitsch, Charles: Persönlichkeitsrecht und Urheberrecht am Personenbildnis, Diss. Basel 1937

Liemersdorf, Thilo / *Miebach,* Klaus: Strafprozessuale Kostenentscheidungen im Widerspruch zur Unschuldsvermutung, NJW 1980, S. 371-376

Lilie, Hans: Unschuldsvermutung und Subjektstellung, FS Remmers, Köln 1995, S. 601-614

ders.: Fernsehaufnahmen vor und nach der Hauptverhandlung und in deren Pausen, in: AE-StuM, München 2004, S. 116-133

ders.: Unschuldsvermutung und „Beweislastumkehr", FS F.-C. Schroeder, Heidelberg 2006, S. 829-844

Limbach, Benjamin: Der drohende Tod als Strafverfahrenshindernis, Diss. Bonn 1997

Limbach, Jutta: „Auch wir können irren." Über den Einfluss der Karlsruher Richter auf die Politik und über die Zukunft des Rechts in Europa, Der Spiegel, Nr. 45/1999, S. 72-77

dies.: 50 Jahre Pressefreiheit, AfP 1999, S. 413-416

dies.: Die Kooperation der Gerichte in der zukünftigen europäischen Grundrechtsarchitektur. Ein Beitrag zur Neubestimmung des Verhältnisses von Bundesverfassungsgericht, Gerichtshof der Europäischen Gemeinschaften und Europäischem Gerichtshof für Menschenrechte, EuGRZ 2000, S. 417-420

dies.: Das Bundesverfassungsgericht und der Grundrechtsschutz in Europa, NJW 2001, S. 2913-2919

dies.: Ist die kollektive Sicherheit Feind der individuellen Freiheit? AnwBl 2002, S. 454-458

dies.: Essay: Freiheit und Sicherheit, in: Menschenrechte, Demokratie und Rechtsstaat. Liber amicorum Luzius Wildhaber, Zürich 2007, S. 1399-1405 *dies.*: Die Sprache muss das Recht verständlich machen, ZRP 2010, S. 61

Lindner, Josef Franz: Der Verfassungsrechtssatz von der Unschuldsvermutung, AöR 133 (2008), S. 235-260

ders.: Der Schutz des Persönlichkeitsrechts des Beschuldigten im Ermittlungsverfahren – zum Verhältnis von Justiz und Medien aus grundrechtlicher Sicht –, StV 2008, S. 210-217

Lisken, Hans: Pressefreiheit und Strafprozess, ZRP 1988, S. 193-197

ders.: Über Aufgaben und Befugnisse der Polizei im Staat des Grundgesetzes, ZRP 1990, S. 15 ff.

ders.: Befugnis zum Belauschen? ZRP 1993, S. 121-124

ders.: „Korruptionsbekämpfung", NJW 1995, S. 1873-1875

ders.: „Verdachts- und ereignisunabhängige Personenkontrollen zur Bekämpfung der grenzüberschreitenden Kriminalität"? NVwZ 1998, S. 22-26

Lisken, Hans / *Denninger,* Erhard: Handbuch des Polizeirechts, 3. Aufl., München 2001

Llobet Rodríguez, Javier: Die Unschuldsvermutung und die materiellen Voraussetzungen der Untersuchungshaft. Ein Beitrag zur Strafprozessreform in Lateinamerika, Diss. Freiburg (Breisgau) 1995

Löffelmann, Markus: Die normativen Grenzen der Wahrheitserforschung im Strafverfahren. Ideen zu einer Kritik der Funktionsfähigkeit der Strafrechtspflege, Berlin 2008

Löffler, Martin: Persönlichkeitsschutz und Meinungsfreiheit, NJW 1959, S. 1-6

ders.: Der Verfassungsauftrag der Presse, Modellfall Spiegel, Karlsruhe 1963

ders.: Die Sorgfaltspflichten der Presse und des Rundfunks, NJW 1965, S. 942-946

ders.: Rechtsbegriff und Inhalt der öffentlichen Aufgabe von Presse und Rundfunk, NJW 1982, S. 91-92

Löffler, Martin / *Ricker,* Reinhart: Handbuch des Presserechts, 5. Aufl., München 2005

Loesdau: Die Grenzen der publizistischen Auswertung von Staatsschutzverfahren im Rahmen der sogenannten behördlichen Öffentlichkeitsarbeit, MDR 1962, S. 773-778

Löwe-Rosenberg: Die StPO und das GVG, Großkommentar, 3. Band, 27. Aufl., Berlin 2019

Löwe-Rosenberg: Die StPO und das GVG, Großkommentar, 4. Band, 27. Aufl., Berlin 2019

Löwe-Rosenberg: Die StPO und das GVG, Großkommentar, 5. Band, 27. Aufl., Berlin 2020

Lohner, Erwin: Der Verdacht im Ermittlungsverfahren. Begriff, rechtliche Ausgestaltung, praktische Handhabung und Kontrolle am Beispiel der polizeilichen Verdachtsfeststellung, Diss. München 1994

Ludwig, Peter: Persönlichkeitsrechtsverletzungen durch identifizierende Presseverlautbarungen der Staatsanwaltschaft, Diss. Bonn 1998

Lüdemann, Gerhard: Die Vermutungen im Strafrecht, Diss. Münster 1955 (Maschinenskript)

Lüder, Beate: Zum zivilrechtlichen Schutz der Persönlichkeit vor der Anfertigung manipulierter Fotografien – Zur Grenze zwischen zulässiger Bildgestaltung / Bildoptimierung und unzulässiger Manipulation, Diss. Greifswald 2012

Lüderssen, Klaus: Die strafrechtsgestaltende Kraft des Beweisrechts, ZStW 85 (1973), S. 288 ff.

ders.: Aus der grauen Zone zwischen staatlichen und individuellen Interessen. Zur Funktion der Strafverteidigung in einer freien Gesellschaft, FS Sarstedt, Berlin 1981, S. 145-168

ders.: Von Sling zu Mauz, StV 1985, S. 511-512

ders. (Hrsg.): V-Leute. Die Falle im Rechtsstaat, Frankfurt am Main 1985

ders.: Neue Tendenzen der deutschen Kriminalpolitik, StV 1987, S. 163 ff.

ders.: Die Zukunft des *agent provocateur* – nicht endende Abwägungen, GS Weßlau, Berlin 2016, S. 519-527

Lüke, Gerhard: Die Sprache in Gerichtsurteilen, NJW 1995, S. 1067-1068

Lüke, Ulrich: Registrierung Unverdächtiger muss aufhören, Die Welt v. 18.5.1979

Lutz, Carsten: Kompetenzkonflikte und Aufgabenverteilung zwischen nationalen und internationalen Gerichten. Erste Bausteine einer Weltgerichtsordnung, Diss. Freiburg 2002

M

Machtan, Lothar: Bismarcks Tod und Deutschlands Tränen. Reportage einer Tragödie, München 1998

ders.: Fotoplatten im Eiskeller. Das Paparazzi-Foto des 19. Jahrhunderts: Bismarcks Sterbelager, Der Spiegel, Nr. 28/1998, S. 80-81

Magiera, Siegfried: Die Grundrechtecharta der Europäischen Union, DÖV 2000, S. 1017-1026

Mahrenholz, Ernst Gottfried: Das Funktionieren der Organe der EMRK, in: Entwicklung der Menschenrechte innerhalb der Staaten des Europarates, Heidelberg 1987, S. 73-88

ders.: „Wir Richter sind ja nicht unfehlbar." Vorwärts, Nr. 47/1987, S. 21

ders.: Unschuldsvermutung und Verfahrenseinstellung. Abweichende Meinung (zu: BVerfG, Beschl. v. 29.5.1990), NJW 1990, S. 2741-2744, und BVerfGE 82, 106, S. 122-126

ders.: Justiz – eine unabhängige Staatsgewalt? DRiZ 1991, S. 432-437

ders.: Die heimliche Macht: das Bundesverfassungsgericht, in: Noske, Heiner, Der Rechtsstaat am Ende? Analysen, Standpunkte, Perspektiven, München 1995, S. 83-91 *ders.*: Verfassungsgerichtsbarkeit und Gesetzgebung, in: Badura, Peter / Scholz, Rupert (Hrsg.), Verfassungsgerichtsbarkeit und Gesetzgebung, München 1998, S. 23-43

ders.: Der Verdächtige als öffentliche Person – die Strafverfolgung berichtet, 4. Petersberger Tage 2007

Maiwald, Manfred: Zur „Verrechtlichung" des Täter-Opfer-Ausgleichs in § 46 a StGB, GA 2005, S. 339-343

Maluga, Gabriele: Tatprovokation Unverdächtiger durch V-Leute, Diss. Bielefeld 2006

Mandla, Christoph: Die Unterbrechung der strafrechtlichen Hauptverhandlung. Eine Untersuchung zu § 229 StPO, Diss. Halle-Wittenberg 2005

Mankowski, Peter: Rechtskultur. Eine rechtsvergleichend-anekdotische Annäherung an einen schwierigen und vielgesichtigen Begriff, JZ 2009, S. 321-331

Mansdörfer, Marco: Das Recht des Beschuldigten auf Selbstdarstellung im Ermittlungsverfahren, ZStW 123 (2011), S. 570-594

Marwitz, Bruno: Das Urheberrecht an Werken der bildenden Künste und der Photographie (Gesetz vom 9. Januar 1907), 2. Aufl., Berlin 1929

Marxen, Klaus: Medienfreiheit und Unschuldsvermutung, GA 1980, S. 365-381

ders.: Straftatsystem und Strafprozess, Habil.-Schrift Frankfurt a. M. 1982

ders.: Das Volk und sein Gerichtshof. Eine Studie zum nationalsozialistischen Volksgerichtshof, Frankfurt am Main 1994

ders.: Organisierte Kriminalität und die Organisation der staatlichen Strafverfolgung, FS Schneider, Berlin 1998, S. 297-311

ders.: Strafrecht im Medienzeitalter, JZ 2000, S. 294-299

ders.: Veröffentlichung und Verheimlichung des Strafverfahrens, GA 2013, S. 99-110

ders.: Recht sprechen, Berliner AnwBl. 2020, S. 277-281

Marxen, Klaus / *Tiemann,* Frank: Aus Wissenschaft und Praxis: Die geplante Reform der Wiederaufnahme zuungunsten des Angeklagten, ZIS 2008, S. 188-194

dies.: Die Wiederaufnahme in Strafsachen. Praxis der Strafverteidigung, 3. Aufl., Heidelberg 2014

Marxen, Klaus / *Weinke,* Annette: Inszenierungen des Rechts: Schauprozesse, Medienprozesse und Prozessfilme in der DDR, Berlin 2006

Marxen, Klaus / *Werle,* Gerhard: Die strafrechtliche Aufarbeitung von DDR-Unrecht – Eine Bilanz, Berlin 1999

Marzahn, Thomas: Das Feindstrafrecht als Komponente des Präventionsstaats? Diss. Augsburg 2010

Masuch, Thorsten: Zur fallübergreifenden Bindungswirkung von Urteilen des EGMR, NVwZ 2000, S. 1266-1268

Maul, Heinrich: Bild- und Rundfunkberichterstattung im Strafverfahren, MDR 1970, S. 286-288

Mauz, Gerhard: Die Gerechten und die Gerichteten, Frankfurt am Main 1968 *ders.*: Das Spiel von Schuld und Sühne, Düsseldorf 1975

ders.: Über Zwänge und Versuchungen des Journalisten bei der Kriminal- und Gerichtssaalberichterstattung, in: Kriminalsoziologische Bibliographie 1976, Heft 11-13, S. 3-13

ders.: „Hoffentlich ist er tot." Zur Verurteilung von Marianne Bachmeier in Lübeck, Der Spiegel, Nr. 10/1983, S. 70-78

ders.: Des Nachbars Pudel, kahlgeschoren ... (Essay), Der Spiegel, Nr. 1/1984, S. 142-143

ders.: Symposion-Beitrag, in: Hessisches Ministerium der Justiz (Hrsg.), Unschuldsvermutung in der Mediengesellschaft – Publizistischer Missbrauch staatsanwaltschaftlicher Ermittlungsverfahren, Wiesbaden 1990, S. 40-45

ders.: Die Justiz vor Gericht. Macht und Ohnmacht der Richter, München 1991

ders.: „... trotz des enormen Preises." Über das Fernsehen und die Strafjustiz, Der Spiegel, Nr. 51/1991, S. 196-199

ders.: Die großen Prozesse der Bundesrepublik Deutschland, Springe 2005

May, Bruno: Der Kinematograph und das Recht am eignen Bilde, GRUR 1912, S. 324-327

Mayer, Kurt: Der massenwirksame Emotionalappell in der Bildanzeige, Diss. Berlin 1962

Medium (Zeitschrift): Skandale und journalistische Ethik, Nr. 2/1989, S. 1, 17-56

Meier, Bernd-Dieter: Vom Verbrechensopfer zum Medienopfer? Zur Medienberichterstattung über Straftaten aus der Verletztenperspektive, FS Rolinski, Baden-Baden 2002, S. 425-445

Meinecke, Fabian: Berichterstattung und Unschuldsvermutung. Anmerkung (zu: BGH, Urt. v. 7.9.2016), StV 2017, 648-652

Menges, Eva: in: Löwe-Rosenberg, Die StPO und das GVG, Großkommentar, 3. Band, 26. Aufl., Berlin 2014

Merten, Karlheinz: Datenschutz und Datenverarbeitungsprobleme bei den Sicherheitsbehörden, Diss. Hagen 1985

Mertin, Herbert: Recht und Sprache. Ein Essay über den juristischen Sprachschatz, ZRP 2004, S. 266-268

ders.: Justiz und Medien als gegenseitige Wächter. Kritik als konstruktiver Beitrag zu einer offenen Diskussion, ZRP 2005, S. 205-206

Mesic, Amira: Das Recht am eigenen Bild. Entstehung, Entwicklung, Perspektiven. Ein Leitfaden für die Praxis, Berlin 1999

Meyer, Bruno: Das neue photographische Schutzgesetz nach dem Regierungs-Entwurfe, Weimar 1902

Meyer, Frank: Stellungnahme. Zum Grünbuch über die Unschuldsvermutung. Eine Untersuchung zu Reichweite und normativem Bedeutungsgehalt der Unschuldsvermutung im Spannungsfeld grenzüberschreitender Strafverfolgung in der Europäischen Union, Freiburg i. Br. 2006

ders.: Der EGMR als Tatsacheninstanz und das Recht auf Wahrheit, FS Paeffgen, Berlin 2015, S. 793-814 *ders.*: in: Karpenstein, Ulrich / Mayer, Franz C. (Hrsg.), Konvention zum Schutz der Menschenrechte und Grundfreiheiten, 2. Aufl., München 2015

ders.: in: SK-StPO, Band X, EMRK, 5. Aufl., Köln 2019

Meyer, Jürgen: Charta der Grundrechte der Europäischen Union, 3. Aufl., Baden-Baden 2011

Meyer, Jürgen / *Hetzer,* Wolfgang: Neue Gesetze gegen die Organisierte Kriminalität. Geldwäschebekämpfung, Gewinnabschöpfung und Einsatz technischer Mittel zur akustischen Überwachung von Wohnungen für Beweiszwecke im Bereich der Strafverfolgung, NJW 1998, S. 1017-1029

Meyer, Karlheinz: Grenzen der Unschuldsvermutung, FS Tröndle, Berlin 1989, S. 61-75

Meyer, Myrna: Der Gerichtsprozess in der medialen Berichterstattung. Die Macht der mediengeprägten öffentlichen Meinung und die Rolle der Prozessbeteiligten in der heutigen Mediengesellschaft, Diss. Hamburg 2013

Meyer-Goßner, Lutz: Die Zukunft des Strafverfahrens – Abschied vom Rechtsstaat? ZStW 119 (2007), S. 938-944

Meyer-Goßner, Lutz / *Schmitt,* Bertram: Strafprozessordnung, 60. Aufl., München 2017

Meyer-Ladewig, Jens / *Petzold,* Herbert: Die Bindung deutscher Gerichte an Urteile des EGMR, NJW 2005, S. 15-20

Meyer-Ladewig, Jens / *Nettesheim,* Martin / *von Raumer,* Stefan: EMRK, Handkommentar, 4. Aufl., Baden-Baden 2017

Meyer-Mews, Hans: Anmerkung (zu: BGH, Urt. v. 7.9.2016), NJW 2016, S. 3670-3673

ders.: Schuldvermutung, myops 26 /2016, S. 46-54

Michalke, Reinhart: Unzulässige Revision des Angeklagten nach Freispruch – Fall Mollath, Anmerkung (zu: BGH, Beschl. v. 14.10.2015), NJW 2016, S. 728-732

Michler, Gerhard: Der Eröffnungsbeschluss im Strafverfahren, Diss. Regensburg 1989

Middendorff, Wolf: Der Kronzeuge. Historisch-kriminologisches Gutachten, ZStW 85 (1973), S. 1102-1124

Milger, Karin: Sitzungsgewalt und Ordnungsmittel in der strafrechtlichen Hauptverhandlung, NStZ 2006, S. 121-127

Minelli, Ludwig A.: Nochmals: Überinterpretation der Unschuldsvermutung gemäß Art. 6 Ziff. 2 EMRK? recht 1995, S. 72-74

Mitsch, Wolfgang: „Saddam Hussein in Unterhose" – Strafbares Fotografieren, Jura 2006, S. 117-120

ders.: Postmortales Persönlichkeitsrecht verstorbener Straftäter, NJW 2010, S. 3479-3483

ders.: Medienstrafrecht, Heidelberg 2012

ders.: Schrifttum (zu: Bentele, Zulässigkeit und Grenzen von Litigation-PR durch die Staatsanwaltschaft, Diss. Tübingen 2015), GA, S. 464-467

Mohr, Burkhard: Spaß beiseite! Karikaturen zum Zeitgeschehen, Bonn, Band 1, 2000; Band 2, 2001; Band 3, 2002; Band 4, 2003; Band 5, 2005; Band 6, 2007; Band 7, 2010

ders.: Der Euro schadet der Krise! Karikaturen zum aktuellen Elend (2010-2011), Bonn 2013

ders.: Papier Pikant, Karikaturen (2012-2013), Bonn 2014

ders.: Highlights im Dunkeln, Karikaturen (2014-2015), Bonn 2015

ders.: Wahnmache Mahnwache, Karikaturen (2016-2017), Bonn 2017

ders.: Fluch nach vorne, Königswinter 2019

Moldenhauer, Gerwin: in: Hannich, Rolf (Hrsg.), Karlsruher Kommentar zur StPO, 7. Aufl., München 2013

Molle, Alexander: Die Verdachtsberichterstattung. Anforderungen und Beweislastverteilung im Spannungsverhältnis zwischen Pressefreiheit und Ehrschutz, ZUM 2010, S. 331-336

Morgenstern, Christine: Die Untersuchungshaft. Eine Untersuchung unter rechtsdogmatischen, kriminologischen, rechtsvergleichenden und europarechtlichen Aspekten, Habil.-Schrift Greifswald, Baden-Baden 2018

Moritz, Klaus: Grenzen der Verdachtskündigung, NJW 1978, S. 402 ff.

Morsch, Anke: Die Verfahrensgarantien des Art. 6 der Europäischen Menschenrechtskonvention und das deutsche Steuerrecht, FS Jung, Baden-Baden 2007, S. 601-620

Moser, Konrad: „In dubio pro reo". Die geschichtliche Entwicklung dieses Satzes und seine Bedeutung im heutigen deutschen Strafrecht, Diss. München 1933

Mosler, Hermann: Der Europäische Gerichtshof für Menschenrechte nach zwanzig Jahren, FS Huber, Bern 1981, S. 595-607

Motzenbäcker, Rudolf: Die Rechtsvermutung im kanonischen Recht, München 1958

Mrozynski, Peter: Die Wirkung der Unschuldsvermutung auf spezialpräventive Zwecke des Strafrechts, JZ 1978, S. 255-262

Muckel, Stefan: Schutz emotionalisierter Äußerungen durch die Meinungsfreiheit – Fall Kachelmann, JA 2016, S. 635-637

Mückenberger, Heiner: Theodor Storm – Dichter und Richter. Eine rechtsgeschichtliche Lebensbeschreibung, Baden-Baden 2001

Müller, Eckhart: Wie viel Öffentlichkeit verträgt das moderne Strafverfahren? Abwägung zwischen Transparenz und Schutz der Verfahrensbeteiligten, AnwBl 2016, S. 656-659

Müller, Eckhart / *Schlothauer,* Reinhold (Hrsg.): Münchener Anwalts-Handbuch, Strafverteidigung, 2. Aufl., München 2014

Müller, Egon: Der Grundsatz der Waffengleichheit im Strafverfahren, NJW 1976, S. 1063-1067

ders.: Strafverteidigung, NJW 1981, S. 1801-1807

ders.: Bemerkungen zu den Grundlagen der Reform des Ermittlungsverfahrens, AnwBl 1986, S. 50-54

ders.: Einige Bemerkungen zur Bedeutung der Europäischen Menschenrechtskonvention für das Ermittlungsverfahren in der Bundesrepublik Deutschland, Festgabe Koch, Heidelberg 1989, S. 191-197

ders.: Strafprozessrecht: Der befangene Staatsanwalt, JuS 1989, S. 311-312

ders.: Gedanken zur Verteidigung im Ermittlungsverfahren, in: Ebert, Udo (Hrsg.), Aktuelle Probleme der Strafrechtspflege, Berlin 1991, S. 61-70

ders.: Plädoyer für eine Verfahrenssprache – Ein Problemaufriss –, FS Müller-Dietz, München 2001, S. 567-587

ders.: Beiträge zum Strafprozessrecht (1969-2001), Köln 2003

ders.: Gedanken zum letzten Wort des Angeklagten, FS Hamm, Berlin 2008, S. 489-496

ders.: Verteidigung – quo vadis? in: Jung, Heike / Leblois-Happe, Jocelyne / Witz, Claude (Hrsg.), 200 Jahre Code d´instruction criminelle – Le Bicentenaire du Code d´instruction criminelle, Baden-Baden 2010, S. 176-179

ders.: Einige Bemerkungen zu Presseerklärungen der Staatsanwaltschaft, GA 2016, S. 702-711

Müller, Gerda: Probleme der Gerichtsberichterstattung, NJW 2007, S. 1617-1619

dies.: Persönlichkeitsrecht als Schutz vor unerwünschter Berichterstattung? ZRP 2009, S. 189-190

dies.: Persönlichkeitsrecht und Medienfreiheit auf der „europäischen Waagschale", ZRP 2011, S. 93-94

Müller, Gerda / *Gerhardt,* Rudolf: Abschied von der absoluten Person der Zeitgeschichte? – Die Zukunft des Persönlichkeitsrechts zwischen Karlsruhe und Straßburg, ZRP 2007, S. 173-174

Müller, Ingo: Furchtbare Juristen. Die unbewältigte Vergangenheit der deutschen Justiz, Berlin 2020

Müller, Ulrich Ch.: Die Verletzung des Persönlichkeitsrechts durch Bildnisveröffentlichung. Das „Recht am eigenen Bild" als untauglicher Versuch einer Konkretisierung des allgemeinen Persönlichkeitsrechts, Diss. Freiburg 1984

Müller-Dietz, Heinz: Die Stellung des Beschuldigten im Strafprozess, ZStW 93 (1981), S. 1177 ff.

ders.: Die soziale Wahrnehmung von Kriminalität, NStZ 1993, S. 57-63

Münch, Ingo von: Öffentliches Recht: Die photographierenden Verfassungsschützer, JuS 1965, S. 404-408

Murmann, Uwe: Über den Zweck des Strafprozesses, GA 2004, S. 65-85

N

Nack, Armin: Deutsches Strafverfahrensrecht und Europäische Menschenrechtskonvention, NJW-Sonderheft zur Vollendung des 65. Lebensjahres von Gerhard Schäfer am 18. Oktober 2002, S. 46-52

Natsch, Markus: Dopingbekämpfung und Unschuldsvermutung. Die Rechtsprechung der Disziplinarkammer für Dopingfälle von Swiss Olympic unter besonderer Berücksichtigung der Unschuldsvermutung, Diss. Bern 2008

Nehm, Kay: Der Untersuchungshäftling als Interviewpartner, NStZ 1997, S. 305

Nell, Ernst Ludwig: Wahrscheinlichkeitsurteile in juristischen Entscheidungen, Berlin 1983

Nelles, Ursula: Der Zeuge – ein Rechtssubjekt, kein Schutzobjekt, NJ 1998, S. 449-453

Nestler, Cornelius: Die Angst vor dem Fernsehen in der Hauptverhandlung des deutschen Strafverfahrens, KritV 2000, Sonderheft (Winfried Hassemer zum 60. Geburtstag), S. 139-150

Neubacher, Frank: Der Bewährungswiderruf wegen einer neuen Straftat und die Unschuldsvermutung. Zugleich Besprechung von EGMR, Urteil vom 3.10.2002, GA 2004, S. 402-417

Neuling, Christian-Alexander: Inquisition durch Information. Medienöffentliche Strafrechtspflege im nichtöffentlichen Ermittlungsverfahren, Diss. Berlin 2004

ders.: Rechtsschutz des Beschuldigten bei amtspflichtwidrigen Medienauskünften von Justizbediensteten – die „Affäre Mannesmann", StV 2006, S. 332-338

ders.: Strafjustiz und Medien – mediale Öffentlichkeit oder „justizielle Schweigepflicht" im Ermittlungsverfahren? HRRS Heft 3/2006, S. 94-102

ders.: Unterlassung und Widerruf vorverurteilender Medienauskünfte der Ermittlungsbehörden, NJW 2008, S. 387-391

Neumann, Ulfrid: Mitwirkungs- und Duldungspflichten des Beschuldigten bei körperlichen Eingriffen im Strafverfahren, FS Wolff, Berlin 1998, S. 373-393

ders.: Die „Zwischenhaft" – ein verfassungswidriges Institut der Rechtspraxis, in: Jenseits des rechtsstaatlichen Strafrechts, Frankfurt am Main, 2007, S. 601-618

Neumann-Duesberg, Horst: Anmerkung (zu: OLG Frankfurt a. M., Entsch. v. 9.1.1958), in: Schulze, RzU, 10. ErgLfg., OLGZ 55, S. 1-7

ders.: Bildberichterstattung über absolute und relative Personen der Zeitgeschichte, JZ 1960, S. 114-118

ders.: Anmerkung (zu: OLG München, Urt. v. 10.11.1960), in: Schulze, RzU, 16. ErgLfg., OLGZ 91, S. 1-34

ders.: Anmerkung (zu: OLG München, Entsch. v. 15.11.1962), in: Schulze, RzU, 9. ErgLfg., OLGZ 54, S. 1-9

ders.: Das „Recht auf Anonymität" in seiner Erscheinungsform als Recht am eigenen Bild, Juristenjahrbuch Band 7 (1966/67), S. 138-161

ders.: Persönlichkeitsrecht auf Namensanonymität, Namensnennung des Verteidigers im Pressebericht, JZ 1970, S. 564-568 *ders.*: Fernsehsendung „Aktenzeichen XY-ungelöst" und Persönlichkeitsrecht, JZ 1971, S. 305-311

ders.: Dokumentarfernsehen „Soldatenmord von Lebach" unter persönlichkeitsrechtlichem und verfassungsrechtlichem Aspekt, JZ 1973, S. 261-263

Neumann-Klang, Sybille: Das Recht am eigenen Bild aus rechtsvergleichender Sicht, Diss. Saarbrücken 1998

Nguyen, Alexander: Die Unschuldsvermutung im Verfahren vor den internationalen Strafgerichten, Diss. Hamburg 2012

Nierwetberg, Rüdiger: Keine Kostenbelastung des Beschuldigten bei Einstellung nach § 383 II StPO vor Schuldspruchreife? NJW 1989, S. 1978-1979

Nimtz, Holger: Die strafprozessuale Observation nach dem Strafverfahrensänderungsgesetz 1999, Diss. Köln 2002

Nipperdey, Hans Carl: Das allgemeine Persönlichkeitsrecht, UFITA Bd. 30 (1960), S. 1-19

Nitz, Holger: Einsatzbedingte Straftaten Verdeckter Ermittler. Eine Untersuchung polizeitaktischer Ermittlungsmethoden bei der Strafverfolgung, Diss. Hannover 1997

Noll, Andreas: Praxis der Untersuchungshaft in der Schweiz. Grundzüge einer Konkretisierung der Unschuldsvermutung und des Beschleunigungsgebots *de lege ferenda*, FS Killias, Bern 2013, S. 1055-1070

Nothhelfer, Martin: Die Freiheit von Selbstbezichtigungszwang. Verfassungsrechtliche Grundlagen und einfachgesetzliche Ausformungen, Diss. Heidelberg 1987

Nussbaum, Hans G.: Der persönliche Schutz gegen Namensmissbrauch und unbefugte Darstellungen. Ein Beitrag zur Lehre vom Persönlichkeitsrecht, Diss. Freiburg im Breisgau 1932

Nußberger, Angelika: Justiz – die „sensible Gewalt", NJW 2020, S. 3294-3298

O

Olenhusen, Albrecht Götz von / *Stechl*, Hans-Albert: Der Polizeibeamte als Person der Zeitgeschichte, StV 1981, S. 412-415

Olt, Gunther: Pressefreiheit im Kontext strafrechtlicher Ermittlungsmaßnahmen, Diss. Freiburg 2010

Osiander, Daniela: Das Recht am eigenen Bild im allgemeinen Persönlichkeitsrecht. Aspekte für Medienschaffende, Frankfurt am Main 1993

Ossenbühl, Fritz: Medien zwischen Macht und Recht, JZ 1995, S. 633-642

Ostendorf, Heribert: Strafvereitelung durch Strafverteidigung. Zur Diskussion um Gründe und Leitbild berufsmäßiger Strafverteidigung, NJW 1978, S. 1345-1350

ders.: Die öffentliche Identifizierung von Beschuldigten durch die Strafverfolgungsbehörden als Straftat, GA 1980, S. 445-467

ders.: Die strafrechtliche Rechtmäßigkeit rechtswidrigen hoheitlichen Handelns, JZ 1981, S. 165-175 *ders.*: Unschuldsvermutung und Bewährungswiderruf. Anmerkung zu der gegen die Bundesrepublik Deutschland gerichteten Individualbeschwerde vor der Europäischen Kommission für Menschenrechte, StV 1990, 230-232

ders.: Bewährungswiderruf bei eingestandenen, aber nicht rechtskräftig verurteilten neuen Straftaten, StV 1992, S. 288-292

ders.: (Fehl-)Informationen über Tatverdächtige und Opfer im Ermittlungsverfahren oder wie der „Fall Brunner" medial instrumentalisiert wurde, NK 2011, S. 99-101

ders.: Strafprozessrecht. Rechtssystem und Rechtsanwendung, Baden-Baden 2012

Ostendorf, Heribert / *Frahm*, Lorenz Nicolai / *Doege*, Felix: Internetaufrufe zur Lynchjustiz und organisiertes Mobbing, NStZ 2012, S. 529-538

Ostermann, Stefan: Haft ohne Rechtsgrundlage. Zum Übergang von der Untersuchungshaft in den Maßregelvollzug, StV 1993, S. 52-54

Ostermeyer, Helmut: Strafunrecht, München 1971

Ott, Katharina: Verdeckte Ermittlungen im Strafverfahren. Die deutsche Rechtsordnung und die Rechtslage nach der EMRK in einer rechtsvergleichenden Betrachtung, Diss. Berlin 2008

P

Paeffgen, Hans-Ullrich: Der Verrat in irriger Annahme eines illegalen Geheimnisses (§ 97b StGB) und die allgemeine Irrtumslehre, Diss. Mainz 1978

ders.: Fotografieren von Demonstranten durch die Polizei und Rechtfertigungsirrtum, JZ 1978, S. 738-746

ders.: Allgemeines Persönlichkeitsrecht der Polizei und § 113 StGB, JZ 1979, S. 516-524

ders.: Vorüberlegungen zu einer Dogmatik des Untersuchungshaft-Rechts, Habil.-Schrift Mainz 1982, Köln 1986

ders.: Haftgründe, Haftdauer und Haftprüfung, in: Viertes deutsch-polnisches Kolloquium über Strafrecht und Kriminologie, Baden-Baden 1991, S. 113-144

ders.: (Rechts-)Geschichte recht zu verstehen bedingt, vieles zu wissen, JR 1991, S. 95-99

ders.: Wozu dient der Strafprozess und inwieweit darf ein Landesverfassungsgericht in ihn intervenieren? NJ 1993, S. 152 ff.

ders.: „Verpolizeilichung" des Strafprozesses – Chimäre oder Gefahr? In: Zur Theorie und Systematik des Strafprozessrechts, Neuwied 1995, S. 13-47

ders.: Polizeirecht und Grundrechtsschutz. Anmerkungen zum Urteil des Sächsischen Verfassungsgerichtshofes vom 14.5.1996, NJ 1996, S. 454-462

ders.: Haftvoraussetzungen, 20. Strafverteidigertag 1996 in Essen, Köln 1996, S. 75-100

ders.: Hat der Strafprozess einen Sicherungs-/ Sicherheits-Auftrag? Zur Instrumentalisierung des Strafverfahrens für Strafzwecke, DRiZ 1998, S. 317-325 *ders.*: Strafprozess im Umbruch oder: Vom unmöglichen Zustand des Strafprozessrechts, StV 1999, S. 625-628

ders.: Zeugnisverweigerungsrechte und Verfassung, in: Wolter, Jürgen / Schenke, Wolf-Rüdiger (Hrsg.), Zeugnisverweigerungsrechte bei (verdeckten) Ermittlungsmaßnahmen, Berlin 2002, S. 215-238

ders.: Das externe Weisungsrecht des Justizministers – ein obsoletes Institut? GS Schlüchter, Köln 2002, S. 563-586

ders.: „Vernachrichtendienstlichung" von Strafprozess-(und Polizei-)recht im Jahr 2001. Weitere grundsätzliche Anmerkungen zur deutschen „Sicherheitsrechts"-Entwicklung bis zum Terrorismusbekämpfungs-Gesetz, StV 2002, S. 336-341

ders.: Zeugnisverweigerungsrechte und heimliche Informationserhebung, FS Rieß, Berlin 2002, S. 413-438

ders.: Kompetenzen zur (präventiven und repressiven) Datenübermittlung, in: Datenübermittlungen und Vorermittlungen, Festgabe Hilger, Heidelberg 2003, S. 153-170

ders.: Rezension (Festschrift für Klaus Lüderssen), StV 2004, S. 160-166, und StV 2004, S. 571- 576

ders.: Ein Gericht verirrt sich – und zwei Generalstaatsanwälte rennen hinterher. Anmerkungen zum Beschluss des VerfGH Rheinland-Pfalz in der Causa Böhr, FS Dahs, Köln 2005, S.143-171

ders.: Haus ohne Hüter? Die Justizgrundrechte im Mehr-Ebenen-System von EG-/EU-Vertrag, EMRK und Europäischem Verfassungsvertrags-Entwurf, ZStW 118 (2006), S. 275-357

ders.: Irrungen und Wirrungen im Bereich der Strafzumessungskürzung bei Verstößen gegen die Verfahrensgerechtigkeit, namentlich gegen das Beschleunigungsgebot, StV 2007, S. 487-494

ders.: Aufhebung eines Haftbefehls im Rahmen der OLG-Haftprüfung. Anmerkung (zu: Thür. OLG, Beschl. v. 7.6.2006), StV 2007, S. 648-650

ders.: Zwischenhaft, Organisationshaft. Verfassungswidriges mit (nicht nur) stillschweigender Billigung des Verfassungsgerichts, FS Fezer, Berlin 2008, S. 35-60

ders.: Fürsorgliche Erschießung. Über einige Pragmata hoheitlicher Grundrechts-Eingriffe – und das Glück, heute zu leben, FS Seebode, Berlin 2008, S. 245-276

ders.: Bürgerstrafrecht, Vorbeugungsrecht, Feindstrafrecht? FS Amelung, Berlin 2009, S. 81-123

ders.: § 119 StPO soll reformiert werden!? Anmerkungen zum U-HaftRÄG-Entwurf BT-Drs. 16/11644 vom 21.1.2009, GA 2009, S. 450-468

ders.: Steuer-CD und Rechtsstaat oder: Heuchler aller (Bundes-)Länder vereinigt Euch! BRJ 1/2010, S. 12-19 *ders.*: Prozessuale Zwischenlösungen bei der Vorratsdatenspeicherung? Verfassungsgerichtliche Nichtigkeits-Erklärung und Strafprozess, FS Schenke, Berlin 2011, S. 427-446

ders.: SK-StPO, Band X, EMRK, 4. Aufl., Köln 2012

ders.: Schulterschluss-Effekte – wohin man blickt, GA 2013, S. 253-270

ders.: Buchrezension (Roxin-FS), ZIS 2/2013, S. 80-94

ders.: Gefahr, Anscheinsgefahr und Gefahrenverdacht im Polizeirecht, GA 2014, S. 638-655

ders.: Zur historischen Entwicklung des „Beschleunigungsdenkens" im Straf(prozess)recht, GA 2014, S. 275-293

ders.: Polizeilicher Schusswaffengebrauch und Strafrecht, FS Beulke, Heidelberg 2015, S. 201-223

ders.: in: SK-StPO, Band III, 5. Aufl, Köln 2016

ders.: Der vorbefaßte Richter, GS Weßlau, Berlin 2016, S. 217-234

ders.: Gesetzgebers Geisterbahnen mit echten Falltüren. Oder: Terrorismus-„Bekämpfung" zur gesamten Hand, FS Streng, Heidelberg 2017, S. 725-742

ders.: Gottes Werk und Teufels Beitrag, FS Fischer, München 2018, S. 61-78

ders.: Der Rechtsstaat verbirgt sich. Wo endet das Geheimhaltungsrecht des Verfassungsschutzes? Welchen Rang hat die „Vorwegnahme der Hauptsache", wenn es um Einsicht in Akten des Verfassungsschutzes geht und die Ereignisse jahrelang zurückliegen? Was gilt der Mensch im Staat? FS Rogall, Berlin 2018, S. 611-629

ders.: Gesetzgebungskunst auf ihrem Zenit – §§ 113 ff. StGB, FS Kindhäuser, Baden-Baden 2019, S. 723-749

ders.: Besprechungsaufsatz. Christine Morgenstern, Die Untersuchungshaft, Habil.-Schrift Greifswald, Baden-Baden 2018, GA 2020, S. 87-101

Paeffgen, Hans-Ullrich / *Seebode,* Manfred: Stellungnahme zum Entwurf eines Gesetzes zur Regelung des Vollzuges der Untersuchungshaft (BR-Dr 249/99 vom 30.4.1999), ZRP 1999, S. 524-526

Paeffgen, Hans-Ullrich / *Gärditz,* Klaus F.: Die Funktionalitätsunterschiede zwischen Polizeirecht und Strafprozessrecht, in: Zeugnisverweigerungsrechte bei (verdeckten) Ermittlungsmaßnahmen, Berlin 2002, S. 239-245

Paeffgen, Hans-Ullrich / *Wasserburg,* Klaus: Geheimnisse des Systems der Kontrolle. Gedanken zu Gründen und Folgen des Beschlusses des BVerfG vom 23.5.2012 – 2 BvR 610, 625/12 –, GA 2012, S. 535-555

Pampel, Gottfried: Fernsehen und das Recht am eigenen Bild, Diss. Heidelberg 1954

Pananis, Panos: Die Erosion der Unschuldsvermutung. – Die Anknüpfung außerstrafrechtlicher Rechtsfolgen an bloße Verdachtslagen am Beispiel des Berliner Korruptionsregistergesetzes –, in: Strafverteidigung im Rechtsstaat, Baden-Baden 2009, S. 721-730

Papier, Hans-Jürgen: Umsetzung und Wirkung der Entscheidungen des Europäischen Gerichtshofes für Menschenrechte aus der Perspektive der nationalen deutschen Gerichte, EuGRZ 2006, S. 1-3

ders.: Freiheitsrechte in Zeiten der Pandemie, DRiZ 2020, S. 180-183

Patzak, Jörn / *Samel,* Eric: Rechtslage beim Schusswaffengebrauch durch Polizeibeamte gegen flüchtende, unbewaffnete Täter aus strafrechtlicher Sicht, der kriminalist Heft 5/2011, S. 22-26

Pauli, Andreas: Der Schutz von Presse und Rundfunk vor dem Zugriff staatlicher Verfolgungsorgane, Diss. Köln 1987

Paulus, R.: Reichweite der Unschuldsvermutung bei Verfahrenseinstellung, Anmerkung (zu: BVerfG, Beschl. v. 29.5.1990), NStZ 1990, S. 598-601

Pauly, Jürgen: Verletzung der Unschuldsvermutung bei Bewährungswiderruf. Anmerkung (zu: EGMR, Urt. v. 3.10.2002), StV 2003, S. 82-86

ders.: Bewährungswiderruf und Unschuldsvermutung. Anmerkung (zu: EGMR, Beschl. v. 12.11.2015), StV 2016, S. 703-705

Paunovic, Vlastimir: Die Verfahrensgarantien des Art. 6 der Europäischen Konvention zum Schutz der Menschenrechte und Grundfreiheiten im deutschen Strafverfahrensrecht, Diss. Münster 1956 (Maschinenskript)

Pausch, Wolfgang / *Zehnder,* Andreas: Zur Frage der Bildberichterstattung über Polizeieinsätze, PVT 11/1986, S. 321-328

Peglau, Jens: Der Schutz des allgemeinen Persönlichkeitsrechts durch das Strafrecht, Diss. Bochum 1996

ders.: Plädoyer für einen stärkeren Persönlichkeitsschutz, ZRP 1998, S. 249-251

ders.: Unschuldsvermutung (Art. 6 II EMRK) und Widerruf der Strafaussetzung zur Bewährung wegen noch nicht rechtskräftig abgeurteilter (neuer) Straftat, JA 2001, S. 244-247

ders.: Unschuldsvermutung und Widerruf der Strafaussetzung zur Bewährung, ZRP 2003, S. 242-244

ders.: Bewährungswiderruf und Unschuldsvermutung, NStZ 2004, S. 248-252

ders.: Zur Bedeutung der Unschuldsvermutung im Sinne von Art. 6 Abs. 2 EGMRK bei Bewährungsentscheidungen, Anmerkung (zu: EGMR, Urt. v. 27.3.2014), JR 2014, 533-540

Penkuhn, Christopher / *Brill,* Sebastian: Aktuelle Entwicklung in der Rechtsprechung des EGMR mit Bezug zum deutschen Strafverfahren. Der EGMR als Schutzpatron des Beschuldigten, JuS 2016, S. 682-686

Peters, Anne: Einführung in die Europäische Menschenrechtskonvention. Mit rechtsvergleichenden Bezügen zum deutschen Grundgesetz, München 2003

Peters, Anne / *Altwicker,* Tilmann: Europäische Menschenrechtskonvention. Mit rechtsvergleichenden Bezügen zum deutschen Grundgesetz, München 2012

Peters, Butz: Die publizistische Sorgfalt, NJW 1997, S. 1334-1340 *ders.*: Kriminalberichterstattung in den Medien: Wann dürfen Ross und Reiter genannt werden? – Die Medien im Spannungsverhältnis von Art. 5 GG und Art. 2 i.V.m. 1 GG, in: BMJ (Hrsg.), Kriminalität in den Medien, 5. Kölner Symposium, Mönchengladbach 2000

Peters, Karl: Strafprozess. Ein Lehrbuch, Karlsruhe 1952

ders.: Die strafrechtsgestaltende Kraft des Strafprozesses, Tübingen 1963

ders.: Die Problematik der vorläufigen Einstellung nach § 154 Abs. 2 StPO, StV 1981, S. 411 ff.

Petri, Grischka: Die Unschuldsvermutung im Verbandsstrafverfahren, in: Bepler, Klaus (Hrsg.), Sportler, Arbeit und Statuten, Berlin 2000, S. 239-286

Peukert, Wolfgang: Die Garantie des „fair trial" in der Straßburger Rechtsprechung. Die Auslegung des Art. 6 EMRK durch die Organe der Europäischen Menschenrechtskonvention, EuGRZ 1980, S. 247- 263

ders.: Die Kommunikationsrechte im Lichte der Rechtsprechung der Organe der Europäischen Menschenrechtskonvention (EMRK), FS Mahrenholz, Baden-Baden 1994, S. 277-301

ders.: Die Bedeutung der Europäischen Menschenrechtskonvention (EMRK) für den Strafprozess, 21. Strafverteidigertag, Kassel 1997, S. 231-246

Pfeiffer, Gerd: Zulässiges und unzulässiges Verteidigerhandeln. Eine Darstellung der in Rechtsprechung und Schrifttum erörterten Fälle, DRiZ 1984, S. 341-349

ders.: in: Karlsruher Kommentar zur StPO, 4. Aufl., München 1999

ders.: Die Unschuldsvermutung im Strafprozess, FS Geiß, Köln 2000, S. 147-153

Pflüger, Thomas: Der Tod des Beschuldigten im Strafverfahren, Diss., Tübingen 1987

ders.: Der Abschluss des Strafverfahrens beim Tod des Angeklagten, NJW 1988, S. 675-678

Pfordte, Thilo: Vorermittlungen und Verdachtsgrade, StraFo 2016, S. 53-60

Polakiewicz, Jörg: Die Verpflichtungen der Staaten aus den Urteilen des Europäischen Gerichtshofs für Menschenrechte, Diss. Heidelberg 1992

Pollähne, Helmut: in: Heidelberger Kommentar, Strafprozessordnung, 5. Aufl., Heidelberg 2012

ders.: Unmittelbarkeit, Unschuldsvermutung und (anderweitig) Unverzichtbares – Wider den Bedeutungsverlust der Hauptverhandlung –, StV 2015, S. 784-790

ders.: Von der Unschulds- zur Ungefährlichkeitsvermutung? FS Schlothauer, München 2018, S. 53-64

Poseck, Roman: Medienöffentlichkeit in Zeiten von Corona, DRiZ 2020, S. 288-289

Prager, Robert: Das Recht am eigenen Bilde, Berlin 1903

Prantl, Heribert: Missachtung der dritten Gewalt. Überlegungen auch zur Bildung von Superministerien zu Lasten von Justiz und Rechtspolitik, DRiZ 1999, S. 145-151

ders:. Die Entblößungs-Maschinerie, AnwBl 2009, S. 421

ders.: Eine demokratische Welt ohne Kontrolle der Medien wäre öde und leer. Die „Macht" der Journalisten ist die Aufklärungsmacht, ZRP 2012, S. 220-222

ders.: Gesetzgebung in Zeiten der Pandemie, DRiZ 2020, S. 136

Preiswerk, Valentin: Das Recht am eigenen Bild, Diss. Basel 1946

Preuß, Ulrich K.: Justizielle und polizeiliche Wahrheit im Strafverfahren, KJ 1981, S. 109 ff.

Prinz, Matthias: Der Schutz der Persönlichkeitsrechte vor Verletzungen durch die Medien, NJW 1995, S. 817-821

ders.: Justiz und Medienöffentlichkeit, FS Engelschall, Baden-Baden 1996, S. 243-254

ders.: Der Schutz vor Verletzungen der Privatsphäre durch Medien auf europäischer Ebene, ZRP 2000, S. 138-144

Prinz, Matthias / *Peters*, Butz: Medienrecht. Die zivilrechtlichen Ansprüche, München 1999

Prittwitz, Cornelius: Der Mitbeschuldigte – ein unverzichtbarer Belastungszeuge? Sachverhaltsaufklärung durch Rollenmanipulation; NStZ 1981, S. 463-469

ders.: Positive Generalprävention und „Recht des Opfers auf Bestrafung des Täters"? KritV-Sonderheft 2000, S. 162-175

ders.: Bürgersicherheit und Rechtsstaat in Zeiten des Terrors, StV 2006, S. 610-611

Proske, Manfred: Gerichtssaalberichterstattung: Rechtliche Grundlagen und rechtspolitische Aspekte, in: Baltl, Hermann (Hrsg.), Kriminalität und Massenmedien – Überlegungen zur Gerichtssaalreportage und Kriminalberichterstattung, Graz 1981, S. 24-38

Protic, Miroslava: Die Verfahrensgarantien in der Europäischen Konvention zum Schutze der Menschenrechte und im Internationalen Pakt über staatsbürgerliche und politische Rechte (Artikel 6 der Europäischen Konvention und Art. 14 des Internationalen Paktes), Diss. Heidelberg 1973

Püschel, Christof: Täter-Opfer-Ausgleich – Gestaltungsmöglichkeiten des Verteidigers, StraFo 2006, S. 261-269

Puppe, Ingeborg: List im Verhör des Beschuldigten, GA 1978, S. 289 ff.

Putzke, Holm: Der Richtervorbehalt als Garantie der Unschuldsvermutung, StraFo 2016, S. 1-11

R

Raabe, Anja: Medienöffentlichkeit im Ermittlungsverfahren. Zur Zulässigkeit von Pressemitteilungen der Ermittlungsbehörden, Diss. Wiesbaden 2016

Radbruch, Gustav: Rechtsphilosophie, 3. Aufl., Heidelberg 1932

ders.: Zur Diskussion über die Verbrechen gegen die Menschlichkeit, SJZ 1947, S. 131 ff.

ders.: Grenzen der Kriminalpolizei, FS Sauer, Berlin 1949, S. 121 ff.

Radtke, Henning / *Hohmann,* Olaf (Hrsg.): Strafprozessordnung, Kommentar, München 2011

Rahardt=Vahldieck, Susanne: Unaufrichtigkeit des Gesetzes? ZRP 1993, S. 41-43

Ranft, Otfried: Verfahrensöffentlichkeit und „Medienöffentlichkeit" im Strafprozess, Jura 1995, S. 573-581

ders.: Fahndung nach Beschuldigten und Zeugen gemäß dem StVÄG 1999, StV 2002, S. 38-43

Ransiek, Andreas: Die Rechte des Beschuldigten in der Polizeivernehmung, Heidelberg 1990

ders.: Insiderstrafrecht und Unschuldsvermutung, wistra 2011, S. 1-4

Rattner, Josef: Psychologie des Vorurteils. Über das voreingenommene Denken und die autoritäre Persönlichkeit, Zürich 1971

Rau, Daniel: Rechtlich und ethisch verantwortungsvolle Kriminalberichterstattung. Eine Analyse anhand der Spruchpraxis des Deutschen Presserates, Diss. Tübingen 2012

Rau, Daniel / *Wulf,* Rüdiger: Zulässigkeit identifizierender Kriminalberichterstattung, Kriminalistik 2010, S. 467-472

Raum, Bertram / *Palm,* Franz: Zur verfassungsrechtlichen Problematik des „Großen Lauschangriffs", JZ 1994, S. 447-454

Raumer, Stefan von: Die Rechtsprechung des EGMR als Quelle für das nationale Recht. EMRZ: Instrument zur juristischen Bewältigung dynamischer Entwicklungen in Gesellschaft und Technik, AnwBl 2014, S. 393-397

Rausch, Heribert: Das Persönlichkeitsrecht und der Schutz des Einzelnen vor verletzenden Pressebildern, Diss. Zürich 1969

Rausch, Wolfgang / *Zehnder,* Andreas: Zur Frage der Bildberichterstattung über Polizeieinsätze, PVT 11/1986, S. 321-328

Rautenberg, Erardo C.: Die deutsche Staatsanwaltschaft: „Objektivste Behörde" mit viel Macht, aber geringem Ansehen – Was ist zu tun? DRiZ 2014, S. 214-219

Rebmann, Kurt: Aktuelle Probleme des Zeugnisverweigerungsrechts von Presse und Rundfunk und des Verhältnisses von Presse und Polizei bei Demonstrationen, AfP 1982, S. 189-196

Redeker, Konrad: Anwalt und Presse, AnwBl 1961, S. 300-305

ders.: Öffentliche Aufgabe der Presse. Was ist das? NJW 1963, S. 1387-1389

ders.: Presserecht, Grundriss mit Gesetzestexten für Juristen und Publizisten, Herne 1966

ders.: Anmerkung (zu: BVerfG, Beschl. v. 19.10.1977, und Sondervotum des Richters Hirsch), NJW 1978, S. 936-938 *ders.*: Freiheit der Advokatur – heute, NJW 1987, S. 2610-2616

ders.: Anwaltschaft zwischen Freiheit und Bindung, AnwBl 1988, S. 14-19

ders.: Auf der Suche nach besserer Gesetzgebung, NJW 2002, S. 2756-2759

ders.: Wege zu besserer Gesetzgebung, ZRP 2004, S. 160-163

Rees, Wilhelm: Die Erklärung der Menschen- und Bürgerrechte von 1789, Leipzig 1912

Regenfus, Thomas: Auswirkungen von Zeitablauf und Erkenntnisgewinn auf die Zulässigkeit der Verdachtsberichterstattung, ZUM 2020, S. 278-293

Rehm, Gerhard M.: Persönlichkeitsschutz Prominenter und Pressefreiheit der Unterhaltungsmedien. Zugleich eine Besprechung des Urteils des BGH vom 29.6.1999 – VI ZR 264/98, AfP 1999, S. 416-425

Reifenrath, Roderich: Medien und Recht. Die Parteispenden-Affäre und die Unschuldsvermutung, FS Wassermann, Neuwied 1985, S. 489-496

Reinhardt, Rudolf: Anmerkung (zu: BGH, Entsch. v. 14.2.1958 – „Herrenreiter"), in: Schulze, RzU, 4. ErgLfg., BGHZ 43, S. 1-22

ders.: Anmerkung (zu: BGH, Entsch. v. 10.5.1957 – „Spätheimkehrer"), in: Schulze, RzU, 3. ErgLfg., BGHZ 36, S. 1-23

Reislhuber, Anna Maria: Zwischen Sensationslust und Persönlichkeitsrecht. Neuere Entwicklungen im Recht der Wort- und Bildberichterstattung über Prominente unter Berücksichtigung aktueller Entscheidungen, AfP 2011, S. 330-335

Reiß, Wolfram: Störung der Strafrechtspflege durch Berichterstattung in den Massenmedien, Diss. Bonn 1975

ders.: Auswirkungen der Unschuldsvermutung aus Art. 6 Abs. 2 EMRK im Steuerrecht, GS Trzaskalik, Köln 2005, S. 473-505

Reiwald, Paul: Die Gesellschaft und ihre Verbrecher, Zürich 1948

Remmers, Burkhard: Die Entwicklung der Gesetzgebung zur Geldwäsche, Diss. Göttingen 1997

Renzikowski, Joachim: „Fair trial" im Strafprozess, FS Lampe, Berlin 2003, S. 791-804

Ress, Georg: Die Europäische Menschenrechtskonvention und die Vertragsstaaten: Die Wirkungen der Urteile des Europäischen Gerichtshofes für Menschenrechte im innerstaatlichen Recht und vor innerstaatlichen Gerichten, in: Maier, Irene (Hrsg.), Europäischer Menschenrechtsschutz. Schranken und Wirkungen, Heidelberg 1982, S. 227-288

Rettenmaier, Felix: Außerstrafrechtliche Folgen der Verfahrenseinstellung nach Erfüllung von Auflagen, NJW 2013, S. 123-126

Richter II, Christian: Zum Bedeutungswandel des Ermittlungsverfahrens – Bestandsaufnahme und Reformtendenzen, StV 1985, S. 382-389

ders.: Der Umgang des Verteidigers mit dem Tatverdacht, in: Mandant und Verteidiger, München 2000, S. 33-36

ders.: Schuld und Buße? – Irrungen und Wirrungen um einen bekanntgewordenen Paragraphen –, FS Rieß, Berlin 2002, S. 439-450

Ricker, Reinhart: Rechte und Pflichten der Medien unter Berücksichtigung des Rechtsschutzes des einzelnen, NJW 1990, S. 2097-2103

Ricker, Reinhart / *Weberling,* Johannes: Handbuch des Presserechts, 6. Aufl., München 2012

Riede, Judith: Die Person der Zeitgeschichte im deutschen und amerikanischen Bildnisschutz, Diss. Hamburg 2000

Riedo, Christof: Unschuldsvermutung, Risiko und Tatverdacht. Anmerkungen zu den sog. „schwarzen Listen" von Lehrpersonen ohne Unterrichtsberechtigung, FS Killias, Bern 2013, S. 1079-1093

Riegel, Reinhard: Inhalt und Bedeutung des neuen § 111 StPO, NJW 1979, S. 147-148

ders.: Verwertbarkeit von Auskünften aus Kriminalakten über getilgte Verurteilungen durch die Polizeibehörden als offene Flanke des Datenschutzes? JR 1979, S. 48 ff.

Riepl, Frank: Informationelle Selbstbestimmung im Strafverfahren, Diss. Tübingen 1994

Rieß, Peter: Parlamentarische Inkompatibilitäten im geltenden Staatsrecht des Bundes und der Länder, Diss. Hamburg 1958

ders.: Die Zukunft des Legalitätsprinzips, NStZ 1981, S. 2-10

ders.: Gesetz zur Änderung der Strafprozessordnung vom 14.4.1978 und Strafverfahrensänderungsgesetz 1979, NStZ 1981, S. 215-217

ders.: Verfahrenshindernisse von Verfassung wegen? JR 1985, S. 45 ff.

ders.: Der Strafprozess und der Verletzte – eine Zwischenbilanz, Jura 1987, S. 281-291

ders.: Die Polizei im Strafverfahren, StraFo 1991, S. 58 ff.

ders.: Die Versagung der Abzugsfähigkeit von „Schmiergeldern" bei Einstellung des Strafverfahrens nach den §§ 153 ff. StPO – Kritische Bemerkungen zu § 4 Abs. 5 Nr. 10 EStG aus strafprozessualer Sicht –, wistra 1997, S. 137-141

ders.: Rechtsstaat und Gerechtigkeit, StraFo 1997, S. 199 ff.

ders.: Gesamtreform des Strafprozesses – Chance oder Utopie? Festgabe Friebertshäuser, 1997, S. 103-112

ders.: Das neue Zeugenschutzgesetz, insbesondere Video-Aufzeichnungen von Aussagen im Ermittlungsverfahren und in der Hauptverhandlung, StraFo 1999, S. 1-9

ders.: in: Löwe-Rosenberg, Die StPO und das GVG, Großkommentar, 25. Aufl., 1. Band, Berlin 1999

ders.: in: Löwe-Rosenberg, Die StPO und das GVG, Großkommentar, 25. Aufl., 3. Band, Berlin 2004

ders.: Über die Aufgaben des Strafverfahrens, JR 2006, S. 269-277

ders.: Die Entwicklung der gesetzlichen Aufgabenverteilung im Ermittlungsverfahren im deutschen Strafprozess, FS Volk, München 2009, S. 559 ff.

Riklin, Franz: Der Schutz der Persönlichkeit gegenüber Eingriffen durch Radio und Fernsehen nach Schweizerischem Privatrecht, Diss. Freiburg / Schweiz 1968

ders.: Stigmatisierungsproblematik und Tätigkeit der Medien im Rahmen der Strafverfolgung und der Prozessberichterstattung, in: Haesler, W. T. (Hrsg.), Stigmatisierung durch Strafverfahren und Strafvollzug, Diessenhofen 1981, S. 129-159

ders.: Der straf- und zivilrechtliche Ehrenschutz im Vergleich, ZStrR 1983, S. 29-56

ders.: Der strafrechtliche Schutz des Rechts am eigenen Bild, FS Schürmann, Freiburg / Schweiz 1987, S. 535-556

ders.: Vorverurteilung durch die Medien, recht 1991, S. 65-76

ders.: Die Nichtzulassung zum Entlastungsbeweis gemäß Art. 173 StGB, namentlich bei Vorverurteilungen durch die Medien, in: Gauthier, Jean / Marty, Dick F. / Schmid, Niklaus, Aktuelle Probleme der Kriminalitätsbekämpfung, FS SKG, Bern 1992, S. 297-306

ders.: Vorsorgliche Maßnahmen im privatrechtlichen Persönlichkeitsschutz gegenüber (periodisch erscheinenden) Medien gemäß Art. 28c – 28f ZGB aus der Sicht des Gesetzgebers, in: Nationale Schweizerische UNESCO-Kommission (Hrsg.), Juristische Maulkörbe für die Medien? Bern 1995, S. 15-25

Riklin, Franz / *Höpfel,* Frank: Verletzung der Unschuldsvermutung, in: AEStuM, München 2004, S. 53-66

dies.: Schutz von Beschuldigten vor identifizierender Berichterstattung, in: AEStuM, München 2004, S. 67-78

Rinsche, Franz-Josef: Strafjustiz und öffentlicher Pranger, ZRP 1987, S. 384-386

Rinsche, Karen: Verdachtsberichterstattung, AfP 2013, S. 1-7

Ritgen, Werner M.: Die Polizeiliche Kriminalstatistik – unter besonderer Berücksichtigung ihrer Fehlerquellen –, Diss. Bonn 1971

ders.: Fahndung. Taschenbuch für Kriminalisten, Band 27, Hilden 1977

Rode, Irmgard / *Leipert,* Matthias (Hrsg.): Das moderne Strafrecht in der Mediengesellschaft. Einfluss der Medien auf Gesetzgebung, Rechtsprechung und Forensik, Berlin 2009

Rodenbeck, Julian: Ein Mensch ist ein Mensch und niemals eine Bestie, StV 2016, Heft 12, S. I

ders.: #Me Too vs. Persönlichkeitsrechte und Unschuldsvermutung. Grenzen der Veröffentlichung verjährter und nicht verjährter sexualstrafrechtlicher Vorwürfe, NJW 2018, S. 1227-1232

ders.: Rechtliche Anforderungen an die staatliche Öffentlichkeitsarbeit in Strafsachen, StV 2018, S. 255-260

Rogall, Klaus: Der Beschuldigte als Beweismittel gegen sich selbst. Ein Beitrag zur Geltung des Satzes „Nemo tenetur seipsum prodere" im Strafprozess, Diss. Bonn 1976 *ders.*: Die Beschuldigtenstellung im Strafverfahren. Objektivismus und Subjektivismus bei der Statusbegründung, FS Frisch, Berlin 2013, S. 1199-1232

ders.: in: SK-StPO, Band III, 5. Aufl., Köln 2016

Roggan, Fredrik: Zur Strafbarkeit des Filmens von Polizeieinsätzen – Überlegungen zur Auslegung des Tatbestands von § 201 Abs. 1 Nr. 1 StGB, StV 2020, S. 328-332

Roggenfelder, Thomas: Staatsanwalt und Richter als Wächter des Gesetzes gegenüber der Polizei im strafprozessualen Ermittlungsverfahren, Diss. Trier 2013

Rolinski, Klaus: Die Einschränkung des allgemeinen Persönlichkeitsrechts bei Personen der Zeitgeschichte im Strafverfahren, FS F.-C. Schroeder, Heidelberg 2006, S. 719-733

Rose, Gabriele: Grenzen der journalistischen Recherche im Strafrecht und Strafverfahrensrecht, Diss. Greifswald 2000

Rosenstock, Susanne: Rotwein auf der weißen Weste oder: Der die Tat bereuende Unschuldige – Das Geständnis als Zustimmungserfordernis für eine Verfahrenserledigung nach § 153 a StPO? –, StV 2015, S. 654-660

Rosenthal, Michael: Welche Öffentlichkeit benötigt das moderne Strafverfahren? Zwischen Transparenz und Schutz der Verfahrensbeteiligten, AnwBl 2016, S. 654-656

Rostalski, Frauke: Der Geltungsbereich der Unschuldsvermutung bei (freisprechendem) Urteil, HRRS Aug./Sept. 2015, S. 1-25

Rotsch, Thomas / *Sahan,* Oliver: § 3 StPO und die materiell-rechtlichen Regelungen von Täterschaft und Teilnahme oder: Gibt es einen strafprozessualen „Beteiligtenbegriff"? ZIS 4/2007, S. 142-149

Roxin, Claus: Täterschaft und Tatherrschaft, Habil-Schrift Hamburg 1963

ders.: Sinn und Grenzen staatlicher Strafe, JuS 1966, S. 377-387

ders.: Kriminalpolitik und Strafrechtssystem, Berlin 1970

ders.: Dichtung und Kriminalität – am Beispiel Karl Mays, FS Schwinge, Köln 1973, S. 47-69

ders.: Aktuelle Probleme der Öffentlichkeit im Strafverfahren, FS Peters, Tübingen 1974, S. 393-409

ders.: Bemerkungen zum „Täter hinter dem Täter", FS Lange, Berlin 1976, S. 173-195

ders.: Fragen zur Hauptverhandlungsreform im Strafprozess, FS Schmidt-Leichner, München 1977, S. 145 ff.

ders.: Über die Reform des deutschen Strafprozessrechts, FS Jauch, München 1990, S. 183-200

ders.: Strafrechtliche und strafprozessuale Probleme der Vorverurteilung, NStZ 1991, S. 153-160

ders.: Strafprozess und Medien, FS Münch. Jur. Gesellschaft, München 1996, S. 97-110

ders.: Hat das Strafrecht eine Zukunft? GS Zipf, Heidelberg 1999, S. 135-151 *ders.*: Gegenwart und Zukunft der Verteidigung im rechtsstaatlichen Strafverfahren, FS Hanack, Berlin 1999, S. 1-24

ders.: Beschuldigtenstatus und qualifizierte Belehrung, JR 2008, S. 16-19

ders.: Zur verdeckten Befragung des Beschuldigten, NStZ-Sonderheft 2009, S. 41-46

ders.: Aushorchung in der Untersuchungshaft als Überführungsmittel, FS Geppert, Berlin 2011, S. 549-567

ders.: Die staatliche Selbstbelastungsprovokation, FS Rogall, Berlin 2018, S. 651-665

Roxin, Imme: Konventionswidrigkeit überlanger Dauer eines deutschen Strafverfahrens. Anmerkung (zu: EGMR, Urt. v. 31.5.2001), StV 2001, S. 489-492

dies.: Bindungswirkung von EGMR-Urteilen? 3 Beispiele aus der deutschen Strafgerichtsbarkeit, in: Strafverteidigung im Rechtsstaat, Baden-Baden 2009, S. 1070-1089

Rubens-Laarmann, Ulrich: Die Gerichtsberichterstattung im englischen Recht unter vergleichender Betrachtung des deutschen Rechts, Diss. Münster 1969

Ruckstuhl, Antje: Machtgefüge und freie Presse – Eine rechtsvergleichende Studie des schweizerischen und des amerikanischen Rechts, Zürich 1997

Rudolf, Beate: Die neue europäische Grundrechtsarchitektur – Auftrag für Anwälte. Nationaler, europäischer und internationaler Grundrechts- und Menschenrechtsschutz, AnwBl 2011, S. 153-158

Rudolphi, Hans-Joachim: Strafprozess im Umbruch, ZRP 1976, S. 165 ff.

ders.: Die Gesetzgebung zur Bekämpfung des Terrorismus. – Versuch einer kritischen Würdigung –, JA 1979, S. 1-9

Rückert, Sabine: Der Gerichtsreporter – Chronist oder Wächter? – Wann ein Prozessbeobachter sich positionieren muss –, StV 2012, S. 378-381

Rüdt von Collenberg, Ludwig Graf: Das Recht am eigenen Bild, Diss. Heidelberg 1909

Rühlmann, Christoph: Der „polizeiliche Prozessbeobachter" in Umfangverfahren – Rechtsöffentlichkeit im Sinne des § 169 GVG? StV 2005, S. 692-695

Rüping, Hinrich: Theorie und Praxis des Strafverfahrens, Bonn 1979

ders.: Strafverfahren als Sensation – Zur Freiheit der Gerichtsreportage und ihre Schranken, FS Dünnebier, Berlin 1982, S. 391-405

Ruffert, Matthias: Die Europäische Menschenrechtskonvention und innerstaatliches Recht, EuGRZ 2007, S. 245-255

Ruß-Mohl, Stephan: Zum Verhältnis von Medienethik und Medienrecht, FS Herrmann, Baden-Baden 2002, S. 11-19

Rzepka, Dorothea: Zur Fairness im deutschen Strafverfahren, Habil.-Schrift Frankfurt am Main 1999

S

Safferling, Christoph J. M.: Die EMRK und das Völkerstrafprozessrecht, in: Renzikowski, Joachim (Hrsg.), Die EMRK im Privat-, Straf- und Öffentlichen Recht. Grundlagen einer europäischen Rechtskultur, Zürich 2004, S. 145-178

Salditt, Franz: Das Interesse an der Lüge, AnwBl 1999, S. 134-137

ders.: Der Griff nach dem Vorurteil – Frühe Genugtuung und Schlichtung als strafprozessuales Reformprogramm, StV 2002, S. 273-277

ders.: Zur Stellung des Strafverteidigers, in: Widmaier, Gunter (Hrsg.), Münchener Anwalts Handbuch, München 2006, S. 1-26

ders.: § 153 a StPO und die Unschuldsvermutung, FS Egon Müller, Baden-Baden 2008, S. 611-621

ders.: Vom vergessenen Anfang und gebotenen Ende der caritativen Schere, StV 2019, Heft 8, S. I

Saliger, Frank: Aushöhlung der Unschuldsvermutung durch gezielte Öffentlichkeit? KritV 2013, S. 173-187

Sandkuhl, Heide: Das neue BKA-Gesetz, in: Strafverteidigung vor neuen Aufgaben, 33. Strafverteidigertag in Köln 2009, Berlin 2010 S. 43-60

Sangenstedt, Christof: Gesetzessystematische und verfassungsrechtliche Probleme der strafprozessualen Kontrollstellenregelung (§ 111 StPO), StV 1985, S. 117-127

Sarstedt, Werner: Rundfunkaufnahmen im Gerichtssaal, JR 1956, S. 121-127

ders.: Die Revision in Strafsachen, 4. Aufl., Essen 1962

ders.: Der Richter und die Presse, DRiZ 1964, S. 43-45

ders.: Beweisregeln im Strafprozess, FS Hirsch, Berlin 1968, S. 171 ff.

ders.: Steht der Richter unter dem Druck der öffentlichen Meinung? AfP 1971, S. 146-150

ders.: Vom Richter zum Anwalt, StV 1981, S. 42-46

Satzger, Helmut: Chancen und Risiken einer Reform des strafrechtlichen Ermittlungsverfahrens, Gutachten C für den 65. Deutschen Juristentag, München 2004

ders.: Die Rspr. des EGMR als Motor der europäischen Strafprozessrechtsharmonisierung, JA 2005, S. 656-658

ders.: Der Einfluss der EMRK auf das deutsche Straf- und Strafprozessrecht – Grundlagen und wichtige Einzelprobleme, Jura 2009, S. 759-768

ders.: Im Anfang war der Verdacht – oder doch nicht? Zur Frage, ob die Staatsanwaltschaft ohne Kenntnis einer Straftat gegen einen sich legal verhaltenden Bürger ermitteln darf, FS Beulke, Heidelberg 2015, S. 1009-1022

Satzger, Helmut / *Schluckebier,* Wilhelm / *Widmaier,* Gunter: Strafprozessordnung, Kommentar, 2. Aufl., Köln 2016

Sax, Walter: Die Unschuldsvermutung, in: Bettermann, Karl August / Nipperdey, Hans Carl /Scheuner, Ulrich, Die Grundrechte, Band III/2, Berlin 1959

Scanzoni, Gustav von: Zur Entwicklung und Theorie des Rechtes am eigenen Bilde, Diss. Erlangen 1907

Schäfer, Gerhard: in: Löwe-Rosenberg, Die StPO und das GVG, Großkommentar, 25. Aufl., 2. Band, Berlin 2004

Schaefer, Hans Christoph: Vorverurteilung (am Fall des P. Graf), NJW 1996, S. 496-497

ders.: Gesetzesungehorsam der Justiz? – Eine justizielle Antwort auf eine Schrift des Bundes Deutscher Kriminalbeamter (BDK), DRiZ 1998, S. 295-301

ders.: Die Panne – Zum Nebeneinander polizeilicher und justizieller Informationssysteme, NJW 1998, S. 3178

ders.: Das Fairnessgebot für den Staatsanwalt, FS Rieß, Berlin 2002, S. 491-506

ders.: Justiz im Zwielicht, NJW 2003, S. 2210-2211

ders.: Staatsanwaltliches Ermittlungsverfahren und Vorverurteilung – eine zwingende Folge? FS Egon Müller, Baden-Baden 2008, S. 623-639

Schäfer, Herbert: Wer macht sich wodurch verdächtig? Zur Belagerung des Verdachts durch die Kriminalistik. Zugleich eine Besprechung des Werkes „Normiertes Misstrauen" von Lorenz Schulz, Die Polizei 2001, S. 353-355

ders.: Die Bürde mit der Würde. Praktizierte Zivilcourage, Landau 2003

Schaffstein, Friedrich: Verdachtsstrafe, außerordentliche Strafe und Sicherungsmittel im Inquisitionsprozess des 17. und 18. Jahrhunderts, ZStW 101 (1989), S. 493 ff.

Schambeck, Herbert: Richteramt und Ethik, Berlin 1982

Schaper, Brigitte: Die Darstellung von Personen in Filmberichterstattung und Spielfilm in zivilrechtlicher Sicht, Diss. Mainz 1958

Schelter, Kurt: Verbrechensbekämpfung mit elektronischen Mitteln – ein Tabu? ZRP 1994, S. 52-57

Schenke, Wolf R.: Der vermeintliche Terrorist, Jura 1988, S. 257-263

Scherer, Joachim: Gerichtsöffentlichkeit als Medienöffentlichkeit – Zur Transparenz der Entscheidfindung in straf- und verwaltungsgerichtlichen Verfahren, Diss. Frankfurt a. M. 1979

ders.: Justiz und Massenmedien – Kontrollierende oder kontrollierte Medienöffentlichkeit? ZaöRV 1979, S. 38-81

Schertz, Christian / *Schuler,* Thomas (Hrsg.): Rufmord und Medienopfer. Die Verletzung der persönlichen Ehre, Berlin 2007

Scherzberg, Thomas / *Thiée,* Philipp: Die Wiederaufnahme zu Ungunsten des Angeklagten. Ein Plädoyer für Rechtssicherheit und gegen rechtsfreie Räume, ZRP 2008, S. 80-83

Schick, Stefan: Feindstrafrecht als regulative Idee, ZIS 3/2012, S. 46-60

Schiffer, Heinz: Die Rechtsstellung des Beschuldigten im Strafprozess, Diss. Köln 1933

Schilling, Hellen: Illegale Beweise. Eine Untersuchung zum Beweisverfahren im Strafprozess, Diss. Frankfurt am Main 2003

Schirach, Ferdinand von: Verbrechen, München 2009

ders.: Die Würde ist antastbar, Essays, München 2014

ders.: Bilder, die lügen, Der Spiegel, Nr. 41/2015, S. 134-137

ders...: Schuld, München 2017

ders.: Strafe, München 2018

Schlink, Bernhard: Die Amtshilfe. Ein Beitrag zu einer Lehre von der Gewaltenteilung in der Verwaltung, Habil.-Schrift Freiburg 1981

ders.: Zugangshürden im Verfassungsbeschwerdeverfahren, NJW 1984, S. 89-94

ders.: Der Vorleser, Zürich 1995

ders.: An der Grenze des Rechts, Der Spiegel 3/2005, S. 34-36

ders.: Abschied von der Dogmatik. Verfassungsrechtsprechung und Verfas-
sungsrechtswissenschaft im Wandel, JZ 2007, S. 157-162

Schlosser, Peter: Der Grundsatz „Keine Strafe ohne Schuld" als Verfassungs-
norm, Diss. Würzburg 1961 (Maschinenskript)

Schlothauer, Reinhold: Darf, sollte, muss sich ein Zeuge auf seine Vernehmung
in der Hauptverhandlung vorbereiten? FS Dahs, Köln 2005, S. 457-473

ders.: Anmerkung (zu: OLG Stuttgart, Beschl. v. 18.8.2008), StraFo 2009, S.
104-105

ders.: Strafverfahren und Öffentlichkeit, StV 2015, S. 665-668

ders.: Reform des Ermittlungsverfahrens, StV 2016, S. 607-616

Schlüter, Oliver: Zur Beschränkung der Presse- und Medienfreiheit durch sitzungspolizeiliche Anordnungen nach § 176 GVG. Eine Abkehr von den bisherigen Grundsätzen zur (identifizierenden) Berichterstattung über strafrechtliche Hauptverhandlungen? AfP 2009, S. 557-567

ders.: Verdachtsberichterstattung. Zwischen Unschuldsvermutung und Informationsinteresse, Diss. Berlin 2010

Schmid, Bernhard: Rang und Geltung der Europäischen Konvention zum Schutze der Menschenrechte und Grundfreiheiten vom 3. November 1950 in den
Vertragsstaaten, Basel 1984

Schmid, Ferdinand: Die Präsumtionen im deutschen Reichsstrafrecht, Diss. Jena
1884

Schmid, Richard: Einwände. Kritik an Gesetzen und Gerichten, Stuttgart 1965

ders.: Unser aller Grundgesetz? Praxis und Kritik, Frankfurt am Main 1971

ders.: Das Unbehagen an der Justiz, München 1975

ders.: Letzter Unwille, Stuttgart 1984

Schmidbauer, Wolfgang: Die hilflosen Helfer. Über die seelische Problematik
der helfenden Berufe, Reinbek 1977

Schmidhäuser, Eberhard: Unrechtsbewusstsein und Schuldgrundsatz, NJW 1975,
S. 1807-1813

ders.: Die „Gesetzesverletzung". Bemerkungen zur Terminologie im materiellen
und im formellen Strafrecht, FS Dünnebier, 1982, S. 407-420

ders.: Verbrechen und Strafe. Ein Streifzug durch die Weltliteratur von Sopho-
kles bis Dürrenmatt, 2. Aufl., München 1996

Schmidt, Eberhard: Die Rechtsstellung der Staatsanwaltschaft, MDR 1951, S. 1-7

ders.: Probleme der Struktur des Strafverfahrens unter rechtsstaatlichen Gesichtspunkten, DRiZ 1959, S. 16-21

ders.: Öffentlichkeit oder Publicity, FS Walter Schmidt, Berlin 1959, S. 338-353

ders.: Anklageerhebung, Eröffnungsbeschluss, Hauptverfahren, Urteil. Betrachtungen zur Strafprozessreform, NJW 1963, S. 1081-1089

ders.: Lehrkommentar zur Strafprozessordnung und zum Gerichtsverfassungsgesetz, Teil I: Die rechtstheoretischen und rechtspolitischen Grundlagen des Strafverfahrensrechts, 2. Aufl., Göttingen 1964

ders.: Justiz und Publizistik, in: Recht und Staat in der Geschichte und Gegenwart (Nr. 353/354), Tübingen 1968

ders.: Anmerkung (zu: BGH, Urt. v. 13.2.1968), NJW 1968, S. 804-805

ders.: Der Kommentar (zu: Besprechung des Buches von Koeniger über die Hauptverhandlung in Strafsachen), DRiZ 1968, S. 95

ders.: Der Strafprozess. Aktuelles und Zeitloses, NJW 1969, S. 1137-1146

ders.: Formen im Gerichtssaal, ZRP 1969, S. 254 ff.

ders.: Repression und Prävention, JR 1970, S. 204 ff.

ders.: § 261 StPO in der neueren höchstrichterlichen Rechtsprechung, JZ 1970, S. 337-343

Schmidt-Aßmann, Eberhard: Neue Entwicklungen zu Art. 6 EMRK und ihr Einfluss auf die Rechtsschutzgarantie, FS Schmitt Glaeser, Berlin 2003, S. 317-333

Schmidt-Leichner, Erich: Verkehrsstrafrecht ohne Schuldfeststellung!? NJW 1960, S. 996 ff.

ders.: Die „kleine" Strafprozessreform, AnwBl 1961, S. 26-29

ders.: Ist und bleibt Schweigen des Beschuldigten zweischneidig? NJW 1966, S. 189-191

Schmieder, Fabian: Auskünfte der Justiz über verurteilte Straftäter. Die Justiz als Informationsquelle der Medien und sonstiger Dritter, Münster 2012

Schmitz, Albert: Strafrechtlicher Schutz vor Bild- und Wortaufnahmen, Diss. Köln 2010

Schmoeckel, Mathias: Humanität und Staatsraison. Die Abschaffung der Folter in Europa und die Entwicklung des gemeinen Strafprozess- und Beweisrechts seit dem hohen Mittelalter, Habil-Schrift München 1998

Schnapp, Friedrich E.: Von der (Un-)Verständlichkeit der Juristensprache, JZ 2004, S. 473-481

ders.: Mut zur Juristensprache! DRiZ 2014, S. 378-383

Schneickert, Hans: Der Schutz der Photographien und das Recht am eigenen Bilde, Halle 1903

Schneider, Hans Joachim: Fernsehübertragung von Vorgängen der Hauptverhandlung – BGHSt 16, 111, JuS 1963, S. 346-351 *ders.*: Der moderne Steckbrief. Das Problem der Verbrechensverfolgung durch öffentliche Fahndung, Die Polizei 1973, S. 103-107

ders.: Kriminalitätsdarstellung im Fernsehen und kriminelle Wirklichkeit, Opladen 1977

ders.: Das Geschäft mit dem Verbrechen – Massenmedien und Kriminalität, München 1980

Schneider, Hans-Peter: Richterrecht, Gesetzesrecht und Verfassungsrecht, Frankfurt am Main 1969

Schneider, Karl H.: Erinnerungen an den Reporter Egon Erwin Kisch. Nichts ist fesselnder als die Wahrheit, Vorwärts, Nr. 13/1988, S. 38-39

Schnoor, Christian / *Giesen*, Thomas / *Addicks*, Lina: Mitteilungen der Staatsanwaltschaften an die Presse ohne Datenschutz? NStZ 2016, S. 256-263

Schöch, Heinz: Wiederaufnahme zuungunsten Freigesprochener bei neuen DNA-Analysen? FS Maiwald, Berlin 2010, S. 669-784

Schön, Walter: In dubio pro reo. Die Rechtswirkungen des Zweifels im deutschen Strafprozess, Diss. Bonn 1959

Schönrock, Sabrina: Die Bedeutung der Rechtsprechung des Europäischen Gerichtshofs für Menschenrechte für die Polizei, Die Polizei 2013, S. 206-210

Scholderer, Frank: „Mörder, die man nie vergisst." Ein Lehrstück über die Rechtswirklichkeit des Lebach-Urteils, ZRP 1991, S. 298-304

Scholler, Heinrich: Person und Öffentlichkeit. Zum Spannungsverhältnis von Pressefreiheit und Persönlichkeitsschutz, Habil.-Schrift, München 1967

Scholz, Rupert: Fernsehaufnahmen im Gerichtssaal. Anmerkung (zu: BVerfG, Beschl. v. 14.7.1994), NStZ 1995, S. 40-43

Schomburg, Wolfgang: Das strafrechtliche Verbot vorzeitiger Veröffentlichung von Anklageschriften und anderen amtlichen Schriftstücken, ZRP 1982, S. 142-145

ders.: Presse – Polizei – Justiz. Bildberichterstattung im Spannungsverhältnis von Pressefreiheit und staatlichem Strafverfolgungsanspruch, AfP 1984, S. 80-84

Schoreit, Armin: Grundrechte und effektive Strafrechtspflege, Schutz der Allgemeinheit, Schutz des einzelnen, insbesondere unter Berücksichtigung neuer Fahndungstechniken, DRiZ 1987, S. 464-469

ders.: Fahndung und Ermittlung mit Hilfe der Medien auf polizeilicher Grundlage, AfP 1989, S. 413-415

ders.: in: Karlsruher Kommentar zur StPO, 4. Aufl., München 1999

Schorn: Bildberichterstattung und Rundfunkübertragung im Strafprozess, LZ 1932, Sp. 1408-1414

Schorn, Hubert: Der Strafrichter. Ein Handbuch für das Strafverfahren, Frankfurt am Main 1960

ders.: Um die Wahrung der Menschenwürde im Strafverfahren, DRiZ 1961, S. 7 ff.

ders.: Der Schutz der Menschenwürde im Strafverfahren, Neuwied 1963

213

ders.: Die Europäische Konvention zum Schutze der Menschenrechte und Grundfreiheiten und ihr Zusatzprotokoll in Einwirkung auf das deutsche Recht, Frankfurt am Main 1965

Schott, Stefanie: Verletzung der Unschuldsvermutung bei Verfahrenseinstellung nach § 153 StPO, StV 2016, S. 450-455

Schrag, Wolfram: Unschuldsvermutung und Vorverurteilung, AnwBl 2011, S. 526

Schrank, Ludwig: Der Schutz des Urheberrechtes an Photographien, Halle a. S. 1893

Schreiter, Helmut: Rechtsschutz vor Persönlichkeitsverletzungen im Bühnen- und Filmwesen, Diss. Erlangen 1955

Schroeder, Friedrich-Christian: Der Täter hinter dem Täter. Ein Beitrag zur Lehre von der mittelbaren Täterschaft, Diss. München 1962, Berlin 1965

ders.: Täterschaft und Teilnahme bei eigenhändiger Tatbestandsverwirklichung. Zum Staschynskij-Urteil des Bundesgerichtshofs, ROW 1964, S. 97 ff.

ders.: Der Schutz von Staat und Verfassung im Strafrecht. Eine systematische Darstellung, entwickelt aus Rechtsgeschichte und Rechtsvergleichung, Habil.-Schrift München 1967, München 1970

ders.: Anmerkung (zu: OLG Hamburg, Beschl. v. 14.4.1972), JR 1973, S. 69-72

ders.: Legalitäts- und Opportunitätsprinzip heute, FS Peters, Tübingen 1974, S. 411-427

ders.: Moabiter Landrecht oder Hamburger juristische Spökenkiekerei? NJW 1980, S. 920-922

ders.: Fälle und Lösungen nach höchstrichterlichen Entscheidungen – Strafprozessrecht, 2. Aufl., Heidelberg 1983

ders.: Der Begriff der Strafverfolgung, GA 1985, S. 485-491

ders.: Formelle und materielle Verteidigung, NJW 1987, S. 301-304

ders.: Die Öffentlichkeit im deutschen Strafverfahren, Viertes deutsch-sowjetisches Kolloquium über Strafrecht und Kriminologie, 1989, S. 141-148

ders.: „Untersuchungshaft" – Ein Gang durch die Grundprinzipien und die Geschichte des Strafprozesses, JuS 1990, S 176-179

ders.: Unaufrichtigkeit des Gesetzes, ZRP 1992, S. 409-410

ders.: Unaufrichtigkeit des Gesetzes oder Unehrlichkeit seines Kritikers? Replik auf Rahardt=Vahldieck, ZRP 1993, S. 43

ders.: Der Geltungsbereich der Menschenrechte in den Stadien des Strafverfahrens. Zugleich zum 40. Jahrestag des Eingangs der Menschenrechte in das deutsche Strafverfahren, 140 Jahre Goltdammer`s Archiv für Strafrecht, Heidelberg 1993, S. 205-213

ders.: Der Sprung des Täters hinter dem Täter aus der Theorie in die Praxis, JR 1995, S. 177-180

ders.: Strafprozessrecht, 2. Aufl., München 1997

ders.: Die Rechtsnatur des Grundsatzes „ne bis in idem", JuS 1997, S. 227-231 *ders.*: Technische Fehler beim neuen Brandstiftungsrecht, GA 1998, S. 571-576

ders.: Der Bundesgerichtshof und der Grundsatz „nulla poena sine lege", NJW 1999, S. 89-93

ders.: Die sprachliche Formulierung von Strafvorschriften, GS Zipf, Heidelberg 1999, S. 153-161

ders.: Darf die StPO von „Tätern" sprechen? NJW 2000, S. 2483-2485

ders.: Die Peinliche Gerichtsordnung Kaiser Karls V, Stuttgart 2000

ders.: Die Gesamtprüfung der Verfahrensfairness durch den EGMR, GA 2003, S. 293-298

ders.: Der Staat als Lügner – List und Täuschung im Dienste der Verbrechensbekämpfung, in: Mayer, Mathias (Hrsg.), Kulturen der Lüge, Köln 2003, S. 151-166

ders.: Die Ermittlung des Aufenthaltsortes des Beschuldigten als Anwendungsvoraussetzung strafprozessualer Zwangsmaßnahmen, GA 2005, S. 73-80

ders.: Gesetzestechnische Fehler im 37. Strafrechtsänderungsgesetz, GA 2005, S. 307-309

ders.: Probleme der Übersetzung von Gesetzestexten, ZStW 117 (2005), S. 236-244

ders.: Der Film „C`era una volta in the West" im Lichte des Strafrechts, in: Stvdia Ivridica 99, Coimbra 2009, S. 931-936

ders.: Ein Lehrstück für die Menschenrechtsbeschwerde, StV Heft 12/2011, S. I

ders.: Uneinsichtig, StV Heft 8/2013, S. I

Schroeder, Friedrich-Christian / *Verrel*, Torsten: Strafprozessrecht, 7. Aufl., München 2017

Schubarth, Martin: Die Rechte des Beschuldigten im Untersuchungsverfahren, besonders bei Untersuchungshaft, Bern 1973

ders.: Zur Tragweite des Grundsatzes der Unschuldsvermutung, Basel 1978

ders.: Das Verhältnis von Strafrechtswissenschaft und Gesetzgebung im Wirtschaftsstrafrecht, ZStW 92 (1980), S. 80 ff.

Schubert, Sindy: Die Untersuchungshaft und der Untersuchungshaftvollzug im Lichte der Unschuldsvermutung unter besonderer Berücksichtigung des Thüringer Untersuchungshaftvollzugs, Diss. Jena 2016

Schünemann, Bernd: Das strafprozessuale Wiederaufnahmeverfahren propter nova und der Grundsatz „in dubio pro reo", ZStW 84 (1972), S. 870 ff.

ders.: Wohin treibt der deutsche Strafprozess? ZStW 114 (2002), S. 29-33

ders.: Feindstrafrecht ist kein Strafrecht! FS Nehm, Berlin 2006, S. 219-227

ders.: Europäischer Sicherheitsstaat = europäischer Polizeistaat? ZIS 14/2007, S. 528-534

ders.: Die Zukunft des Strafverfahrens – Abschied vom Rechtsstaat? ZStW 119 (2007), S. 945-958

Schürmann, Frank: Prinzipien und Prinzipienlosigkeit in der Straßburger Rechtsprechung zum Strafverfahren, ZStrR 119 (2001), S. 352-367

Schütte, Reinhard: Die Verdachtskündigung, Beil. 2 zu NZA 1991, S. 17 ff.

Schulz, Lorenz: Normiertes Misstrauen. Der Verdacht im Strafverfahren, Habil.-Schrift Frankfurt am Main 1997, Frankfurt a. M. 2001

ders.: „Die deutsche Strafrechtswissenschaft vor der Jahrtausendwende". Bericht von einer Tagung und Anmerkungen zum „Feindstrafrecht", ZStW 112 (2000), S. 653-664

ders.: Grenzen prozessualer Normativierung. Aspekte der Unschuldsvermutung, GA 2001, S. 226-242

ders.: Vom Anfang und Ende des Ermittelns – Der legitime Verdacht, StraFo 2003, S. 295-299

ders.: Wahrheit im Recht. Neues zur Pragmatik der einzig richtigen Entscheidung, ZIS 9/2007, S. 353-361

Schulz, Uwe: Die rechtlichen Auswirkungen von Medienberichterstattung auf Strafverfahren, Diss. Frankfurt (Main) 2001

Schuska, Frederek: Die Rechtsfolgen von Verstößen gegen Art. 6 EMRK und ihre revisionsrechtliche Geltendmachung, Diss. Tübingen 2006

Schuster, Eva: Das Recht am eigenen Bild, Diss. Heidelberg 1931

Schwab, Klaus-Peter: Schutz der Persönlichkeitssphäre gegen Presseberichterstattung in Wort und Bild, Diss. Hamburg 1955

Schwabe, Jürgen: „Kontrolle ist schlecht, Vertrauen allein der Menschenwürde gemäß"? NVwZ 1998, S. 709-711

Schwacke, Bettina: Kriminalitätsdarstellung in der Presse, Frankfurt a. M. 1983

Schwagerl, Joachim: Personenfahndung oder Verbrecherjagd? Die Polizei 1971, S. 33-40

Schwander, Vital: Freie Beweiswürdigung, mit oder ohne Unschuldsvermutung? ZStR 98 (1981), S. 213-228

Schwarz, Kyrill-A. / *Bravidor,* Christoph: Kunst der Gesetzgebung und Begründungspflichten des Gesetzgebers, JZ 2011, S. 653-659

Schwarzer, Markus Maximilian: Staatliche Öffentlichkeitsarbeit. Eine juristische Untersuchung der Frage, wie der Staat bzw. staatliche Institutionen Öffentlichkeitsarbeit betreiben dürfen, Schwaben 1999

Schweitzer, Albert: Kultur und Ethik, München 1960

Schweitzer, Ernst Emil: Der Fall Bullerjahn und die „Justiz", Die Justiz, Band VI, 1930-31, S. 558-560

Schwenk, Edmund H.: Freisprechung mangels Beweises, NJW 1960, S. 1932-1936

ders.: Freispruch Unschuldiger wegen Zurechnungsunfähigkeit, NJW 1964, S. 1455-1458

Schwerdtner, Peter: Das Persönlichkeitsrecht in der deutschen Zivilrechtsordnung. Offene Probleme einer juristischen Entdeckung, Habil.-Schrift Bochum 1972, Berlin 1977

ders.: Der Herrenreiter-Fall – BGHZ 26, 349 –, Jura 1985, S. 521-528 *ders.*: Empfiehlt es sich, die Rechte und Pflichten der Medien präziser zu regeln und dabei den Rechtsschutz des einzelnen zu verbessern? JZ 1990, S. 769-773

Schwerin, Götz: Unschuldsvermutung und der Widerruf einer Strafaussetzung zur Bewährung wegen einer neuen Straftat, SchlHA XII/1991, S. 205-207

Schwinge, Erich: Machtmissbrauch der Massenmedien. Die Ohnmacht des Bürgers, 2. Aufl., Tübingen 1991

Sedelmeier, Klaus: Persönlichkeitsrecht und Bildberichterstattung, AfP 1999, S. 450-454

Seebode, Manfred: Der Vollzug der Untersuchungshaft, Berlin 1985

ders.: Zwischenhaft, ein vom Gesetz nicht vorgesehener Freiheitsentzug (§ 345 StGB), StV 1988, S. 119-124

Seher, Gerhard: Bewährungswiderruf wegen Begehung einer neuen Straftat – Konsequenzen der Rechtsprechung des EGMR zur Unschuldsvermutung –, ZStW 118 (2006), S. 101-158

Seibert, Claus: Fehler bei Strafurteilen, DRiZ 1955, S. 32 ff.

ders.: Auftreten vor Gericht, AnwBl 1961, S. 251 ff.

ders.: Die abwertende Charakterisierung durch den Strafrichter, NJW 1962, S. 1140 ff.

Seifert, Fedor: Postmortaler Schutz des Persönlichkeitsrechts und Schadensersatz – Zugleich ein Streifzug durch die Geschichte des allgemeinen Persönlichkeitsrechts, NJW 1999, S. 1889-1897

Serke, Jürgen: Strafverteidiger in Deutschland. Acht Porträts, Darmstadt 1976

Sieger, Ferdinand: Vom Mephisto zum Aufmacher. Öffentliches Interesse zwischen Persönlichkeitsschutz und Kommunikationsfreiheit, AfP 1982, S. 11-16

Siegert, Karl: Grundlinien des Völkerstrafprozessrechts, Göttingen 1953

ders.: Besondere Persönlichkeitsrechte als Schutz gegen ungewollte Ton- und Bildaufnahmen, DB 1958, S. 419-422

Sielaff, Wolfgang: Bruchstellen im polizeilichen Berufsethos, Kriminalistik 1992, S. 351 ff.

Simitis, Spiros: Datenschutz und „Medienprivileg", AfP 1990, S. 14-22

ders.: Berater für den Gesetzgeber. Die Rolle der Kommissionen: Interdisziplinärer Sachverstand und Forum für die öffentliche Diskussion, ZRP 2004, S. 245-246

Simon, Oliver: Die Beschuldigtenrechte nach Art. 6 Abs. 3 EMRK, Diss. Tübingen 1998

Sling (Paul Schlesinger): Richter und Gerichtete. Gerichtsreportagen aus den zwanziger Jahren, München 1969

Soden, Julis Friedrich Heinrich Reichsgraf von: Geist der teutschen Criminal-Gesetze, 3. Band, Dessau 1783

ders.: Geist der peinlichen Gesetzgebung Teuschlands, 2. Band, 2. Aufl., Frankfurt 1792

Soehring, Claas-Hendrik: Vorverurteilung durch die Presse. Der publizistische Verstoß gegen die Unschuldsvermutung, Diss. Hamburg 1999

ders.: Unschuldsvermutung. Schwierige Selbstkontrolle, message I/2001, S. 24-28

Soehring, Jörg: Presse: Persönlichkeitsrechte und „Vorverurteilungen", GRUR 1986, S. 518-526

ders.: Vorverurteilung durch die Presse, Baden-Baden 1999

Soehring, Jörg / *Hoene,* Verena: Presserecht. Recherche, Darstellung, Haftung im Recht der Presse, des Rundfunks und der neuen Medien, 6. Aufl., Köln 2019

Soiné, Michael: Öffentlichkeitsfahndung. Eine kriminalistisch-kriminologische Studie zur öffentlichen Fahndung unter Berücksichtigung von Geschichte und geltendem Recht, Diss. Frankfurt a. M. 1991, Lübeck 1992

ders.: Zur Neuregelung der strafprozessualen Öffentlichkeitsfahndung, ZRP 1994, S. 392-396

Soiné, Michael / Prinz, Stephan: Massenmedien und Polizei: Umfang und Grenzen der Pressefreiheit, Die Polizei 2000, Teil I: S. 8-12, Teil II: S. 47-52, Teil III: S. 88-93

Sommer, Ulrich: Strafprozessordnung und Europäische Menschenrechtskonvention, in: Strafverteidigung in der Praxis, Band 1: Grundlagen des Strafverfahrens, Bonn 2000, S. 1091-1159

ders.: Die Rezeption der Rechtsprechung des Europäischen Gerichtshofs für Menschenrechte durch die Strafsenate des Bundesgerichtshofs, StraFo 2002, S. 309-316

ders.: Vor-Urteil, in: Strafverteidigung im Rechtsstaat, Baden-Baden 2009, S. 846-862

ders.: in: AnwaltKommentar, StPO, Strafprozessordnung, 2. Aufl., Bonn 2010

Speck, Johannes: Die Rechtsstellung des Beschuldigten im Strafverfahrensrecht der DDR, Freiburg i. Br. 1990

Spendel, Günter: Rechtsstaat für den Verbrecher – Polizeistaat für den Bürger? In: Um Recht und Freiheit, Berlin 1977, S. 1209-1233

Spiecker gen. Döhmann, Indra / *Kehr,* Thomas: Die Entscheidung des Bundesverwaltungsgerichts vom 09.06.2010 – Datei Gewalttäter Sport, DVBl 2011, S. 930-936

Sponbiel, Lisa: Die Macht der Medien und ihre Folgen – eine Untersuchung der medialen Darstellung von Straftaten von Asylbewerberinnen und Asylbewerbern in Deutschland, Frankfurt 2016

Spühler, Karl: Gefährdung der richterlichen Unabhängigkeit und Unparteilichkeit durch die Massenmedien, SJZ 1990, S. 349-353

ders.: Die Europäische Menschenrechtskonvention. Die EMRK in der Rechtsprechung des schweizerischen Bundesgerichtes zu Straf- und Strafprozessrecht, Kriminalistik 1991, S. 135-142

Srocke, Marc-Oliver: Die Konfrontation des Betroffenen im Vorfeld einer Verdachtsberichterstattung, AfP 2018, S. 291-297

Stadt-Revue Buch: Victor Henry gegen alle – Der Fall Somoskeoy. Eine Dokumentation mit einem Vorwort von Gerhard Mauz, Bornheim-Merten 1979

Stapper, Florian: Gerichtsberichterstattung und Unschuldsvermutung, ZRP 1994, S. 487

ders.: Von Journalisten, der Gerichtsberichterstattung und dem Strafrecht, ZUM 1995, S. 590-599

ders.: Namensnennung in der Presse im Zusammenhang mit dem Verdacht strafbaren Verhaltens, Diss. Berlin 1995

ders.: Presse und Unschuldsvermutung, AfP 1996, S. 349-356

Starck, Christian: Das Caroline-Urteil des Europäischen Gerichtshofs für Menschenrechte und seine rechtlichen Konsequenzen, JZ 2006, S. 76-81

Starke, Thomas: Informationsschutz zwischen Pressefreiheit und staatlichem Strafverfolgungsinteresse, AfP 2007, S. 91-93

Staudinger, Wolfgang: Anmerkung (zu: BGH, Beschl. v. 19.11.2013), StV 2014, S. 475-478

ders.: Welche Folgen hat die Unschuldsvermutung im Strafprozess? Diss. Regensburg 2015

ders.: Strafschärfung wegen einer Vielzahl weiterer, nicht angeklagter Taten. Anmerkung (zu: BGH, Beschl. v. 20.8.2014), StV 2015, S. 552-555

Stefanopoulou, Georgia: Das Spannungsverhältnis zwischen Pressefreiheit und effektiver Strafverfolgung. Anmerkungen zum Entwurf eines Gesetzes zur Stärkung der Pressefreiheit im Straf- und Strafprozessrecht (PrStG), JR 2012, S. 63-67

Steffen, Erich: Schranken des Persönlichkeitsschutzes für den „investigativen" Journalismus, AfP 1988, S. 117-120

Steigmeier, Alfred: Das Recht am eigenen Bilde, Diss. Basel 1928

Stein, Ulrich: Die Ungleichbelastung von Beschuldigten und Nichtbeschuldigten durch strafprozessuale Eingriffsermächtigungen, FS Grünwald, Baden-Baden 1999, S. 685-711

Steinberg, Georg / *Rüping,* Matthias: „Kumpane" im Gerichtssaal? – Bemerkungen zur stilistischen Fassung von Strafurteilen, JZ 2012, S. 182-188

Steiner, Johannes Michael: Die Reform der Schuldprüfung im künftigen Verkehrsstrafrecht, Diss. München 1962

Stender-Vorwachs, Jutta: Bildberichterstattung über Prominente – Heide Simonis, Sabine Christiansen und Caroline von Hannover, NJW 2009, S. 334-336

Stenger, Carola: Gegebener und gebotener Einfluss der Europäischen Menschenrechtskonvention auf die Rechtsprechung der bundesdeutschen Strafgerichte, Diss. Gießen 1990

Stephan, Ulrich: „Zur Verfassungsmäßigkeit anlassunabhängiger Personenkontrollen", DVBl 1998, S. 81-85

Stern (Magazin): Die letzten Fotos aus Genf. Der Tod eines Politikers. Das tragische Ende des Uwe Barschel, Nr. 43/1987, S. 1, 3-4, 23-42

Stern (Magazin): Tod in Genf. Die geheimnisvollen Notizen des Uwe Barschel, Nr. 44/1987, S. 1, 3-5, 20-42

Stern, Klaus: Ehrenschutz und Beweislast in ihrer verfassungsrechtlichen Relevanz, FS Oehler, Köln 1985, S. 473 ff.

Sterner, Hans-Jürgen: Die Berichterstattung über Tagesereignisse im Fernsehfunk, Diss. Frankfurt am Main, 1959

Stieper, Malte: Bildberichterstattung über Prozessbeteiligte. Informationsinteresse der Öffentlichkeit und Persönlichkeitsrecht im Konflikt, JZ 2014, S. 272-281

Stiewe, Willy: Das Pressephoto als publizistisches Mittel, Diss. Leipzig 1936

Strate, Gerhard: Stellungnahme des Strafrechtsausschusses des DAV zum StVÄG 1988, StV 1989, S. 406-410

ders.: Der Mordfall Weimar. Kraft und Gefahren des Sachbeweises, Kriminalistik 10/1997, S. 634-644

Strate, Gerhard / *Ventzke*, Klaus-Ulrich: Unbeachtlichkeit einer Verletzung des § 137 Abs. 1 S. 1 StPO im Ermittlungsverfahren? StV 1986, S. 30-34

Strebel, Elisabeth: Grenzen medialer Öffentlichkeitsarbeit der Staatsanwaltschaft. Zum Schutz der Persönlichkeitsrechte der beschuldigten Person im Vorverfahren, Diss. Luzern 2010

Stree, Walter: In dubio pro reo, Tübingen 1962

Streit, Josef: Das Prinzip der Präsumtion der Unschuld konsequent verwirklichen! NJ 1993, S. 563 ff.

Strzyz, Wolfgang: Die Abgrenzung von Strafverteidigung und Strafvereitelung, Diss. Kiel 1982

Stuckenberg, Carl-Friedrich: Untersuchungen zur Unschuldsvermutung, Diss. Bonn 1997

ders.: Die normative Aussage der Unschuldsvermutung, ZStW 111 (1999), S. 421-460

ders.: Die normative Aussage der Unschuldsvermutung, 24. Strafverteidigertag, Würzburg 2000, S. 54-74

ders.: Trojanisches Pferd oder Windmühlenflügel? Replik zu Lorenz Schulz: „Grenzen prozessualer Normativierung", GA 2001, S. 583-594

ders.: Anmerkung (zu: Lorenz Schulz, Normiertes Misstrauen. Der Verdacht im Strafverfahren), JZ 2002, S. 451-452

ders.: Die praktischen Auswirkungen der Unschuldsvermutung des Art. 6 Abs. 2 EMRK, 24. Strafverteidigertag, Berlin 2002, S. 170-197

ders.: Speicherung personenbezogener Daten zur „vorbeugenden Straftatenbekämpfung" trotz Freispruchs? Festgabe Hilger, Heidelberg 2003, S. 25-55

ders.: Strafschärfende Verwertung früherer Einstellungen und Freisprüche – doch ein Verstoß gegen die Unschuldsvermutung? StV 2007, S. 655-663 *ders.*: Vereinbarkeit der Inzidentfeststellung nicht angeklagter Taten mit Art. 6 Abs. 2 EMRK? BRJ Sonderausgabe 1/2010, S. 5-10

ders.: Bedeutung und Reichweite der Unschuldsvermutung, in: Jung , Heike / Leblois-Happe, Jocelyne / Witz, Claude (Hrsg.), 200 Jahre Codes d'instuction criminelle – Le Bicentenaire du Code d'instruction criminelle, Baden-Baden 2010, S. 63-78

ders.: Zur Verfassungsmäßigkeit der Verständigung im Strafverfahren, Entscheidungsbesprechung (zu: BVerfG, Urt. v. 19.3.2013), ZIS 4/2013, S. 212-219

ders.: Justizpflicht und Verdacht, FS Paeffgen, Berlin 2015, S. 483-501

ders.: Unschuldsvermutung nach Freispruch. Anmerkung (zu: EGMR, Urt. v. 15.1.2015), StV 2016, S. 1-8

ders.: Unschuldsvermutung und Verdacht, in: Fischer, Thomas / Hoven, Elisa (Hrsg.), Verdacht, Baden-Baden 2016, S. 63-76

ders.: Zu Voraussetzungen und Rechtsfolgen von Verstößen gegen die Unschuldsvermutung, JR 2017, S. 226-233

ders.: Auslagenerstattung und Unschuldsvermutung im Fall Demjanjuk, GA 2020, S. 416-422

Stüber, Michael: Die Entwicklung des Prinzips der Unmittelbarkeit im deutschen Strafverfahren, Diss. Göttingen 2004

Stürner, Rolf: Schutz des Gerichtsverfahrens vor öffentlicher Einflussnahme? JZ 1978, S. 161-169

ders.: „Fair trial" und öffentliche Meinung. – Zugleich eine Besprechung der Sunday-Times-Entscheidung des EGMR –, JZ 1980, S. 1-7

ders.: Empfiehlt es sich, die Rechte und Pflichten der Medien präziser zu regeln und dabei den Rechtsschutz des einzelnen zu verbessern? – Gutachten A für den 58. Deutschen Juristentag, in: Verh. des 58. DJT, München 1990, Band I, Teil A, S. A 5-A107

Sulanke, Hans-Erhard: Die Entscheidung bei Zweifeln über das Vorhandensein von Prozessvoraussetzungen und Prozesshindernissen im Strafverfahren, Berlin 1974

Szczekalla, Peter: Unschuldsvermutung, in: Heselhaus, Sebastian M. / Nowak, Carsten, Handbuch der Europäischen Grundrechte, München 2006, S. 1395-1413

T

Teitler, Mirjam: Der rechtskräftig verurteilte Straftäter und seine Persönlichkeitsrechte im Spannungsfeld zwischen öffentlichem Informationsinteresse, Persönlichkeitsschutz und Kommerz, Diss. Zürich 2007

Teske, Doris: Die Bedeutung der Unschuldsvermutung bei Einstellungen gemäß §§ 153, 153 a StPO im Steuerstrafverfahren, wistra 1989, S. 131-134

Teßmer, Dirk: Der privatrechtliche Persönlichkeitsschutz von Prominenten vor Verletzung durch die Medien – mit Rechtsvergleichenden Bezügen –, Diss. Gießen 2000

Thäle, Brigitte: Polizeibeamtinnen und -beamte im Spannungsfeld zwischen Pressefreiheit und ihrem eigenen Persönlichkeitsschutz, VBlBW 2/1999, S. 48-52

Theune, Lukas: Polizeibeamte als Berufszeugen in Strafverfahren, StV 2020, S. 321-328

Thiele, Willi: Die sogenannte Flucht in die Öffentlichkeit, DÖV 1985, S. 145-148

Thielmann, Jochen: Die im Urteil integrierte Presseerklärung. Zu Form und Inhalt der sog. Vorworte des Staatsschutzsenates des OLG Düsseldorf in Islamistenverfahren, StV 2009, S. 607-611

Thomas, Sven: Der Umgang des Verteidigers mit dem Tatverdacht, in: Mandant und Verteidiger, München 2000, S. 37-40

Tiedemann, Klaus: Der Strafprozess im Denken von Karl Peters, JZ 2000, S. 139 ff.

Tietje, Christian: Die Staatsrechtslehre und die Veränderung ihres Gegenstandes: Konsequenzen von Europäisierung und Internationalisierung, DVBl 2003, S. 1081-1096

ders.: Die EMRK als Bestandteil einer transnationalen europäischen Rechtsordnung, in: Renzikowski, Joachim (Hrsg.), Die EMRK im Privat-, Straf- und Öffentlichen Recht. Grundlagen einer europäischen Rechtskultur, Zürich 2004, S. 179-196

Tillmanns, Lutz: Probleme der Kriminalberichterstattung in der Arbeit des Deutschen Presserates, in: Dölling / Gössel / Waltoś (Hrsg.), Kriminalberichterstattung in der Tagespresse, Heidelberg 1998, S. 255-321

Tillmanns, Lutz / *Gerhardt,* Rudolf: Journalismus zwischen Medienethik und Medienrecht, ZRP 2015, S. 29-30

Tilmann, Job: Prozessführung der Staatsanwaltschaft und Medien, StV 2005, S. 175-176

Többens, Hans Werner: Die Mitteilung und Veröffentlichung einer Anklageschrift (§ 353 d Nr. 3 StGB) und der Schutz der Anonymität eines Beschuldigten im Strafverfahren, GA 1983, S. 97-109

Töpper, Bernhard: Gerichtsberichte – was dürfen die Medien? AnwBl 2006, S. 177

Tolksdorf, Klaus: Mitwirkungsverbot für den befangenen Staatsanwalt, Diss. Münster 1988

ders.: Zur Bindung des Strafrichters an Feststellungen rechtskräftiger Strafurteile, FS Grünwald, Baden-Baden 1999, S. 731-752

Tomuschat, Christian: Individueller Rechtsschutz: das Herzstück des „ordre public européen" nach der Europäischen Menschenrechtskonvention, EuGRZ 2003, S. 95-100

Tophinke, Esther: Das Grundrecht der Unschuldsvermutung. Aus historischer Sicht und im Lichte der Praxis des schweizerischen Bundesgerichts, der EMRK-Organe und des UNO-Menschenrechtsausschusses, Diss. Bern 1999 *dies.*: Unschuldsvermutung, in: Basler Kommentar zur Schweizerischen Strafprozessordnung, Art. 10, 2. Aufl., 2014

Trachsler, Walter: Rechtliche Fragen bei der fotografischen Aufnahme, Diss. Zürich 1974

Trechsel, Stefan: Die Europäische Menschenrechtskonvention, ihr Schutz der persönlichen Freiheit und die schweizerischen Strafprozessrechte, Bern 1974

ders.: Struktur und Funktion der Vermutung der Schuldlosigkeit. Ein Beitrag zur Auslegung von Art. 6 Ziff. 2 EMRK, SJZ 1981, S. 317-324, sowie S. 335-340

ders.: Das verflixte Siebente? Bemerkungen zum 7. Zusatzprotokoll zur EMRK, FS Ermacora, Kehl 1988, S. 195-211

ders.: Der Einfluss der Europäischen Menschenrechtskonvention auf das Strafrecht und Strafverfahrensrecht der Schweiz, ZStW 100 (1988), S. 667 ff.

ders.: Die Bedeutung der Europäischen Menschenrechtskonvention im Strafrecht, ZStW 101 (1989), S. 819-837

Treffer, Gerd: Das Prangersyndrom, ZUM 1989, S. 433-440

Trentmann, Christian: § 153 a StPO und das öffentliche Interesse an der Strafverfolgung – Zum Vorwurf der Irrationalität und Paradoxie von Verfahrenseinstellungen gegen Geldauflage anlässlich des Falls Edathy, ZStW 2016, S. 446-517

Trüg, Gerson: Medienarbeit der Strafjustiz – Möglichkeiten und Grenzen, NJW 2011, S. 1040-1045

Tscherning, Dieter: Der Standard der Menschenrechte nach dem Menschenrechtspakt der Vereinten Nationen im Vergleich zur Europäischen Menschenrechtskonvention, Diss. Mainz 1969

tvs (Schultz, Tavjer*)*: Der Schutz der Bürger vor sich selbst, Süddeutsche Zeitung (Ausgabe München) v. 31.3.2012, S. 4

U

Uerpmann, Robert: Die Europäische Menschenrechtskonvention und die deutsche Rechtsprechung. Ein Beitrag zum Thema Völkerrecht und Landesrecht, Diss. Berlin 1991

ders.: Internationales Verfassungsrecht, JZ 2001, S. 565-573

Ulsamer, Gerhard: Europäische Menschenrechtskonvention und deutsche Strafverfolgungspraxis, FS Zeidler, Berlin 1987, S. 1799-1815

ders.: Einige Bemerkungen über Medien und Strafprozess, FS Jauch, München 1990, S. 221-230

Ustinov, Peter: Achtung! Vorurteile, Hamburg 2003

Uwer, Thomas: Bitte bewahren Sie Ruhe. Leben im Feindstrafrecht, Berlin 2006

V

Valerius, Brian: in: Graf, Jürgen Peter (Hrsg.), Strafprozessordnung, Kommentar, München 2010

Velten, Petra: Befugnisse der Ermittlungsbehörden zu Information und Geheimhaltung. Über Umfang und Kontrolle daraus resultierender Macht, Diss. Bonn 1993, Berlin 1995

dies.: Verkehrsdaten in der Strafverfolgung: Beispiel für einen schleichenden Strukturwandel des Strafverfahrens, FS Fezer, Berlin 2008, S. 87-112

dies.: Fehlentscheidungen im Strafverfahren, GA 2015, S. 387-409

Ventzke, Klaus-Ulrich: Unheil oder Paradigmenwechsel? Erste Anmerkungen zu einem „Diskussionsentwurf für eine Reform des Strafverfahrens", HRRS Heft 7/2004, S. 246-253

Vetter, Eugen: Das Recht am eigenen Bild, Diss. Köln 1954

Villiger, Mark E.: Geltungsbereich der Garantien der Europäischen Menschenrechtskonvention (EMRK) – Bemerkungen im Anschluss an das Urteil des Bundesgerichts i. S. Proksch (BGE 116 IV 31 ff.) betreffend Auswirkungen der Unschuldsvermutung auf Presseberichterstattungen über hängige Strafverfahren, ZBl. 1991, S. 333-341

Vogel, Hans-Jochen: Strafverfahrensrecht und Terrorismus – eine Bilanz, NJW 1978, S. 1217-1228

Vogel, Sebastian T.: Psychologie im Ermittlungs- und Zwischenverfahren. Oder: von (schl)echter und halber Strafverteidigung, StraFo 2020, S. 223-230

Vogler, Theo: Die Spruchpraxis der Europäischen Kommission und des Europäischen Gerichtshofs für Menschenrechte und ihre Bedeutung für das deutsche Straf- und Strafverfahrensrecht, ZStW 82 (1970), S. 743 ff.

ders.: Straf- und strafverfahrensrechtliche Fragen in der Spruchpraxis der Europäischen Kommission und des Europäischen Gerichtshofs für Menschenrechte, ZStW 89 (1977), S. 761-787

ders.: Die strafschärfende Verwertung strafbarer Vor- und Nachtaten bei der Strafzumessung und die Unschuldsvermutung (Art. 6 Abs. 2 EMRK), FS Kleinknecht, München 1985, S. 429-443

ders.: Art. 6 EMRK. Besondere Garantien für das Strafverfahren. Unschuldsvermutung (Abs. 2), in: Internationaler Kommentar zur Europäischen Menschenrechtskonvention, Köln 1986

ders.: Verwertung nicht rechtskräftig abgeurteilter Straftaten. Anmerkung (zu: BGH, Urt. v. 30.10.1986), NStZ 1987, S. 127-130

ders.: Zum Aussetzungswiderruf wegen einer neuen Straftat (§ 56 f Abs.1 Nr. 1 StGB), FS Tröndle, Berlin 1989, S. 423-438

Volk, Klaus: Prozessvoraussetzungen im Strafrecht, Ebelsbach 1978

ders.: Grundkurs StPO, 6. Aufl., München 2008

Voßkuhle, Andreas: Der europäische Verfassungsgerichtsverbund, NStZ 2010, S. 1-8 *ders.*: Zur Koordination des deutschen und europäischen Menschenrechtsschutzes im Lichte des Urteils des BVerfG vom 4. Mai 2011 (BVerfGE 128, 326 ff.) zur Sicherungsverwahrung, FS Frisch, Berlin 2013, S. 1259-1373

Voßkuhle, Andreas / *Gerberding,* Johannes: Michael Kohlhaas und der Kampf ums Recht, JZ 2012, S. 917-925

Vultejus, Ulrich: Grenzen der Rechtsstaatlichkeit (Echo), ZRP 2008, S. 196

W

Wagner, Joachim: Prozessführung über Medien, Baden-Baden 1987

Walden, Marcus: Zweckbindung und -änderung präventiv und repressiv erhobener Daten im Bereich der Polizei, Diss. Freiburg (Breisgau) 1996

Waldhoff, Christian: „Der Gesetzgeber schuldet nichts als das Gesetz". Zu alten und neuen Begründungspflichten des parlamentarischen Gesetzgebers, FS Isensee, Heidelberg 2007, S. 326-343

Wallraff, Günter: Der Aufmacher. Der Mann, der bei ‚Bild' Hans Esser war, Köln 1977

ders.: Kisch und Ich heute, Die Zeit, Nr. 47/1977, S. 43-44

ders.: Zeugen der Anklage. Die ‚Bild'-beschreibung wird fortgesetzt, Köln 1979

Walter, Tonio: Sprache und Stil in Rechtstexten, JR 2007, S. 61-65

Wasserburg, Klaus: Der Schutz der Persönlichkeit im Recht der Medien, Heidelberg 1988

ders.: Buchrezension (zu: SK-StPO/Meyer, Band X, EMRK, 5. Aufl., Köln 2019), ZIS 9/2019, S. 461-462

Wassermann, Rudolf (Hrsg.): Justiz und Medien, Neuwied 1980

Wassmann, Hans-Jörg: Strafverteidigung und Strafvereitelung, Diss. Hamburg 1982

Weber, Hellmuth von: Die strafrechtliche Bedeutung der europäischen Menschenrechtskonvention, ZStW 65 (1953), S. 334-350

ders.: Die Durchsetzung der Grundrechte der europäischen Menschenrechtskonvention in der innerdeutschen Strafrechtspflege, MDR 1955, S. 386-387

Weck, Bernhard: Kurt Tucholsky (1890-1935), in: Kritische Justiz (Hrsg.), Streitbare Juristinnen. Eine andere Tradition, Baden-Baden 2016, S. 513-536

Wegener, Hermann: Die Unschuldsvermutung: Normative Forderung und empirische Befunde, FS Rasch, Köln 1993, S. 178-181

Wehnert, Anne: Prozessführung der Verteidigung und Medien, StV 2005, S. 178-179

dies.: Das Korruptionsbekämpfungsgesetz NRW – Ende der Unschuldsvermutung –, FS Richter II, Baden-Baden 2006, S. 563-571

Weigand, Günter: Der Rechtsstaat wird uns nicht geschenkt! Lehren aus der Münsterschen Mordaffäre um den Gewalttod des Rechtsanwalts Blomert vom 25. August 1961, Troisdorf 1979

Weigend, Thomas: Strafzumessung durch den Staatsanwalt? Lösbare und unlösbare Probleme bei der Verfahrenseinstellung unter Auflagen (§ 153 a StPO), KrimJ 1984, S. 8 ff.

ders.: Buchbesprechung (Stuckenberg, Carl-Friedrich: Untersuchungen zur Unschuldsvermutung), ZStW 111 (1999), S. 920-925

ders.: Die Europäische Menschenrechtskonvention als deutsches Recht – Kollisionen und ihre Lösung, StV 2000, S. 384-390

ders.: Unverzichtbares im Strafverfahrensrecht, ZStW 113 (2001), S. 271-304

ders.: Ermittlungsverfahren im Lichte der Medienöffentlichkeit? FS Rolinski, Baden-Baden 2002, S. 253-272

ders.: Medienöffentlichkeit des Ermittlungsverfahrens? in: AE-StuM, München 2004, S. 33-52

ders.: Zur Reichweite der Unschuldsvermutung, FS Rogall, Berlin 2018, S. 739-755

Weiler, Edgar: Irreparable Verletzung des Rechts des Beschuldigten auf ein faires rechtsstaatliches Strafverfahren als Verfahrenshindernis, GA 1994, S. 561-587

ders.: Medienwirkung auf das Strafverfahren, ZRP 1995, S. 130-136

ders.: Grundlagen und Grenzen des polizeilichen Einsatzes von Vertrauenspersonen im Strafverfahren, Marburg 2001

ders.: Medienwirkung im Strafverfahren, StraFo 2003, S. 186-191

Weiler, Joachim: Medienwirkung auf das Strafverfahren, ZRP 1995, S. 130 ff.

Weimann, Holger / *Leppert,* Norbert / *Höbermann,* Frauke: Gerichtsreporter. Praxis der Gerichtsberichterstattung, Berlin 2005

Weiß, Hans-Dietrich: „Flucht in die Öffentlichkeit" – Ausdeutung eines vermeintlich bekannten Tatbestandes, ZBR 5/1984, S. 129-139

Welcker, Karl Theodor: Die letzten Gründe von Recht, Staat und Strafe, Gießen 1813, Aalen 1964

Wellbrock, Rita: Persönlichkeitsschutz und Kommunikationsfreiheit. Eine Analyse der Zuordnungsproblematik anhand der Rechtsprechung der Zivilgerichte und des Bundesverfassungsgerichts, Baden-Baden 1982

Welzel, Hans: Naturalismus und Wertphilosophie im Strafrecht, Habil.-Schrift Köln 1935

ders.: Naturrecht und materielle Gerechtigkeit, 4. Aufl., Göttingen 1962

ders.: Das Deutsche Strafrecht. Eine systematische Darstellung, 11. Aufl., Berlin 1969

Wening: Ueber die Vermuthung des bösen Vorsatzes nach dem römischen Rechte, NArchCrim 2, 1818, S. 194 (Nr. 9)

Wente, Jürgen K.: Das Recht der journalistischen Recherche. Ein Beitrag zum Konflikt zwischen den Medienfreiheiten und der informationellen Selbstbestimmung, Diss. Göttingen 1986

ders.: Persönlichkeitsschutz und Informationsrecht der Öffentlichkeit im Strafverfahren, StV 1988, S. 216-223 *ders.*: Die Verwertbarkeit rechtswidrig recherchierten Materials, ZUM 1988, S. 438-445

Wenzel, Karl Egbert: Presse- und allgemeiner Informationsanspruch insb. gegenüber den Gerichten, FS Löffler, München 1980, S. 391-407

ders.: Die Verfassungsrechtsprechung in Sachen Böll, Eppler und „Kunstkritik", AfP 1980, S. 195-200

ders.: Empfiehlt es sich, die Rechte und Pflichten der Medien präziser zu regeln und dabei den Rechtsschutz des einzelnen zu verbessern? Verh. des 58. DJT (1990), Bd. II, München 1990, S. K 57-K 83

Wenzel, Karl Egbert / *Burkhardt,* Emanuel H. / *Gamer,* Waldemar / *Strobl-Albeg,* Joachim Ritter von: Das Recht der Wort- und Bildberichterstattung, 5. Aufl., Köln 2003

Werhahn, Jürgen W.: Persönlichkeitsrecht und Zeitgeschichte. Ein Beitrag zur Lehre vom Recht am eignen Bild, UFITA 37 (1962), S. 22-44

Werwie-Haas, Martina: Die Umsetzung der strafrechtlichen Entscheidungen des Europäischen Gerichtshofs für Menschenrechte in Deutschland, Österreich, der Schweiz und im Vereinigten Königreich, Diss. Trier 2008

Werwigk-Hertneck, Corinna: Schutz vor den Paparazzi? Der Einbruch in die Intimsphäre soll strafbar werden, ZRP 2003, S. 293-295

Wesemann, Horst: Umfangsverfahren – das Ende der Unschuldsvermutung! in: Strafverteidigung im Rechtsstaat, Baden-Baden 2009, S. 891-906

Weßlau, Edda: Vorfeldermittlungen. Probleme der Legalisierung „vorbeugender Verbrechensbekämpfung" aus strafprozessrechtlicher Sicht, Diss. Hamburg 1988

dies.: Neue Methoden der Gewinnabschöpfung? – Vermögensstrafe, Beweislastumkehr –, StV 1991, S. 226-235

dies.: Das Konsensprinzip im Strafverfahren – Leitidee für eine Gesamtreform? Habil.-Schrift Hamburg 1994, Baden-Baden 2002

dies.: Verfassungsrechtliche Probleme der Vorschrift über den Erweiterten Verfall (§ 73d StGB), 20. Strafverteidigertag 1996 in Essen, Aktuelles Verfassungsrecht und Strafverteidigung, Köln 1996, S. 141-154

dies.: Waffengleichheit mit dem „Organisierten Verbrechen"? Zu den rechtsstaatlichen und bürgerrechtlichen Kosten eines OK-Sonderrechtssystems, KritV 1997, S. 238-247

dies.: Zwang, Täuschung und Heimlichkeit im Strafverfahren. Über die Mitwirkungsfreiheit des Beschuldigten und deren Grenzen, ZStW 1998, S. 1-37

dies.: Gefährdungen des Datenschutzes durch den Einsatz neuer Medien im Strafprozess, ZStW 2001, S. 681-708

dies.: Die Berücksichtigung von Zeugnisverweigerungsrechten bei Maßnahmen nach den §§ 98a, 99, 110a StPO, in: Wolter, Jürgen / Schenke, Wolf-Rüdiger (Hrsg.), Zeugnisverweigerungsrechte bei verdeckten Ermittlungen, Berlin 2002, S. 279-287 *dies.*: Vor(feld)ermittlungen, Datentransfer und Beweisrecht, FS Hilger, Heidelberg 2003, S. 57-72

dies.: Heimliche Ermittlungsmaßnahmen, Richtervorbehalt und datenschutzrechtliche Kontrolle – ein Klärungsversuch, FS Wolter, Berlin 2013, S. 1167-1180

Westerdiek, Claudia: Die Straßburger Rechtsprechung zur Unschuldsvermutung bei der Einstellung von Strafverfahren. Anmerkung zu den Urteilen des EGMR in den Fällen Lutz, Englert und Nölkenbockhoff, EuGRZ 1987, S. 393-398

Westphalen, Friedrich Graf von: Die Grenzen des Wortgebrauchs, die Wahrhaftigkeit und das Recht, AnwBl 2004, S. 665-672

Weyand, Raimund: Steuerhinterziehung und Tod des mutmaßlichen Täters, wistra 1989, S. 133-138

Widmaier, Gunter: Zu den Folgen der Verletzung von Art. 6 III lit. d. EMRK durch unterbliebene Verteidigerbestellung: Beweiswürdigungslösung oder Verwertungsverbot? NJW-Sonderheft zur Vollendung des 65. Lebensjahres von Gerhard Schäfer am 18. Oktober 2002, S. 76-79

ders.: Gerechtigkeit – Aufgabe von Justiz und Medien? NJW 2004, S. 399-403

Wiesbrock, Katja: Internationaler Schutz der Menschenrechte vor Verletzungen durch Private, Diss. Göttingen 1998

Wildhaber, Luzius: Eine verfassungsrechtliche Zukunft für den Europäischen Gerichtshof für Menschenrechte? EuGRZ 2002, S. 569-574

ders.: „Das tut mir weh", Der Spiegel 47/2004, S. 50-54

ders.: Europäischer Grundrechtsschutz aus der Sicht des Europäischen Gerichtshofs für Menschenrechte, EuGRZ 2005, S. 689-692

ders.: Ein Überdenken des Zustands und der Zukunft des Europäischen Gerichtshofs für Menschenrechte, EuGRZ 2009, S. 541-553

ders.: Verwaltungsstrafen, Art. 6 EMRK und „Heilung" von Verfahrensmängeln, FS Jaeger, Berlin 2010, S. 823-831

Wilfling, Josef: Abgründe. Wenn aus Menschen Mörder werden, München 2010

ders.: Unheil. Warum jeder zum Mörder werden kann, München 2012

ders.: Verderben. Die Macht der Mörder, München 2015

Wilhelm, Jens Ph.: Vorzeitige Weitergabe einer Anklageschrift, § 353 d Nr. 3 StGB, NJW 1994, S. 1520 ff.

Wimmer, August: Unschuldsvermutung – Verdacht – Freispruch, ZStW 80 (1968), S. 369-377

Wipfelder, Hans-Jürgen: Der Richter – ein Bürger wie jeder andere? Das Verhältnis von Richteramt zu Politik und Gesellschaft, DRiZ 1987, S. 117-129

Wölfl, Bernd: Die Verwertbarkeit heimlicher privater Ton- und Bildaufnahmen im Strafverfahren, Diss. Passau 1997

Woesner, Horst: Die Menschenrechtskonvention in der deutschen Strafrechtspraxis, NJW 1961, S. 1381-1385

Wohlers, Wolfgang: Notwendige Verteidigung im Ermittlungsverfahren – die Bedeutung des Rechts auf konkrete und wirksame Verteidigung i.S.d. Art. 6 Abs. 3 lit. c) EMRK als Maßstab für die Auslegung des § 141 Abs. 3 StPO, FS Rudolphi, Neuwied 2004, S. 713-732

ders.: Das partizipatorische Ermittlungsverfahren: kriminalpolitische Forderung oder „unverfügbarer" Bestandteil eines fairen Strafverfahrens? GA 2005, S. 11-35

ders.: Prozessuale Konsequenzen präjudizierender Medienberichterstattung, StV 2005, S. 186-192

Wolf, Gerhard: Die Gesetzwidrigkeit von Fernsehübertragungen aus Gerichtsverhandlungen, NJW 1994, S. 681-687

ders.: Gerichtsberichterstattung – künftig „live" im Fernsehen? ZRP 1994, S. 187-192

Wolff, Alfred: Strafe ohne Schuld in deutschen Abgabengesetzen, Diss. Gießen 1913

Wolff, Heinrich Amadeus: Selbstbelastung und Verfahrenstrennung. Das Verbot des Zwangs zur aktiven Mitwirkung am eigenen Strafverfahren und seine Ausstrahlungswirkung auf die gesetzlichen Mitwirkungspflichten des Verwaltungsrechts, Diss. Speyer 1996

ders.: Ungeschriebenes Verfassungsrecht unter dem Grundgesetz, Tübingen 2000, Habil.-Schrift Speyer 1998

Wolter, Jürgen: Alternative und eindeutige Verurteilung auf mehrdeutiger Tatsachengrundlage im Strafrecht, Berlin 1972

ders.: Schuldinterlokut und Strafzumessung. Rechts- und Sozialstaat, Rechts- und Sozialwissenschaften im Strafprozess, GA 1980, S. 81-106

ders.: Heimliche und automatisierte Informationseingriffe wider Datengrundrechtsschutz, GA 1988, S. 48-90, und 129-142

ders.: in: SK-StPO, Band III, 5. Aufl., Köln 2016

Wüsteney, Matthias: Rechtliche Zulässigkeit sogenannter DNA-Massentests zur Ermittlung des Täters einer Straftat, Diss. Bielefeld 2002

Wulf, Peter: Strafprozessuale und kriminalpraktische Fragen der polizeilichen Beschuldigtenvernehmung auf der Grundlage empirischer Untersuchungen, Diss. Hamburg 1984

Wunden, Wolfgang (Hrsg.): Medien zwischen Markt und Moral. Beiträge zur Medienethik, Stuttgart 1989

Wyss, Martin: Öffentlichkeit von Gerichtsverfahren und Fernsehberichterstattung. Überlegungen zu einem grundrechtlichen Spannungsverhältnis unter besonderer Berücksichtigung der schweizerischen Rechtslage, EuGRZ 1996, S. 1-17

X

Xiong, Qi: Massenmedien und Strafurteil. Eine rechtsvergleichende normorientierte Forschung zum Phänomen „mediale Verurteilung", Diss. Freiburg 2010

Z

Zabel, Benno: Schuldtypisierung als Begriffsanalyse. Tiefenstrukturen moderner Praxisformen und deren strafrechtliche Transformation, Diss. Leipzig 2005
ders.: „Öffentliche Pranger" und reformierter Strafprozess. Aktuelle Tendenzen der Medialisierung vor und während des Ermittlungsverfahrens, GA 2011, S. 347-364
Zachariae, Heinrich Albert: Die Gebrechen und die Reform des deutschen Strafverfahrens, Göttingen 1846
ders.: Handbuch des deutschen Strafprozesses, 1. Band, Göttingen 1861, 2. Band, Göttingen 1868
Zaczyk, Rainer: Prozeßsubjekte oder Störer? Die Strafprozeßordnung nach dem OrgKG – dargestellt an der Regelung des Verdeckten Ermittlers, StV 1993, S. 490-498
ders.: Zum Strafrecht, Mainzer Runde '98, Mainz 1998, S. 3-18
ders.: Über Theorie und Praxis im Recht, FS Dahs, Köln 2005, S. 33-45
ders.: Über den Grund des Zusammenhangs von personalem Unrecht, Schuld und Strafe, FS Otto, Köln 2007, S. 191-203
ders.: Strafjustiz oder Präventivjustiz? FS Beulke, Heidelberg 2015, S. 69 ff.
Zahn, Karl: Das Prinzip der Öffentlichkeit und die Berichterstattung aus dem Strafgerichtssaal, Diss. Heidelberg 1953
Zeller, Franz: Zwischen Vorverurteilung und Justizkritik. Medienberichte über hängige Gerichtsverfahren im Lichte der Rechtsprechung des schweizerischen Bundesgerichtes und der EMRK-Organe, Diss. Bern 1998
Zeitler, Herbert: Die Entwicklung des Photographieschutzes, Diss. München 1952
Zerbes, Ingeborg: Spitzeln, Spähen, Spionieren. Sprengung strafprozessualer Grenzen durch geheime Zugriffe auf Kommunikation, Habil.-Schrift Wien 2009
dies.: Geheime Überwachung im Strafprozess: Sicherheitsgefühl vor Freiheit? GS Weßlau, Berlin 2016, S. 463-473
dies.: Edda Weßlau (1956-2014). Ausgleich gegen den Strom, in: Kritische Justiz (Hrsg.), Streitbare Juristinnen. Eine andere Tradition, Baden-Baden 2016, S. 539-553
Zezschwitz, Friedrich von: Das Gewissen als Gegenstand des Beweises, JZ 1970, S. 233 ff.
ders.: Der fotografierte Staatsdiener, FS Stein, Bad Homburg 1983, S. 395-405
Zielemann, Peter: Der Tatverdächtige als Person der Zeitgeschichte, Diss. Tübingen 1980

Zihlmann, Peter: Der Fall Plumey – Die Ware Wahrheit, Genf 1995

Zipf, Heinz: Anmerkung (zu: HansOLG Hamburg, Beschl. v. 22.12.1978), JR 1979, S. 379-381

ders.: Empfiehlt es sich, die Vorschriften über die Öffentlichkeit des Strafverfahrens neu zu gestalten, insbesondere zur Verbesserung der Rechtsstellung des Beschuldigten weitere nicht-öffentliche Verfahrensgänge zu entwickeln? Gutachten C für den 54. DJT, München 1982

Zöller, Mark A. / *Esser,* Robert (Hrsg.): Justizielle Medienarbeit im Strafverfahren. Entwurf des Arbeitskreises Strafprozessrecht und Polizeirecht (ASP) für eine die Pressefreiheit und das Persönlichkeitsrecht schützende Auskunftserteilung im Strafverfahren, Baden-Baden 2019

Zopfs, Jan: Der Grundsatz „in dubio pro reo", Habil.-Schrift Heidelberg 1999

ders.: Die Inszenierung der peinlichen Strafen im Lichte der prozessualen Voraussetzungen, ZStW 113 (2001), S. 180-191

Zuck, Rüdiger: Medien und Justiz. Notwendigkeit und Gefahren für die Rechtsprechung, DRiZ 1997, S. 23-31

ders.: Glanz und Elend der deutschen Justizberichterstattung, NJW 2001, S. 40-42

Der Autor

Uwe Diercks wurde 1951 in Kiel geboren. Mit 17 Jahren trat er in die Polizei des Landes NRW ein, hat dann Mittlere Reife und Abitur nachgeholt. Es folgte nebenberuflich ein Jura-Studium in Bonn. Er war 44 Jahre bei der Schutz- und Kriminalpolizei, ist verheiratet und Vater von zwei Töchtern. Seine Maxime: Die Beachtung der Unschuldsvermutung ist wesentlicher Bestandteil der europäischen Rechts- und Polizeikultur.

Zeitfracht Medien GmbH
Ferdinand-Jühlke-Straße 7
99095 Erfurt, Deutschland
produktsicherheit@kolibri360.de